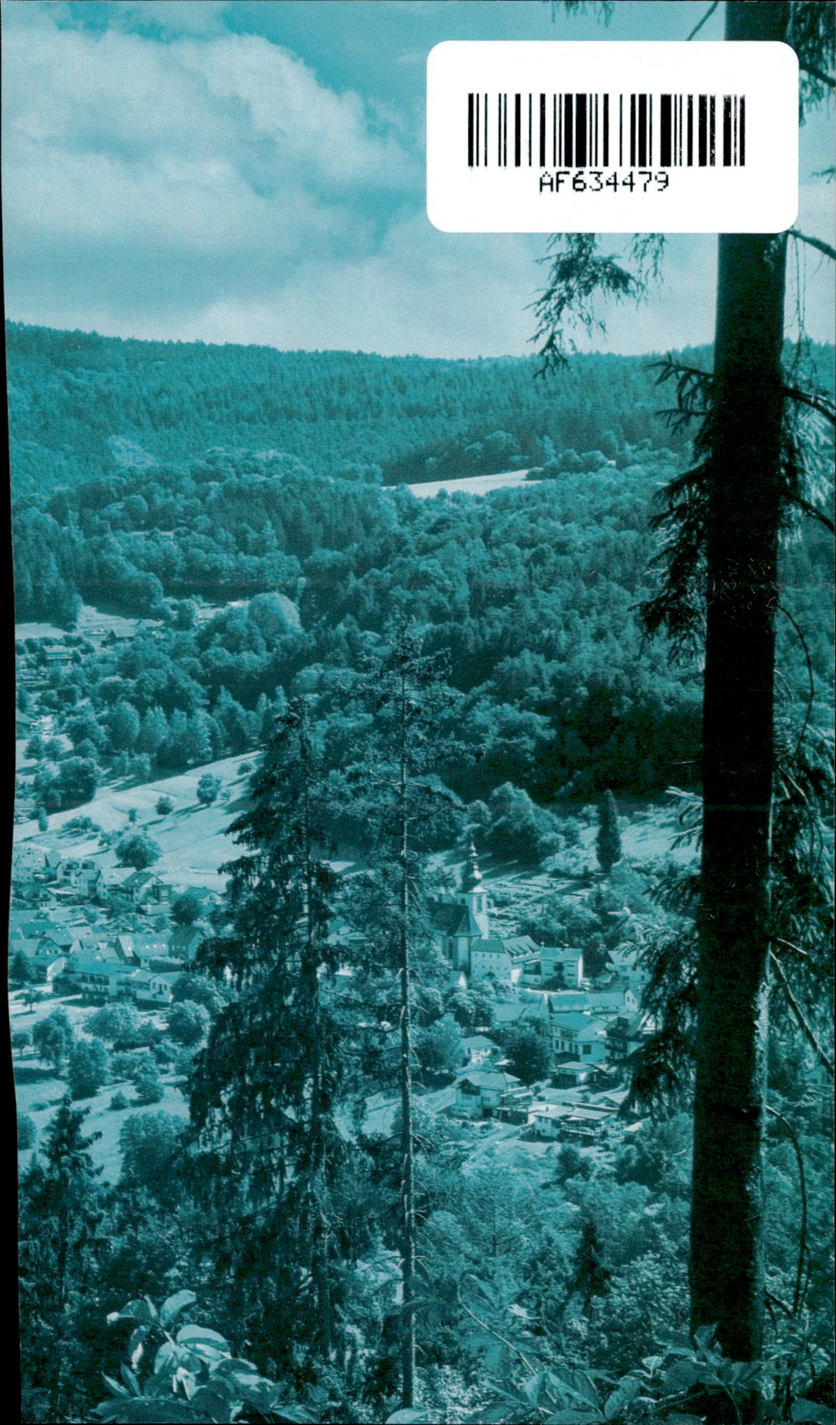

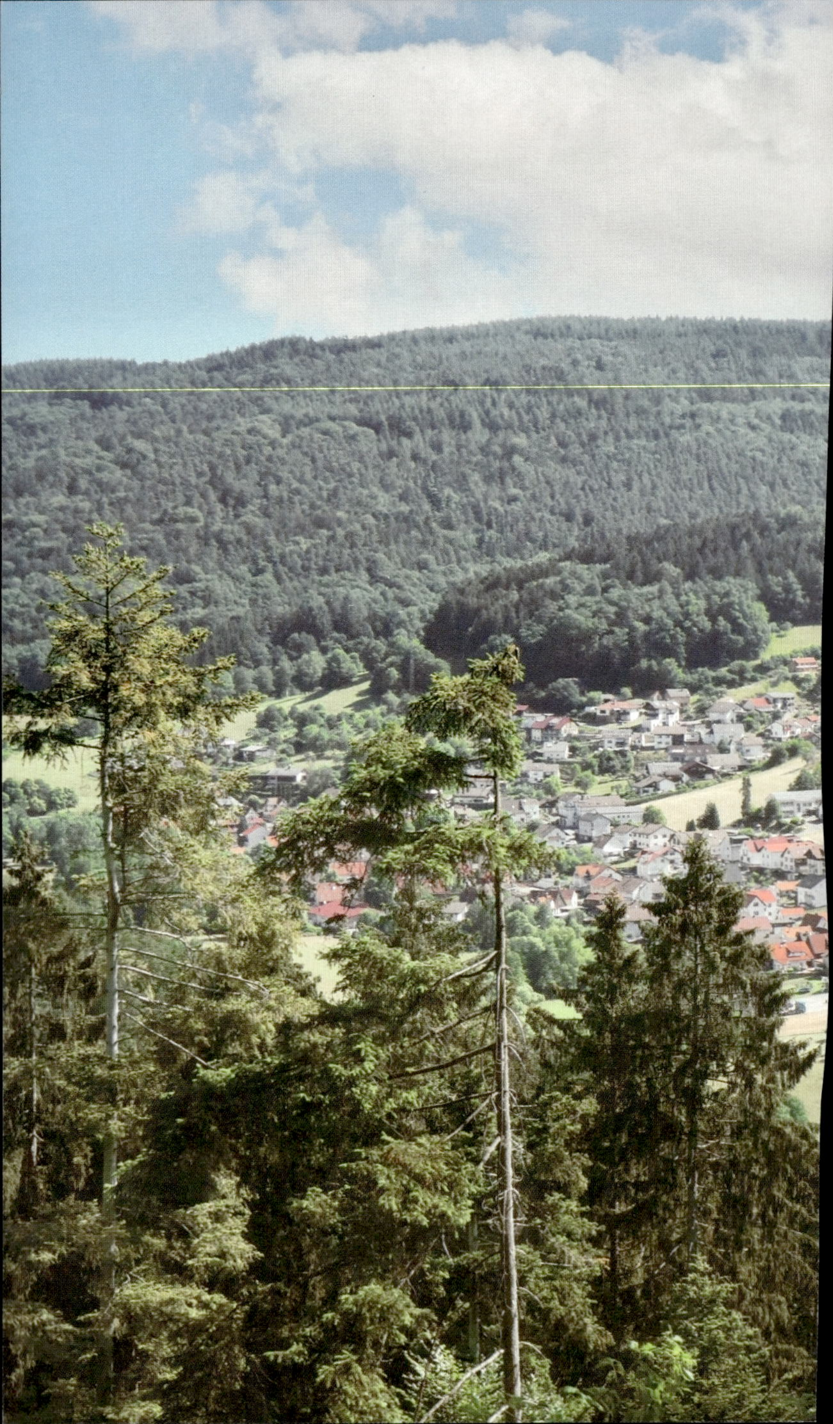

Michael Erle

Wandern im südlichen und kleinen Odenwald

Die 32 schönsten Touren

zwischen Heppenheim, Mosbach, Heidelberg und Eberbach

verlag regionalkultur

Die Touren

Kleiner Odenwald

blau = leicht, rot = mittelschwer, **schwarz** = schwer

ANLEITUNG

Die **GPX-Dateien** zu den Touren dieses Führers können Sie hier herunterladen und auf verlag-regionalkultur.de.

GPX-TRACKS

Vorwort

Nach deinen Eichen, deinen Buchen
sehnt sich mein Herz im fremden Land,
und in die Ferne schweifend suchen
dich die Gedanken unverwandt.
Und kehr' ich endlich dann zurück
und sieht in blauer Fern' mein Blick:
die Berge tauchen all hervor,
da jauchzt mein ganzes Herz empor.
Aus voller Brust mein Ruf erschallt:
O grüß dich Gott, mein Odenwald!
Vom klaren Neckar bis zum Maine,
der träg und trüb sich dahin zieht,
entbieten Gruß dem Vater Rheine
die Gipfel übers feuchte Ried!
der trunkne Blick schaut nah' und weit
hoch über alle Herrlichkeit,
die Wälder, Dörfer, Burgen all,
die Wiesen, Bächlein ohne Zahl!
O du mein liebster Aufenthalt!
O grüß dich Gott, mein Odenwald!

(Jakob Klassert, aus dem Allgemeinen Deutschen Liederlexikon, Leipzig 1844)

Liebe Wanderfreunde,

mit diesem Wanderführer möchte ich Sie einladen, den schönen Odenwald per pedes zu erkunden. Das dichte Wegenetz des Odenwaldclubs erschließt die herrliche Landschaft des zwischen Main, Bergstraße, Kraichgau und Bauland gelegenen, bis zu 623 m hohen Mittelgebirges. Der hier vorliegende Band umfasst das Gebiet des südlichen Odenwaldes (etwa von einer Linie Heppenheim-Erbach bis zum Neckartal) sowie des sogenannten Kleinen Odenwaldes südlich vom Neckartal und bietet eine breite Palette von bequemen Halbtageswanderungen mit geringen Höhenunterschieden bis hin zu anspruchsvollen Tagestouren, so kann jeder Wanderer etwas Passendes finden. Viele Wanderungen lassen sich auch zu reizvollen Mehrtagestouren zusammenfügen, auf Seite 10 finden Sie einige Vorschläge. In der überwiegenden Mehrzahl handelt es sich um Streckenwanderungen, so dass man auf die Mithilfe öffentlicher Verkehrsmittel angewiesen ist und sich nach den entsprechenden Fahrplänen richten muss. Viele Touren bieten dank des hochgelegenen Ausgangspunktes den Vorteil, dass der Bus dem Wanderer die meisten Anstiegs-Höhenmeter abnimmt. Alle Tourentipps sind so angelegt, dass man auch die An- und Rückfahrt mit Bahn und evtl. Bus bewerkstelligen kann, und ich empfehle Ihnen, dies auch nach Möglichkeit zu tun, Sie schonen damit die Umwelt und meist auch Ihren Geldbeutel: Der Verkehrsverbund Rhein-Neckar bietet neben Einzelfahrkarten auch preisgünstige Tageskarten an, nähere Auskunft erhalten Sie auf der Webseite www.vrn.de bzw. telefonisch unter der Nummer 0621/1077077. Hinten im Umschlag dieses Führers finden Sie einen Liniennetzplan des Rhein-Neckar-Verkehrsverbundes. Wenn Sie doch lieber mit dem Auto anreisen wollen, gibt es bei vielen Touren die Möglichkeit, mit dem Auto zum Zielort und dann mit Bus oder Bahn zum Startpunkt zu fahren.

Ich habe meistens bewusst auf genaue Fahrplanangaben verzichtet, da diese erfahrungsgemäß schnell veralten. Deshalb empfehle ich Ihnen, vor jeder Tour die entsprechenden Fahrpläne zu studieren, z. B. im Internet unter www.efa-bw.de oder www.vrn.de, oder sich unter der Servicenummer telefonische Auskunft einzuholen. Mit einem Smartphone und der Bus&Bahn-App kann man auch unterwegs eine aktuelle Fahrplanauskunft erhalten. Da die Angaben zu Einkehrmöglichkeiten häufig veralten, empfehle ich auch in diesem Falle, rechtzeitig vor

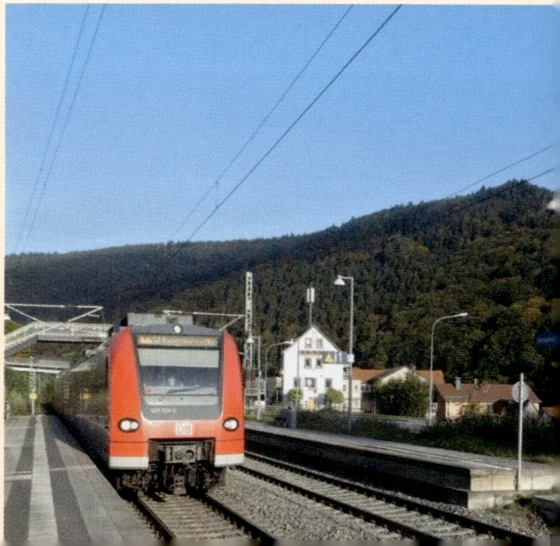

Bahnhof Neckarhausen.

der Tour entsprechende Erkundigungen einzuholen, wenn man unterwegs eine Einkehr plant.

Grundlage der Wanderwege bildet das dicht markierte Wanderwegenetz des Odenwaldklubs. Es ist fast immer in gutem Zustand und die wichtigste Orientierungshilfe unterwegs. Dennoch kommt es immer wieder vor, dass sich Lücken auftun. Wenn Ihnen gravierende Fehler auffallen, informieren Sie bitte den Odenwaldklub:

Staatspark Fürstenlager
64625 Bensheim
Tel. 06251/855856
info@odenwaldklub.de
www.odenwaldklub.de

An dieser Stelle möchte ich dem Odenwaldklub meinen herzlichen Dank aussprechen. Nur durch seine Arbeit und den unermüdlichen Einsatz seiner ehrenamtlichen Helfer konnte solch ein dichtes Netz zuverlässig markierter Wanderwege entstehen. Ich empfehle Ihnen, im Odenwaldklub Mitglied zu werden, Sie erhalten dann nicht nur wertvolle

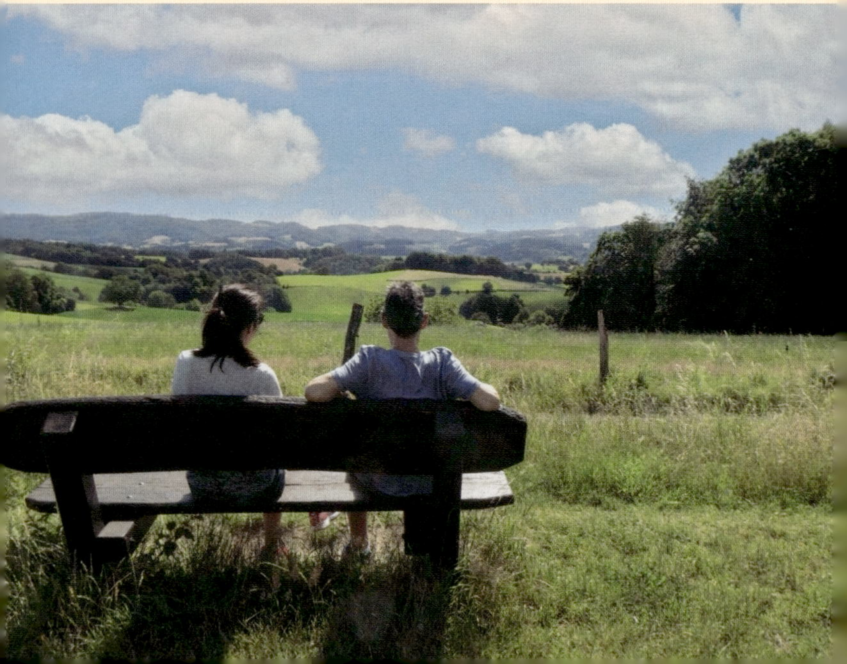

Ausblick beim Waldnerturm.

Informationen sowie Wanderkarten und viele andere Artikel, sondern unterstützen mit Ihrem Mitgliedsbeitrag auch die wichtige und wertvolle Arbeit des Vereins. Neben dem Wegenetz des Odenwaldklubs gibt es auch eine Vielzahl örtlicher Rundwanderwege, die bei vielen Touren mit einbezogen wurden. Wenn Sie weitere Anregungen suchen oder Hilfe benötigen, können Sie sich auch an die stets hilfsbereiten Tourist-Informationen der örtlichen Gemeinden wenden, sie standen auch mir bei der Planung des Führers mit Rat und Tat zur Seite. Ein ganz besonderes Dankeschön gilt meinem Wanderkollegen und Odenwaldexperten Carsten Wasow, ihm verdanke ich nicht nur viele Tipps und Hinweise, er hat auch eine schöne Wanderung (Nr. 22 Von Mudau nach Kailbach) für den Wanderführer beigesteuert.

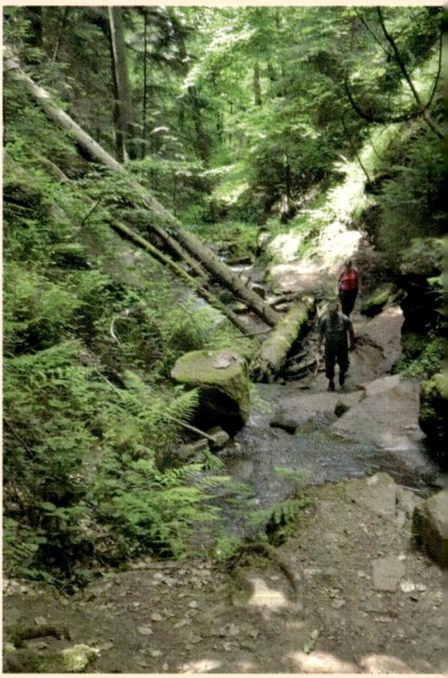

In der Wolfsschlucht.

Bei jeder Wanderung sollten Sie eine gute Wanderkarte mitnehmen, die Wegskizzen bei den einzelnen Touren können nur zur groben Orientierung dienen. Kartenempfehlungen finden Sie bei allen Wandervorschlägen, achten Sie beim Kauf bitte darauf, die jeweils neueste Auflage zu erhalten! Besonders empfehlenswert sind die detailgenauen Wanderkarten im Maßstab 1:25000 des Landesamtes für Geoinformation und Landentwicklung Baden- Württemberg sowie die Wanderkarten 1:20000 des MeKi- Verlages in 64347 Griesheim. Letztere bieten den zusätzlichen Vorteil, auch viele örtliche Rundweg-Markierungen zu enthalten.

Die GPX-Dateien zum Herunterladen finden Sie auf der Seite 4 dieses Buches sowie auf meiner Webseite www.michael-erle.de und der Webseite des Verlages www.verlag-regionalkultur.de. Mit ihnen und einem entsprechenden Programm (z. B. Alltrails) kann man sich am Computer den genauen Wegverlauf ansehen, und mit einem wandertauglichen GPS-Gerät (z.B. von Garmin) oder einem

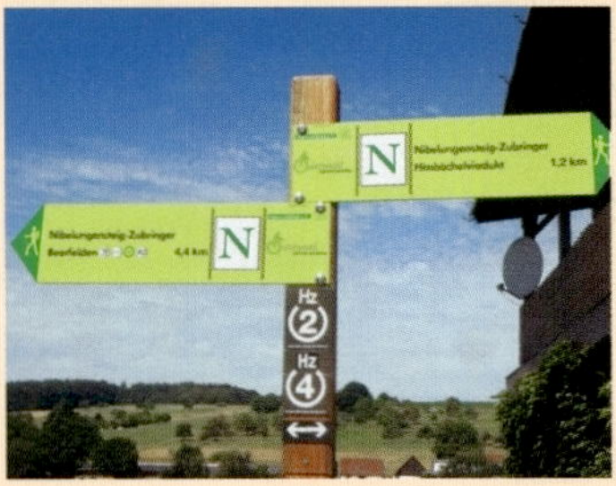

Smartphone und einer passenden App (z.B. MapsMe, PhoneMaps oder Kommoot) kann man sich während der Wanderung von Wegpunkt zu Wegpunkt leiten lassen.

Da die Angaben eines Wanderführers fast ständig Veränderungen unterworfen sind, kann für die Richtigkeit keine Gewähr übernommen werden. Auch lehrt die Erfahrung, dass bei aller Sorgfalt Irrtümer nie ganz zu vermeiden sind. Für Berichtigungen und Verbesserungsvorschläge ist die Redaktion stets dankbar, sie werden bei der nächsten Neuauflage berücksichtigt. Korrekturhinweise senden Sie bitte an folgende Anschrift:

verlag regionalkultur
Bahnhofstraße 2
76698 Ubstadt-Weiher
E-Mail: kontakt@verlag-regionalkultur.de

Nun wünsche ich Ihnen viel Freude beim Erkunden des schönen Odenwaldes!

Michael Erle

Vorschläge für Mehrtagestouren:
Ü = Zwischenübernachtung
iuR = In umgekehrter Richtung

3 und 1 mit Ü in Rimbach
6 und 5 oder 9 mit Ü in Wilhelmsfeld
5 und 8 mit Ü in Leutershausen
12 und 26 und 28 und 29 mit Ü in Heidelberg und Neckargemünd
13 und 14 iuR mit Ü in Neckarsteinach
15 und 18 und 14 mit Ü in Beerfelden und Hirschhorn
15 und 19 und 20 oder 21 mit Ü in Beerfelden und Eberbach
16 und 17 mit Ü in Hesselbach
23 iuR und 31 und 21 mit Ü in Neckargerach und Eberbach
31 und 30 iuR mit Ü in Eberbach
25 und 32 mit Ü in Gundelsheim

Auf dem Weg nach Eberbach.

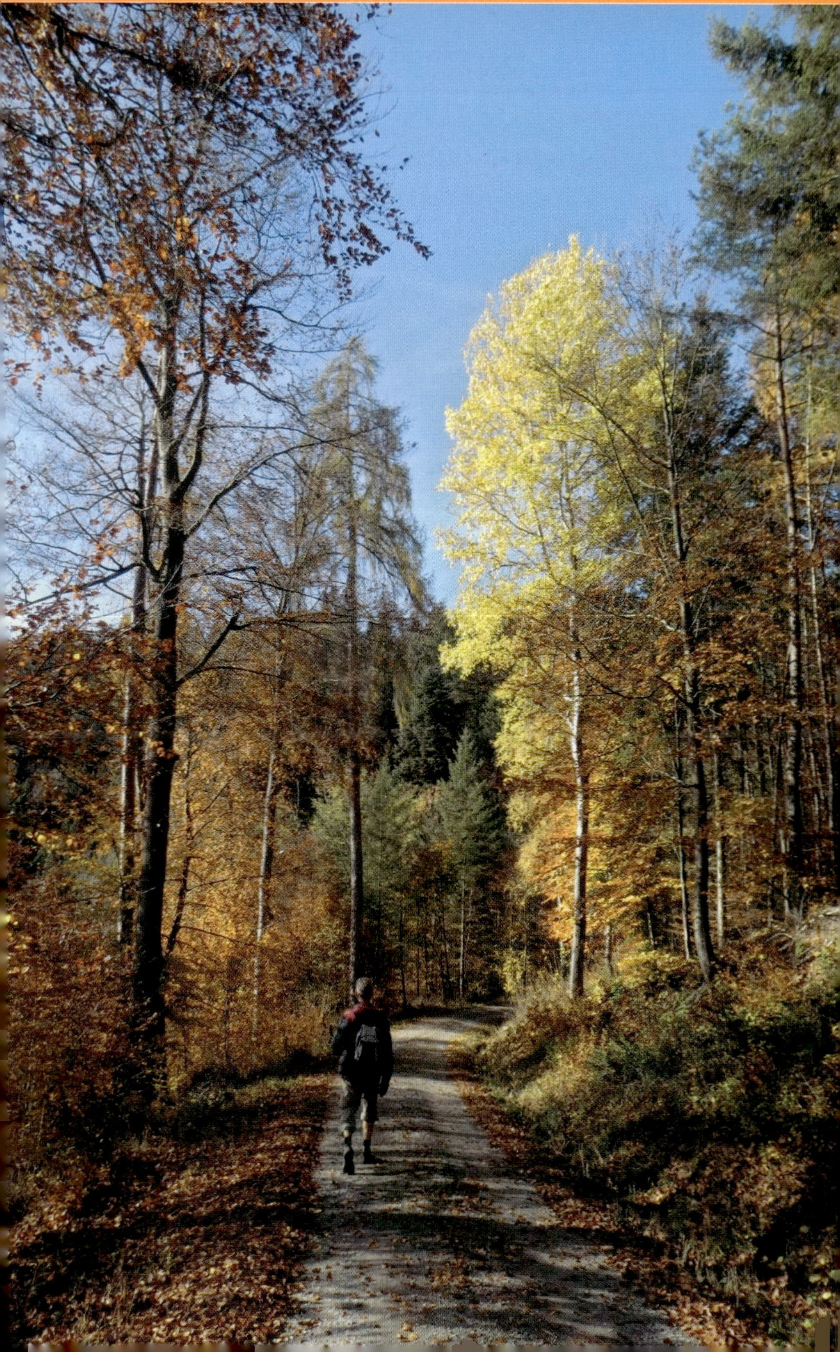

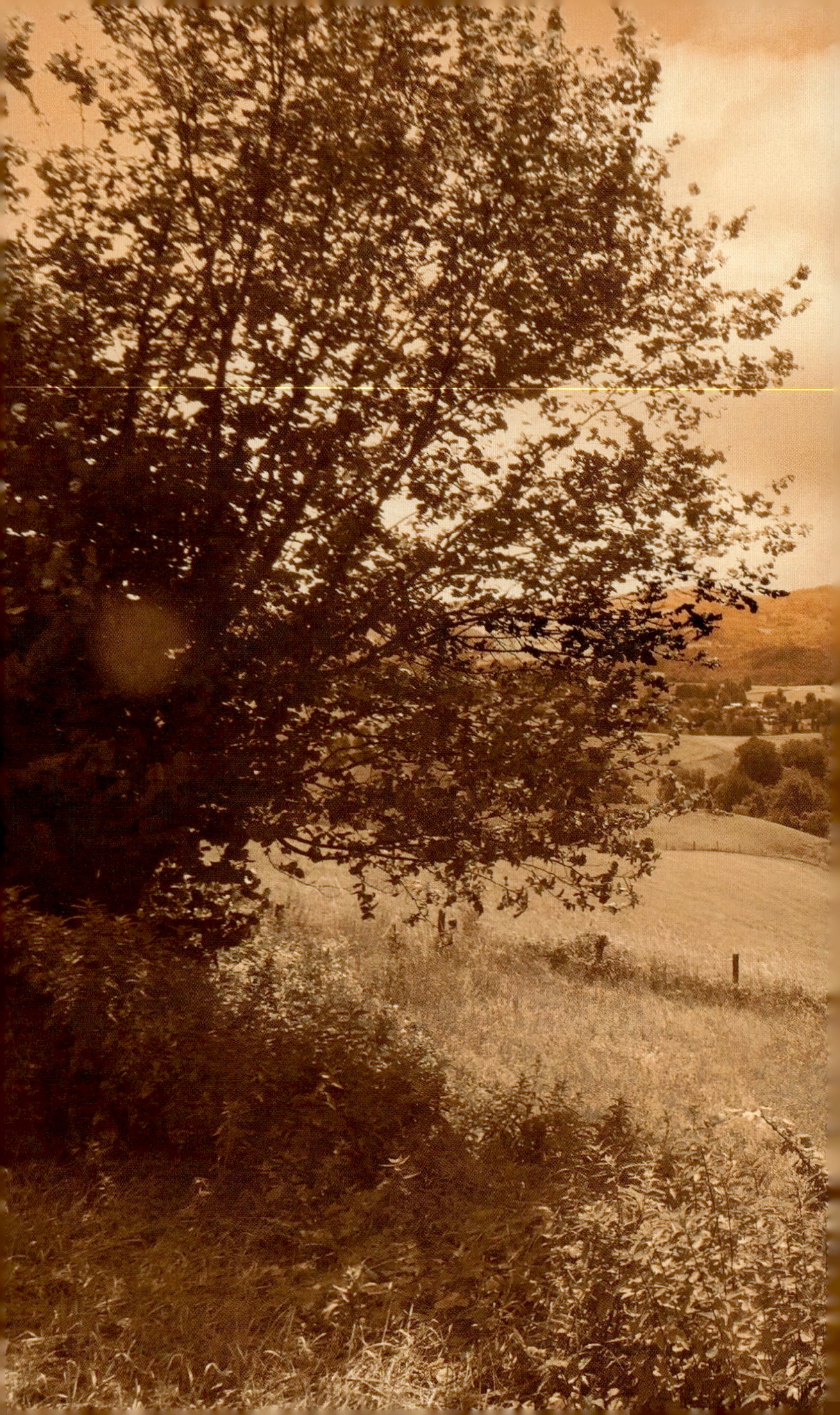

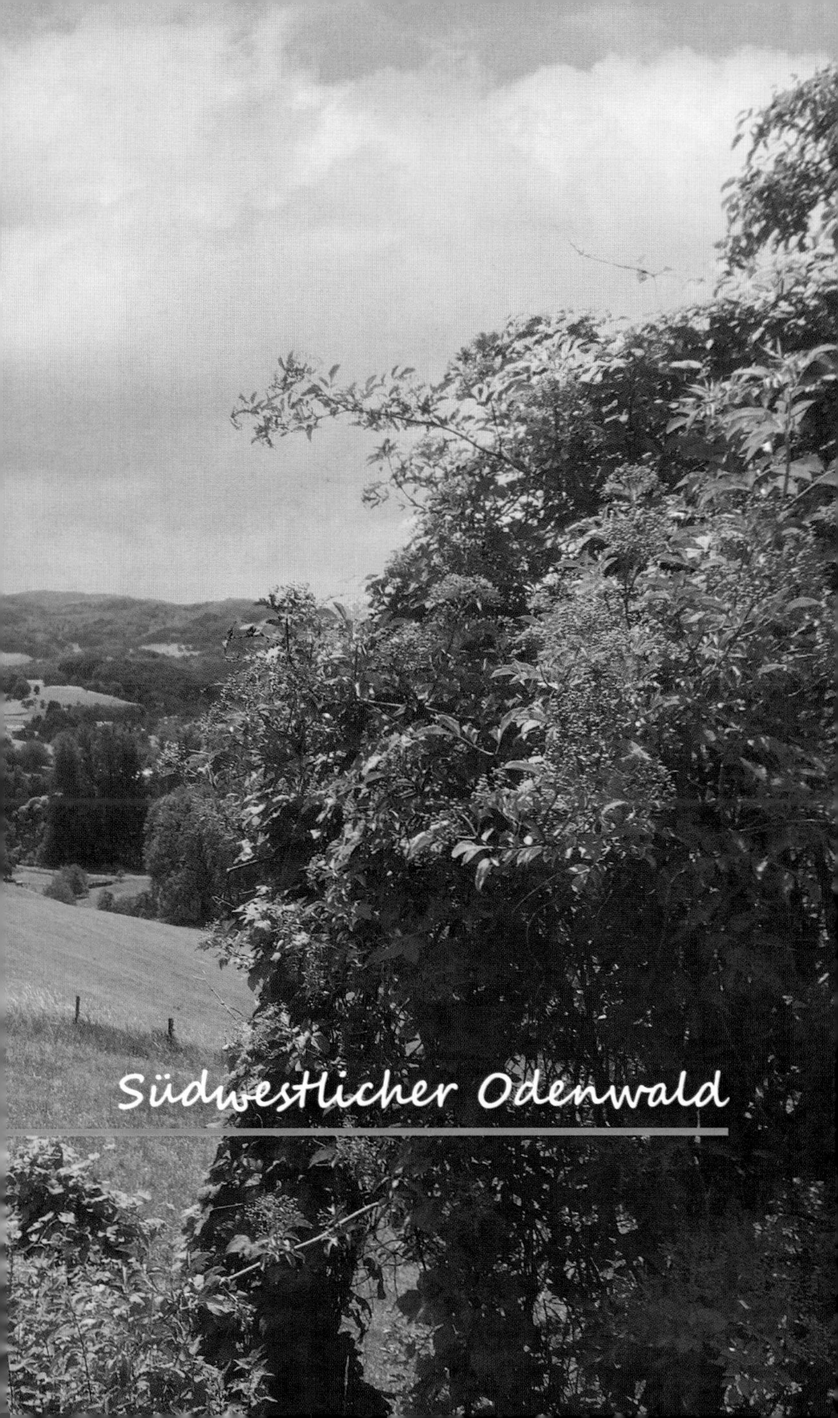
Südwestlicher Odenwald

Von Rimbach über Juhöhe nach Heppenheim

1

Vom Bügeleisen zur Arnoldseiche

3 ¾ Std.

14,5 km

300 Hm

Von Rimbach an der Weschnitz über Kreiswald, Juhöhe und Arnoldseiche nach Heppenheim.

Leichte Wanderung mit wenig steilen Anstiegen.

Aussicht; hist. Altstadt; familienfreundlich

Gasthaus „Zum Kreiswald" (Do/Fr Ruhetage); in Juhöhe Waldschenke Fuhr (Mo/Di Ruhetage, auch Übernachtungsmöglichkeit); Haus Höfle (Fr–So geöffnet); Heppenheim

Wer offene Landschaftsbilder mit vielen schönen Ausblicken liebt, wird bei der heutigen abwechslungsreichen und wenig schwierigen Wanderung durch den hessischen Odenwald voll auf seine Kosten kommen. Ein besonderes Kleinod ist der Zielort Heppenheim. Er hat eine sehenswerte historische Altstadt mit wunderschönem Rathaus und einem imposanten Dom und wird von der mächtigen Starkenburg, die der gesamten Region ihren Namen gab, überragt. Die auch als Familienausflug mit älteren Kindern bestens geeignete Wanderung ist eine logische Fortsetzung der Tour 3 über die Tromm. Beide Wandertouren lassen sich zu einer überaus lohnenden Zweitageswanderung mit Übernachtung in Rimbach oder Juhöhe verbinden.

Vom Bahnhof **Rimbach** 1 aus laufen wir nach rechts, dann wieder rechts in die Bismarckstraße und nach dem Bahnübergang nochmals rechts in die Straße Am Mühlbächel. Dort entdecken wir die weiße Markierung

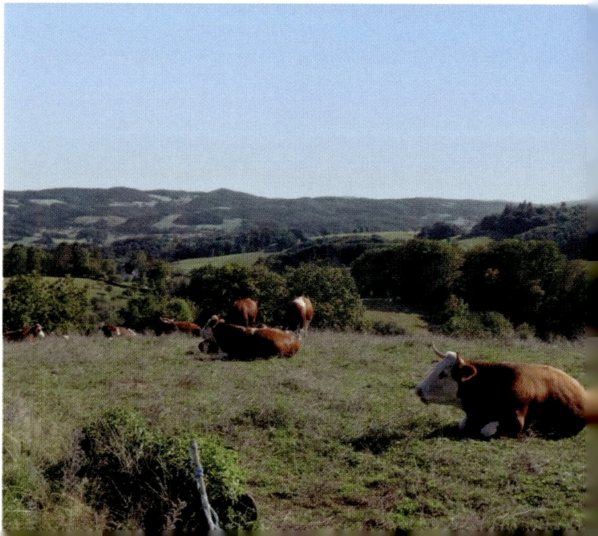

Kuhweide auf dem Weg nach Kreiswald.

„R2“, die uns zunächst als Wegweiser dienen wird. Auf der Uhlandstraße gelangen wir aus dem Ort hinaus. Auf einem wunderschönen Feldweg durch Streuobstwiesen und Felder mit herrlichen Ausblicken rückwärts auf den Höhenrücken der **Tromm** wandern wir leicht bergan zu einem schön gelegenen Rastplatz mit Schutzhütte 2. Ein paar Meter weiter biegen wir rechts ab und folgen nun dem grünen Dreieck auf einem Teerweg zu einer beschilderten Kreuzung bei einem Wasserwerk. Von hier aus erreichen wir mit einem kurzen Abstecher halbrechts das Gasthaus **Zum Kreiswald** 3 (Einkehrmöglichkeit, Do/Fr Ruhetage).

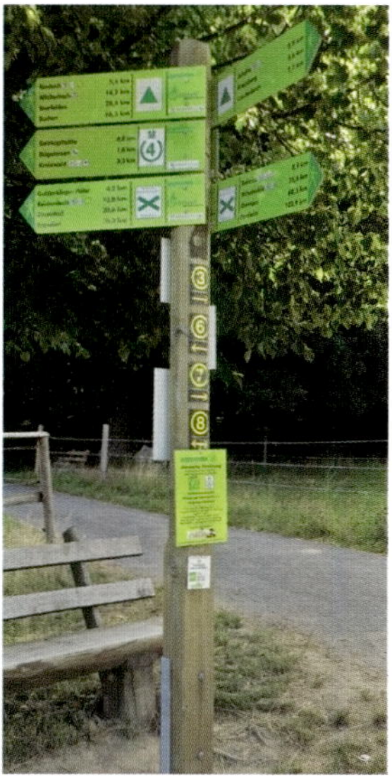

Ansonsten geht es scharf rechts weiter, nun der Markierung „M4“ nach, Richtung „Bügeleisen“: Bei der nächsten Verzweigung links zum Waldrand und hier der gelben „10“ nach (unsere Markierung fehlt hier) auf einem Pfad wenige Meter steil bergab und dann auf gemütlichen Waldwegen zum Naturdenkmal **Bügeleisen** 4. Ein großer quer liegender Felskoloss inmitten einer imposanten Felsszenerie erhielt vom Volksmund diesen Namen. Bald

INFOS

Wanderkarte 1:20 000 des MeKi Verlages, Blatt 8 (beste Karte); Kompass Wanderkarten-Set 1:50 000 Nr. 827; Freizeitkarte 1:50 000 des LGL-BW, Blatt 513 (ohne letzten Abschnitt)

www.moerlenbach.de; www.kreiswald.de; www.waldschenke-fuhr.de; www.haushoefle.de; www.heppenheim.de; www.efa-bw.de (Fahrplanauskunft); www.rimbach.de

Ab Heidelberg Hbf mit dem Regionalzug nach Weinheim und dann mit der Regionalbahn Richtung Fürth bis Rimbach; Rückfahrt ab Heppenheim mit dem Regionalzug nach Heidelberg.

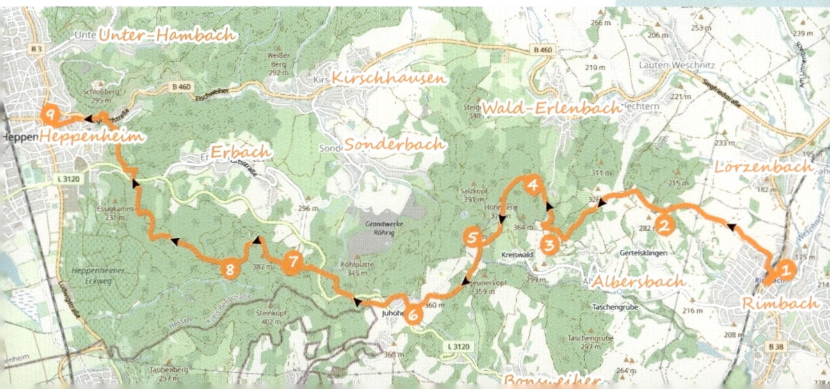

erreichen wir einen Rastplatz mit Schutzhütte, an dem wir wieder das grüne Dreieck antreffen. Ihm folgen wir auf breitem Weg an dem Naturdenkmal **Opfersteine** 5 vorbei zur idyllisch gelegenen Höhensiedlung **Juhöhe** 6 (Einkehrmöglichkeit in der Waldschenke Fuhr, Busverbindung nach Heppenheim).

Juhöhe

Die Juhöhe in der Nähe der gleichnamigen Ortschaft ist ein Gebirgspass von 371 m Höhe zwischen Heppenheim und Mörlenbach. Die ältesten menschlichen Spuren, die dort entdeckt wurden, gehen bis in die Jungsteinzeit zurück. Nahe des Steinkopfes befinden sich vier Hügelgräber. Darin fanden Archäologen Vorratsgefäße, Waffen und Werkzeuge aus der Band- und Schnurkeramik, die in der Zeit von 2500 bis 1800 v.Chr. hergestellt wurden. Die sog. Opfersteine am Weg zum Kreiswald sind Granitfelsen, die durch Erosion geformte schüsselförmige Aushöhlungen besitzen. Nicht selten entstanden dadurch sehr fantasievolle Geschichten, die unter anderem in den Rillen Kratzspuren des Teufels sahen. Unweit vom Parkplatz „Hölzerne Hand" gibt es auch einige Ansammlungen großer Blöcke aus Granodiorit sowie Felsburgen, die durch Wollsackverwitterung und Abtragung des Verwitterungsschuttes entstanden sind. Auch über sie lassen sich einige Geschichten und Sagen finden.

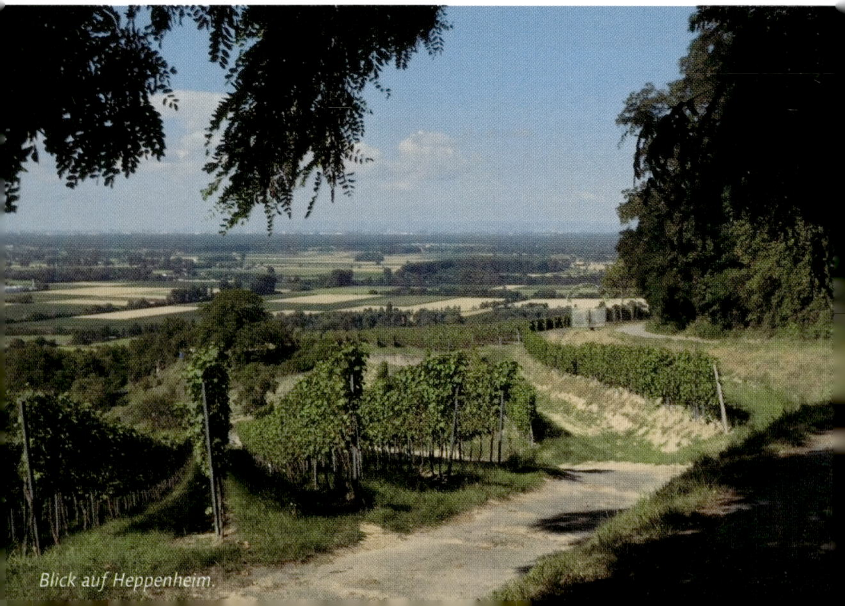

Blick auf Heppenheim.

Wir laufen bis zur Ortsmitte, biegen rechts ab („Heppenheim 6,6 km") und folgen der Markierung „roter Strich" auf der Straße. Kurz nach einem Waldparkplatz geht es links ab auf breitem Weg zu einem weiteren Waldparkplatz. Nach 300 m verlassen wir die bisherige Markierung, biegen links ab und folgen bis zum Ziel der Markierung „H6". Bald kommen wir an den **Hügelgräbern Auf der Lee** 7 aus der Jungsteinzeit vorbei, eine große Tafel liefert weitere Informationen. Nun geht es meist bergab, wir wandern am Naturdenkmal **Arnoldseiche** 8 vorbei zum Waldrand, genießen den herrlichen Ausblick in die Rheinebene und folgen weiter dem Zeichen „H6" hinab nach **Heppenheim**. Beim Friedhof überqueren wir die Landstraße, marschieren geradeaus mit schönem Blick auf den mächtigen Dom zum Marktplatz, etwas links versetzt geradeaus weiter und nun dem kopfstehenden gelben „T" nach durch das Stadttor und die Fußgängerzone zum **Bahnhof** 9.

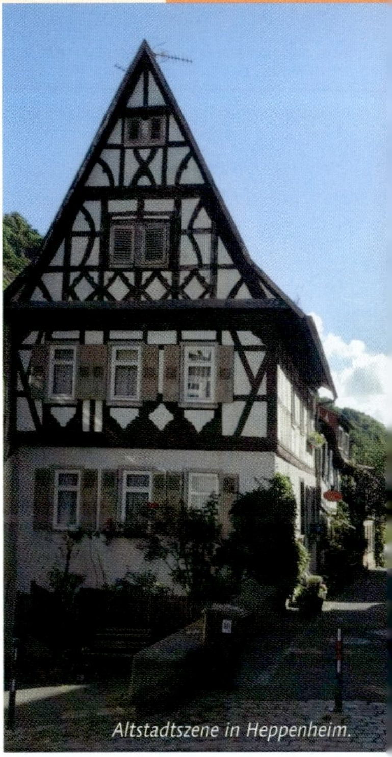

Altstadtszene in Heppenheim.

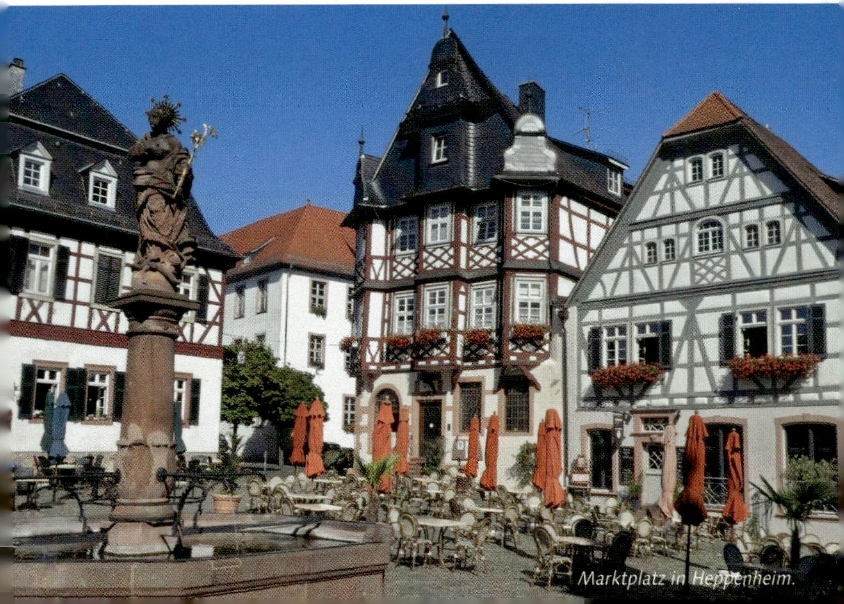

Marktplatz in Heppenheim.

Heppenheim

„Heppenheim, die romantische Kreis-, Wein- und Festspielstadt an der Bergstraße ist immer eine Reise wert", heißt ein Webeslogan, um dessen Bestätigung man nicht unbedingt die alten Römer bemühen muss, obwohl diese schon, als sie die „strata montana" anlegten, den Reiz der Landschaft und der Stadt zu schätzen wussten und zudem mit der Pflanzung der ersten Reben ihre Fertigkeiten im Weinanbau weitergaben. Ob Sie nun die mittelalterlich anmutenden Gassen der historischen Altstadt durchwandern, den Marktplatz mit dem Fachwerk-Rathaus den Marktbrunnen mit Mariensäule, die Liebig-Apotheke, die neobarocke monumentale St. Peterskirche, im Volksmund „Dom der Bergstraße genannt, sowie den Kurmainzer Amtshof mit dem Museum für Stadtgeschichte und Volkskunde besichtigen, ein Besuch Heppenheims ist zu jeder Jahreszeit lohnenswert. Neben zahlreichen Sehenswürdigkeiten lädt eine gepflegte Gastronomie zum Verweilen ein, wo der bekannte „Bergsträßer" ausgeschenkt wird. Auch einen Spaziergang zur Starkenburg auf dem Schlossberg sollte man nicht versäumen. Vom Aussichtsturm der Burg erschließt sich ein herrlicher Rundblick in die Rheinebene und die Seitentäler des Odenwaldes.

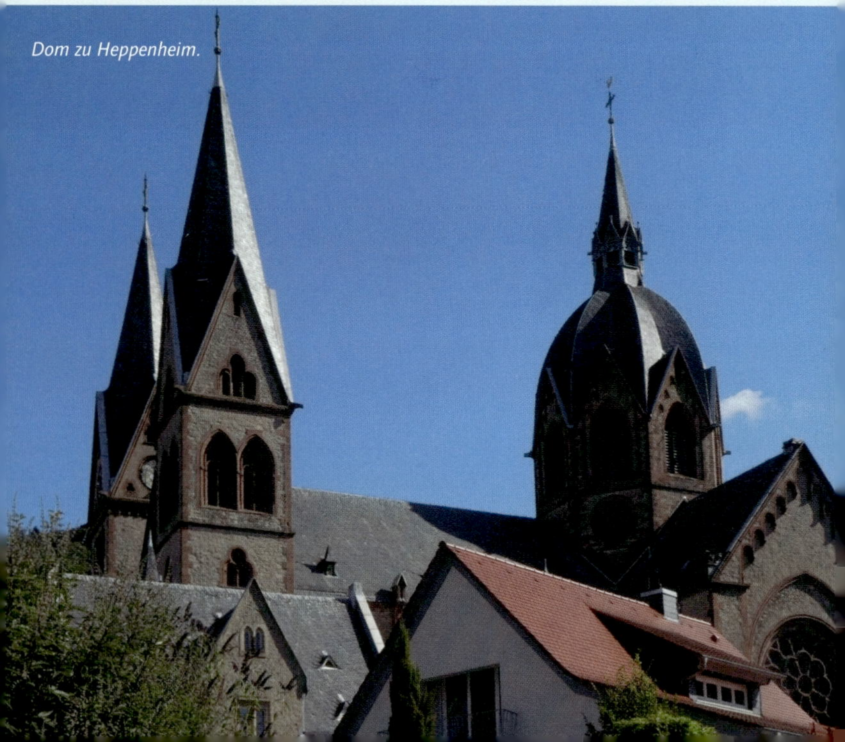

Dom zu Heppenheim.

2

Von Weinheim über den Waldnerturm nach Laudenbach

Vom Hirschkopf zum Saukopf

Herrliche Landschaftsbilder mit schönen Aussichtspunkten prägen diese, nur im ersten Abschnitt etwas anstrengende Wanderung hoch über der Bergstraße. Sehenswürdigkeiten wie das Naturdenkmal „Steinerner Gaul", der historische Kreuzberg oder die spätgotische Martin-Luther-Kirche in Laudenbach bringen zusätzliche Abwechslung. Einige besonders reizvolle Wegabschnitte sind unmarkiert, bitte deshalb die Wegbeschreibung genau mitverfolgen! Und nicht die Rucksackverpflegung vergessen, eine Einkehrmöglichkeit gibt es erst im Zielort Laudenbach!

3 ¾ Std.

13 km (Abkürzung möglich)

350 Hm

Von Weinheim über Hirschkopf, Waldnerturm und Kreuzberg nach Laudenbach.

Mittelschwere Wanderung mit gut 200 Höhenmetern, teilweise steilem Anstieg zu Beginn, einige holprige Passagen erfordern etwas Trittsicherheit und festes Schuhwerk.

Altstadt von Weinheim; Hirschkopfturm; Aussichtspunkte Schauinslandhütte und Waldnersturm; Steinerner Gaul; Kreuzberg mit Stationsbildern; Naturlehrpfad; evangelische Kirche in Laudenbach

Erst in Laudenbach!

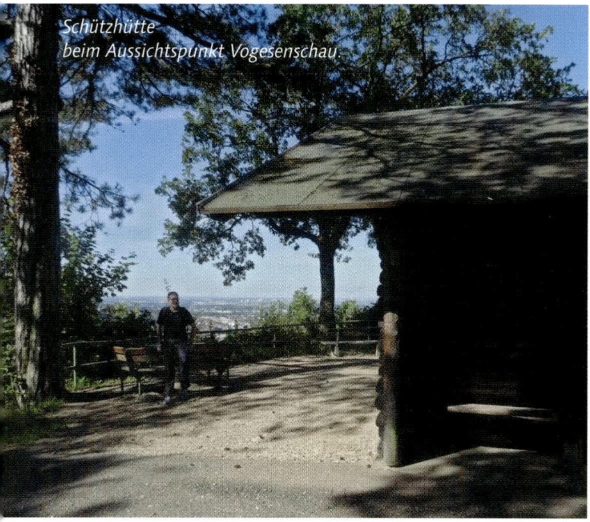

Schützhütte beim Aussichtspunkt Vogesenschau.

Vor dem **Bahnhof Weinheim** 1 halten wir uns rechts, laufen am Busbahnhof vorbei, links zur nächsten Straßenkreuzung und nun immer geradeaus der Markierung „grünes Quadrat" nach auf der Bahnhofstraße, biegen nach 500 m links ab und folgen für die nächste Zeit dem Zeichen

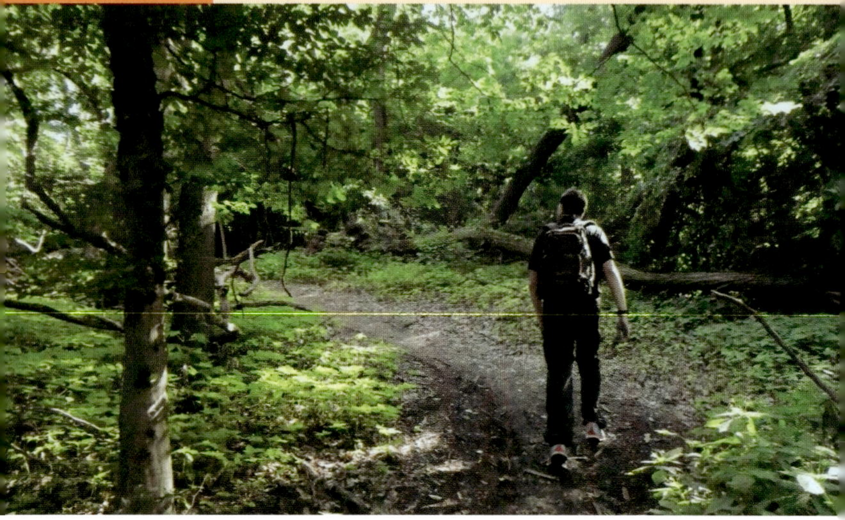

Auf dem Weg zur Vogesenschau.

„roter Strich" des **Weitwanderweges Odenwald-Vogesen**: Auf der Hauptstraße am Rodensteiner Brunnen vorbei, bei der Peterskriche 2 über die Weschnitzbrücke in die nördliche Hauptstraße und schließlich rechts ab in den Bennweg. Immer dem roten Strich nach geht es über ein Bahngleis, dann auf lauschigem Weg bergan durch teilweise verwilderte Schrebergärten zum Aussichtspunkt **Vogesenschau** 3 mit Schutzhütte und kleinem Rastplatz. Nun vereint mit dem blauen Zeichen des **Burgensteigs** („Hirschkopf 1,2 km") wandern wir auf wunderschönem Waldpfad bergan. Bei einem Markierungsstein zweigen die Zeichen links ab, wir wählen aber den unmarkierten holprigen Fußpfad geradeaus, treffen bei der nächsten Kreuzung wieder auf unsere Zeichen und folgen ihnen rechts zum Aussichtsturm auf dem **Hirschkopf** 4.

Nach kurzem Steilabstieg geht es weiter zum nächsten Wegweiser. Hier zweigt der Burgensteig links ab, wir folgen aber dem roten Strich geradeaus zu einer Wegspinne bei der Rothütte, biegen nach 30 m rechts ab auf einen unmarkierten Waldpfad und wandern hinauf zum **Saukopf** 5. Bei einer kleinen Schutzhütte genießen wir erst einmal die schöne Aussicht und folgen dann dem Pfad steil hinab zur nächsten Kreuzung und nun wieder dem roten Strich auf gemütlichem Forstweg an einem Entlüftungsturm des Saukopftunnels vorbei zum aussichtsreich gelegenen **Waldnerturm** 6.

INFOS

Wanderkarte 1:20 000 des MeKi-Verlages, Blatt 8 (beste Karte); Freizeitkarte 1:50 000 des LGL-BW, Blatt F513; Kompass Kartenset 1:50 000, Blatt 827

www.weinheim.de; www.gemeinde-laudenbach.de; www.efa-bw.de (Fahrplanauskunft)

Mit der S-Bahn oder dem Regionalzug nach Weinheim Hbf; Rückfahrt ab Laudenbach mit der Regionalbahn.

Waldnerturm

Der Waldnerturm ist ein Aussichtsturm von 10 m Höhe, der auf einem ca. 267 m hohen Bergsattel zwischen dem Kreuzberg und dem Blocksberg, nahe der Gemeinde Hemsbach zu finden ist. Der Turm im Stil eines Bergfrieds wird wegen seiner vier Büsten (Ritterfiguren) an den Ecken auch Vierritter-Turm genannt. 1837 wurde er von Graf Waldner von Freundstein in seiner heutigen Form aus Granit gebaut. Die Aussicht von der Plattform ist durch einige Bäume etwas eingeschränkt.

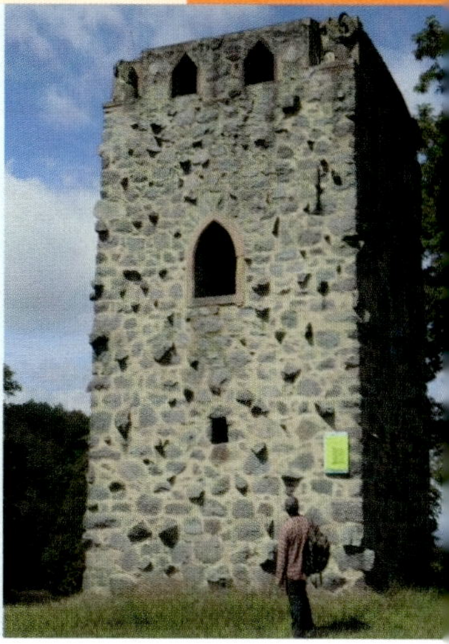

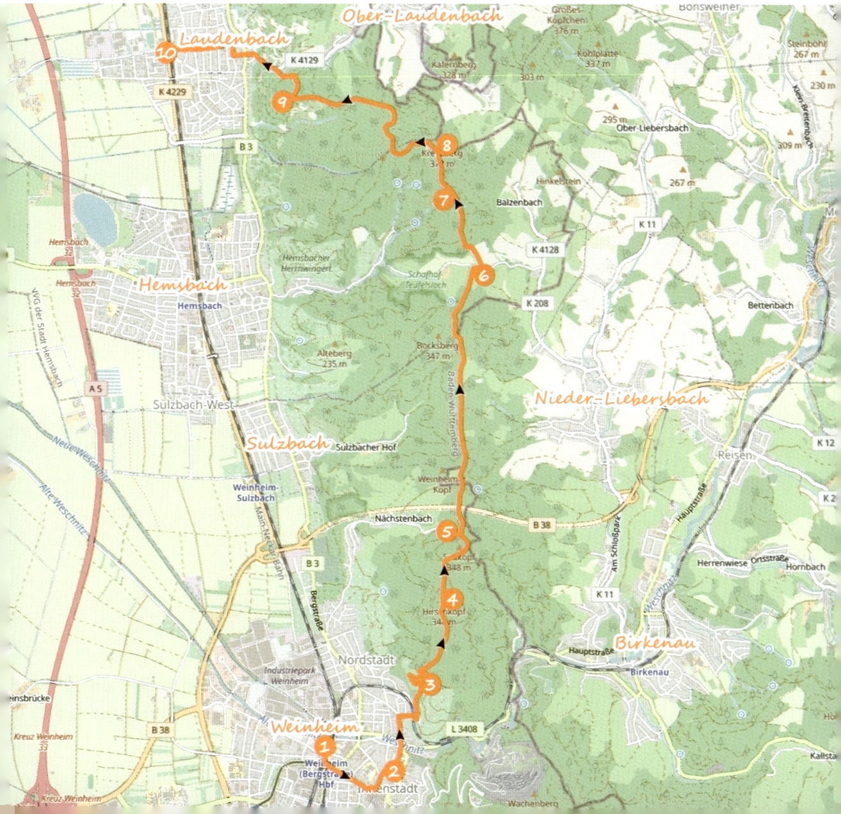

Über Felder wandern wir weiter zum nächsten Wegweiser am Waldrand und folgen nun bis kurz vor dem Ziel den blauen Zeichen des Burgensteigs („Kreuzberg 1,6 km"): Bergan auf einem holprigen Hohlweg zum Naturdenkmal **Steinerner Gaul** 7, einem großen Granitbrocken, aus dem man mit einiger Fantasie die Gestalt eines Pferdes herauslesen kann, und weiter auf breitem Forstweg zum **Kreuzberg** 8.

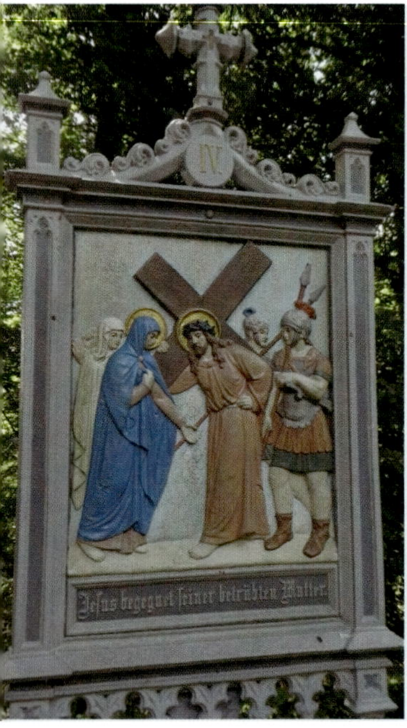

Kreuzberg

Der Kreuzberg war wahrscheinlich schon in vorchristlicher Zeit eine Kultstätte. Der Legende nach zielte hier um 14. Jahrhundert ein Jäger auf einen Hirsch, als er ein funkelndes Kreuz in dessen Geweih bemerkte. Geblendet ließ er sein Gewehr fallen, und der Hirsch verschwand. Daraufhin ließ er an dieser Stelle die Kapelle „Zum heiligen Kreuz" errichten. Jahrhundertelang pilgerten Wallfahrer hierher. 1808 ließ die badische Regierung das inzwischen verfallene Bergkirchlein zusammen mit einer Einsiedelei abbrechen. Nach 1860 wurden dann wieder Stationsbilder aufgestellt, seitdem finden alljährlich am Pfingstmontag wieder Wallfahrten aus den umliegenden Orten mit einer heiligen Messe unter freiem Himmel statt.

(Infotafel am Weg)

Nun geht es nur noch bergab: Immer unserem Zeichen nach auf breitem Weg (auch Waldlehrpfad) dann auf einem schönen Fußpfad durch den Wald, aussichtsreich am Waldrand entlang und schließlich im Zickzack steil hinab zu den ersten Häusern von **Laudenbach**. Für den letzten Abschnitt nehmen wir das Zeichen „grünes Dreieck" auf („Laudenbach Bhf 1,2 km"), laufen immer geradeaus an der spätgotischen evangelischen Kirche vorbei, queren die B3, biegen bei der nächsten Kreuzung rechts und gleich wieder links ab und gelangen auf der Bahnhofstraße zum **Bahnhof Laudenbach** 9.

3 Von der Kreidacher Höhe über die Tromm nach Rimbach

Auf dem Siedelsbrunner Kunstweg zum Ireneturm

Die heutige Wanderung ist das Richtige für stille Genießer: Wir lernen einen der schönsten und abwechslungsreichsten Höhenwege des Odenwaldes kennen. Da der Bus uns die meisten Anstiegshöhenmeter abnimmt – der Ausgangspunkt Kreidacher Höhe liegt 423 m hoch – hält sich die Anstrengung in engen Grenzen, der steile und holprige Abstieg nach Rimbach erfordert allerdings gute Trittsicherheit. Zusätzliche Abwechslung bringen die zahlreichen Skulpturen des Siedelsbrunner Kunstweges auf dem Weg zur Tromm. Die Wanderung eignet sich auch bestens als Familienausflug mit älteren Kindern, vielleicht in Verbindung mit einem Besuch der Sommerrodelbahn auf der Kreidacher Höhe, und lässt sich zusammen mit Tour 1 (von Rimbach nach Heppenheim) und einer Zwischenübernachtung in Rimbach zu einer sehr schönen Zweitagestour verbinden.

3 ¼ Std.

12 km

150 Hm

Von der Kreidacher Höhe über die Tromm und das Trommer Haus nach Rimbach.

Wenig anstrengende Wanderung ohne steile Anstiege; der teilweise steile Abstieg nach dem Trommer Haus erfordert Trittsicherheit und festes Schuhwerk.

Siedelsbrunner Kunstpfad; Tromm mit Ireneturm; herrliche aussichtsreiche Höhenwege und urige Waldpfade

Gasthaus „Zur schönen Aussicht" (Mo/Di Ruhetage); Rimbach

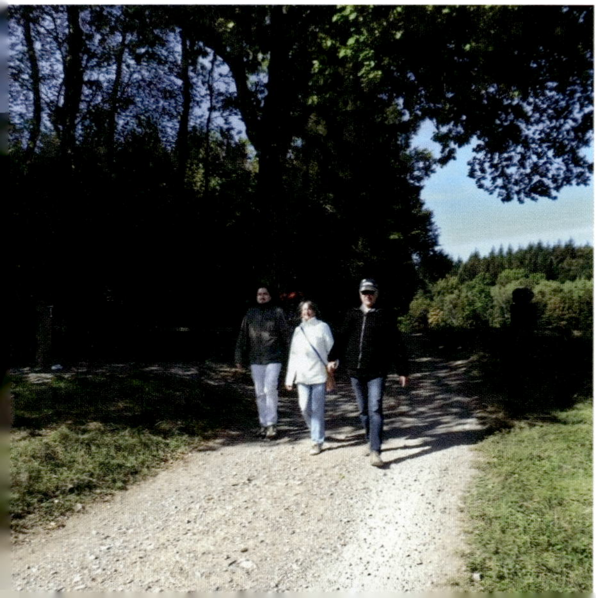

Auf dem Weg zur Tromm.

Sommerrodelbahn

Die Sommerrodelbahn auf der Kreidacher Höhe bei Wald-Michelbach erstreckt sich über eine Länge von 1 km und erreicht eine Geschwindigkeit von bis zu 40 km/h. Nicht ohne Grund zählt sie daher zu den beliebtesten Attraktionen des Odenwaldes. Der Höhepunkt dieser Rodeltour sind dabei zwei Kreisel, die den Fahrer sechs Meter in die Höhe anheben. Nach diesem aufregenden Erlebnis kann man im automatischen Lift gemütlich zur Bergstation zurückfahren und beim Kiosk an der Rodelbahn mit herrlichem Blick auf den Odenwald entspannen.

Auf dem Kunstweg.

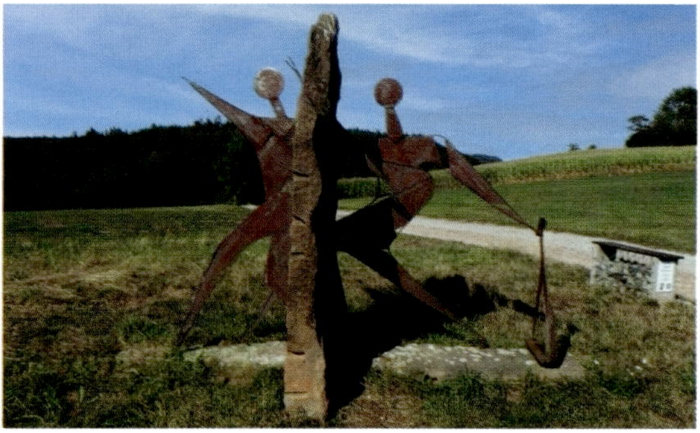

INFOS

Wanderkarte 1:20 000 des MeKi-Verlags, Blatt 9 (beste Karte); Freizeitkarte 1:50 000 des LGL-BW, Blatt F513; Kompass Kartenset 1:50 000, Blatt 827

www.efa-bw.de (Fahrplanauskunft); www.sommerrodelbahn-wald-michelbach.de; www.schoene-aussicht-tromm.de; www.rimbach-odw.de

Ab Heidelberg Hbf mit der Regionalbahn bis Weinheim Hbf und mit dem Bus 681 Richtung Grasellenbach bis Haltestelle Kreidacher Höhe; Rückfahrt ab Rimbach mit dem Regionalzug nach Weinheim und weiter mit der Regionalbahn Richtung Heidelberg.

Von der Bushaltestelle **Kreidacher Höhe** 1 aus gehen wir ein paar Meter auf der Straße zurück und nehmen die Markierung „rotes Quadrat" auf, sie wird für die nächsten 1 ½ Stunden unser Wegweiser sein („Tromm 6,3 km"). Wir überqueren die Straße, halten uns rechts von den Parkplätzen der Sommerrodelbahn und wandern auf einem Teerweg am **Café Kreidacher Höhe** vorbei (Einkehrmöglichkeit) auf einem fast ebenen Feldweg sehr schön und abwechslungsreich durch Wald und Flur. Unterwegs begutachten wir die Skulpturen des Siedelsbrunner Kunstweges, genießen den hübschen Ausblick nach rechts auf Wald-Michelbach und den Meisenberg und gelangen in ständigem leichten Auf und Ab zur **Gaderner Hütte** 2, wo sich nach links eine herrliche Aussicht auf das Birkenauer Tal öffnet.

Weiter geht's immer dem roten Quadrat nach leicht bergan durch schönen Wald an einem hübschen Rastplatz vorbei, wenig später links ab (Auf Markierung achten!) und auf schmalem Weg zum **Ireneturm** 3 auf dem Gipfel der 577 m hohen Tromm, dem sechsthöchsten Berg des Odenwaldes. Der nach einer Prinzessin von Hessen-

Darmstadt benannte Aussichtsturm ist seit 2013 aus Sicherheitsgründen gesperrt, ein Neubau ist geplant. An schönen Sonntagen bietet ein kleiner Kiosk Erfrischungen an. Wir folgen noch ein Stückchen dem roten Quadrat auf viel begangenem Weg zur Höhensiedlung Tromm. Beim **Trommer Haus** treffen wir auf die Markierung „grünes Dreieck", sie wird unser Wegweiser bis zum Ziel sein. Wir biegen links ab und beim Gasthaus **Zur schönen Aussicht** 4 (Einkehrmöglichkeit) nochmals links („Rimbach 4,8 km").

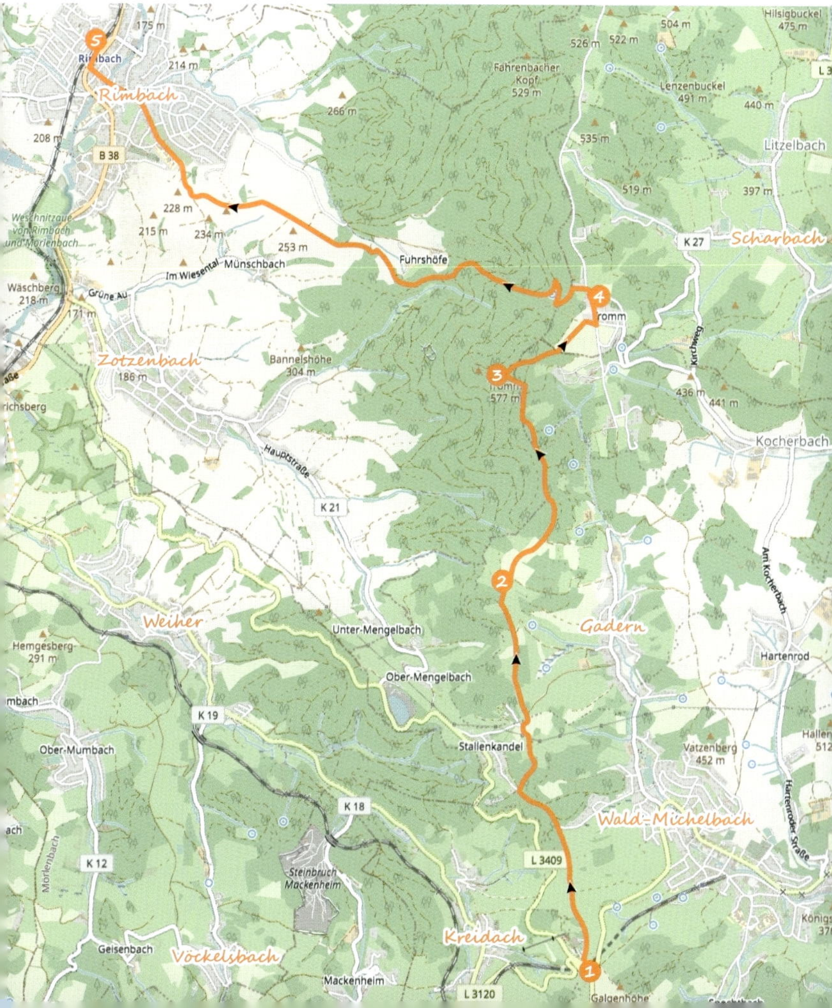

Tromm-Gedicht

Kennt ihr die Tromm im Odenwald?
Wenn nicht, besucht sie ja recht bald!
's ist eins der schönsten Fleckchen Erd',
Die unser Herrgott uns beschert!
Zur Sommer- wie zur Winterszeit
Wird euch die Brust hier oben weit!
Die Bergesgipfel in der Rind,
die machen Aug' und Herz gesund.
Des Daseins Not liegt plötzlich weit
beim Anblick all der Herrlichkeit!
Bei Waldesrauschen, Wiesengrün
Die goldne Sonne drüber hin;
Bei Sturmgebraus zur Winterszeit
Die Wälder märchenhaft verschneit
Bei Menschen bieder, treu und brav,
So recht noch nach dem alten Schlag.
Drum, liebe Städter weit und breit,
fühlt ihr euch krank,
drückt euch ein Leid,
Kehrt frohgemut hier oben ein,
Ich wett', bald geht gesund ihr heim!

(F. v. K.)

Nun geht es nur noch bergab, teilweise recht steil auf einem holprigen und steinigen Waldpfad (Vorsicht bei Nässe!). Wenn wir auf einen breiten Schotterweg treffen, halten wir uns scharf links, die Markierung ist hier nicht gleich zu sehen. Weiter geht's den nun wieder zuverlässigen Zeichen nach abwechselnd auf Forstwegen und steilen Waldpfaden zu einer Bank und nun etwas sanfter bergab. Bald weitet sich vor uns der Blick auf das Birkenauer Tal mit dem dahinter liegenden Felsberg. Wir laufen durch Wiesen und Obstgärten, werfen nochmals einen Blick zurück auf den Höhenzug der Tromm und gelangen nach **Rimbach**. Wir gehen der Markierung nach durch den Ort hinab zum Zentrum, biegen links ab in die Bismarckstraße, rechts in die Friedrich-Ebert-Straße und gelangen wenig später zum **Bahnhof** 5.

Auf dem Weg nach Rimbach.

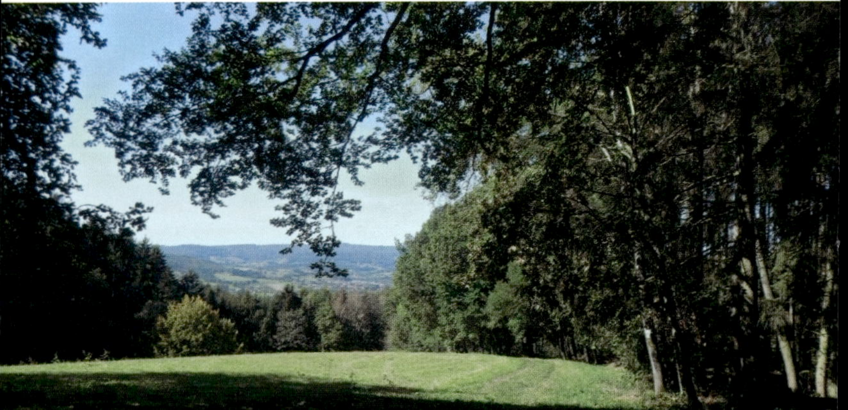

4 Von Ober-Abtsteinach über Buchklingen nach Weinheim

Vom Teufelsstein zum Exotenwald

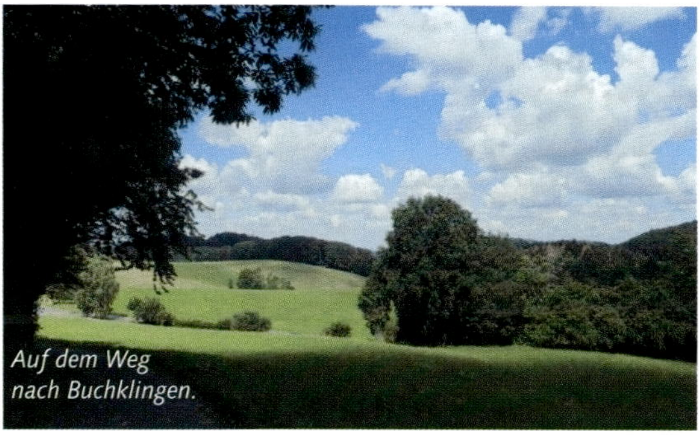

Auf dem Weg nach Buchklingen.

3 ¾ Std.

14 km

200 Hm

Von Ober-Abtsteinach über Reichelsberg, Buchklingen und Wachenburg nach Weinheim.

Mittelschwere Wanderung mit kurzen und wenig steilen Anstiegen und langem Abstieg; einige kurze holprige Streckenabschnitte erfordern etwas Trittsicherheit.

Eine aussichts- und abwechslungsreiche Genusswanderung durch die Wälder und Auen des hessischen Odenwaldes, bei der das Landschaftserlebnis im Vordergrund steht. Da uns der Bus die meisten Anstiegshöhenmeter abnimmt, gibt es kaum noch Steigungen zu bewältigen. Aber auch die Kultur kommt nicht zu kurz: Die Wachenburg und Ruine Windeck hoch über Weinheim – beide mit zünftiger Einkehrmöglichkeit – verdienen eine ausgiebige Besichtigung, ebenso in Weinheim die schmucke Altstadt und der schöne Schlosspark mit dem angeschlossenen Exotenwald.

Abtsteinach

Abtsteinach bezeichnet im Kreis Bergstraße die kleinste dort ansässige Gemeinde. Nur etwa 2.400 Einwohner leben in dem aus den drei Ortsteilen Ober-Abtsteinach, Unter-Abtsteinach und Mackenheim bestehenden Dorf. Der Ortsname und der auf dem Wappen abgebildete Abtsstab gründen auf der seit 1012 bestehenden Zugehörigkeit der Gemeinde zur Abtei Lorsch. In Abtsteinach sind es vor allem die Buntsandsteinbrüche, die dem Ort Popularität verschafften und Kirchen sowie Häuser in der Umgebung mit Sandstein bebauten. Im Ort selbst sind davon nur noch die Kunsthandwerksbetriebe, die Bonifatiuskirche, eine kleine Sandsteinkapelle, sowie einige alte Sandsteinkreuze und Bildstöcke übriggeblieben.

Bonifatiuskirche in Ober-Abtsteinach; Teufelsstein; Riesenstein; Burgen Wachenburg und Windeck; Weinheim (hist. Stadtbild, Exotenwald)

„Grüner Baum" in Buchklingen (Mo/Di Ruhetage); Wachenburg (Mo-Fr ab 16 Uhr, Sa ab 12 Uhr geöffnet); Windeck (Kiosk); Weinheim

Wir laufen von der **Bushaltestelle Siedlung** 1 auf der Straße 130 m zurück, biegen links in die Waldskopfstraße, bei deren Ende rechts in einen Schotterweg und gelangen wenig später zu einem Wanderwegweiser. Nun geht es geradeaus weiter, dem Zeichen „A1" nach („Teufelstein 1 km") immer in leichtem Auf und Ab auf schönen Wald- und Wiesenwegen. Bei einem Rechtsknick gesellt sich das Zeichen „G9" hinzu, wenig später passieren wir das Naturdenkmal **Teufelsstein** 2. Bei der folgenden Verzweigung, wenn die Radwegmarkierung nach links zeigt, bleiben wir geradeaus, hier fehlt unsere Markierung. Wir wandern am **Riesenstein** 3, einem weiteren Naturdenkmal, vorbei, immer den Zeichen „A1" nach, bis wir auf die Markierung „grünes Quadrat" treffen, es wird uns bis kurz vor dem Ziel den Weg weisen. Wir halten uns links, treffen nach einem Rechtsknick auf die Straße oberhalb von Löhrbach 4, gehen auf ihr 100 m nach links, biegen nochmals links ab und wandern auf aussichtsreichem Höhenweg über den **Reichelsberg**.

Auf dem Weg nach Buchklingen.

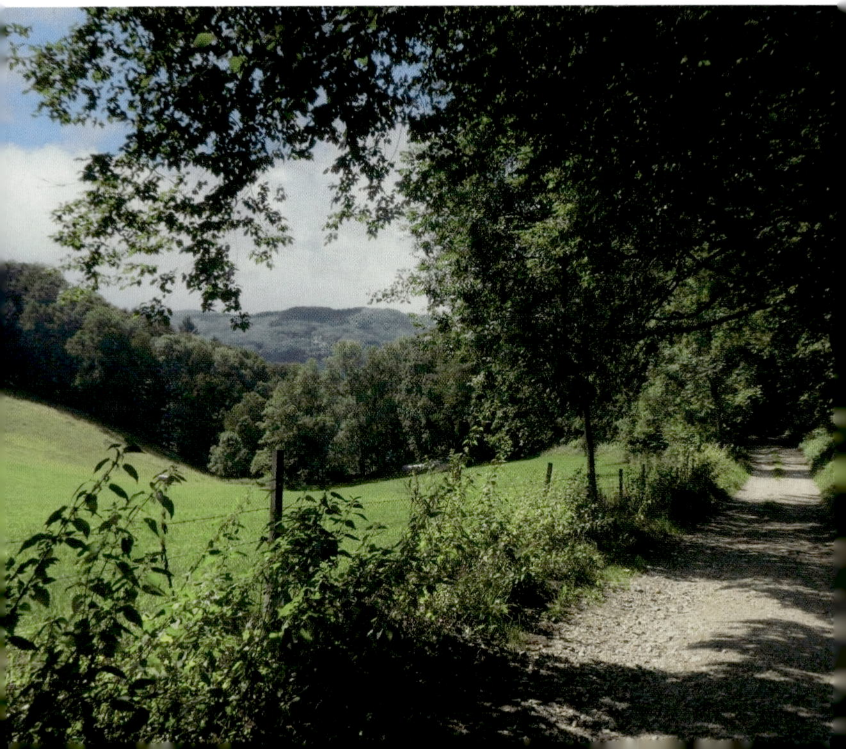

Kurz bevor wir wieder auf eine Straße treffen, halten wir uns schwach links, wählen bei der nächsten beschilderten Kreuzung den ebenen Forstweg rechts und folgen dem grünen Quadrat nach **Buchklingen** 5 (Kürzungsmöglichkeit: Busverbindung zum Bhf. Birkenau). Beim Waldrand geht es rechts über Treppen hinab zur Straße und auf ihr nach links am Gasthof „Grüner Baum" (Einkehrmöglichkeit) vorbei, nach den letzten Häusern ein paar Meter steil bergab und dann auf einem Schotterweg zur nächsten beschilderten Kreuzung, wo wir einen kurzen Abstecher zum **Schubertstein** 6 mit einem kleinem Rastplatz machen können. Wir bleiben weiterhin dem grünen Quadrat treu, halten uns bei der **Friedrichshütte** 7 geradeaus (auch „B8", „Wachenberg 1 km"), ebenso beim nächsten Wegweiser („Wachenburg 1,4 km"). Bei der nächsten Verzweigung sollten wir nicht versäumen, zunächst der herrlich gelegenen **Wachenburg** 8 (Einkehrmöglichkeit) einen Besuch abzustatten, wir erreichen sie rechts auf einem schmalen Pfad.

Wachenburg

Oberhalb der Stadt Weinheim befindet sich die erst spät erbaute (1907–1928) Wachenburg, gegründet durch den Weinheimer Senioren-Convent als Tagungs- und Begegnungsstätte. Auf dem 330 m hohen Wachenberg gelegen, bietet sich den Besuchern dort ein herrlicher Ausblick über die Rheinebene. Dazu lässt es sich vor Ort in der atmosphärischen Umgebung wunderbar verweilen, ob in der rustikalen Burgschenke, draußen im Burghof oder im eindrucksvollen Palas.

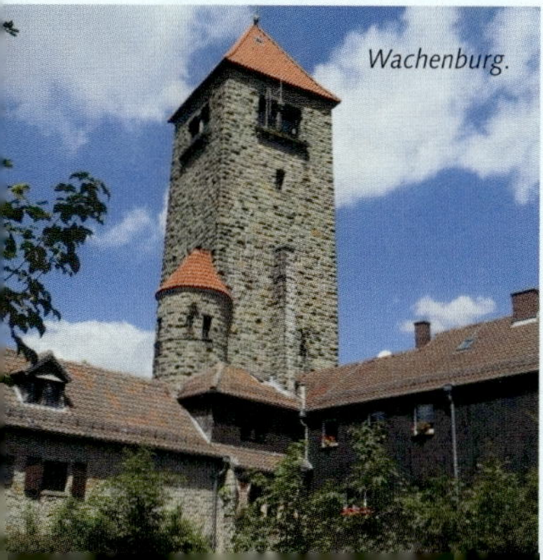
Wachenburg.

Windeck

Weinheims zweite, jedoch weitaus ältere Burganlage, ist die Höhenburg Windeck. Ende des 17. Jahrhunderts zerstört und Anfang des 20. Jahrhundert in Teilen wieder aufgebaut, residiert die Burg nun als Ruine auf dem Schlossberg. Von dort oben, ob auf dem Burgfried oder dem dort gelegenen Biergarten, kann man einen tollen Blick auf die Altstadt Weinheims bis hin zum Pfälzerwald genießen.

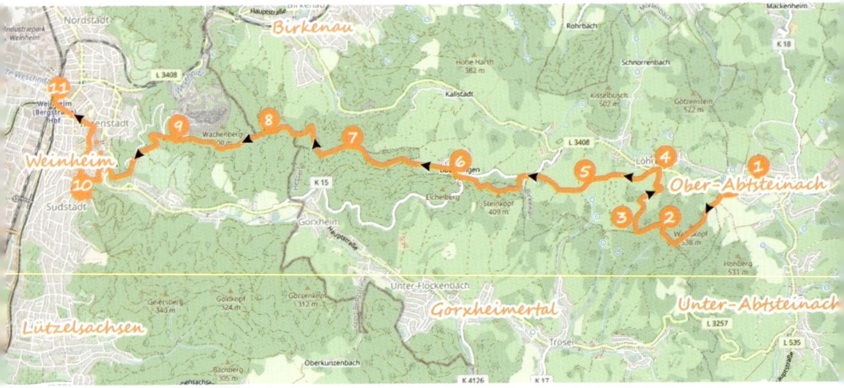

INFOS

Wanderkarte 1:20 000 des MeKi-Verlages, Blatt 8; Freizeitkarte 1:50 000 des LGL-BW, Blatt F513; Wanderkarte 1:25 000 des LGL-BW, Blatt W202; Kompass Kartenset 1:50 000, Blatt 827

www.abtsteinach.de; www.gruenerbaum-buchklingen.de; www.weinheim.de; www.wachenburg.de; www.efa-bw.de (Fahrplanauskunft)

Ab Heidelberg Hbf mit der Regionalbahn nach Weinheim und weiter mit Bus 681 bis Ober-Abtsteinach Siedlung; Rückfahrt ab Weinheim mit dem Regionalzug.

Wieder zurück zur letzten Kreuzung folgen wir unseren Zeichen auf holprigem Pfad und Teerweg an der **Ruine Windeck** 9 (Einkehrmöglichkeit) vorbei zur nächsten Verzweigung. Wenn wir es eilig haben, bleiben wir geradeaus und folgen dem grünen Quadrat auf direktem Weg zum Bahnhof Weinheim. Schöner ist der lohnende Umweg durch die Altstadt und den Schlosspark mit Exotenwald: dem gelben „B" nach links ab und über einen Treppenabgang hinab nach **Weinheim**, geradeaus in die Münzgasse und nun dem roten Strich nach durch die verwinkelten Gassen der Altstadt, durch ein Tor und auf schönen Wegen über viele Treppen durch den **Schlosspark** 10.

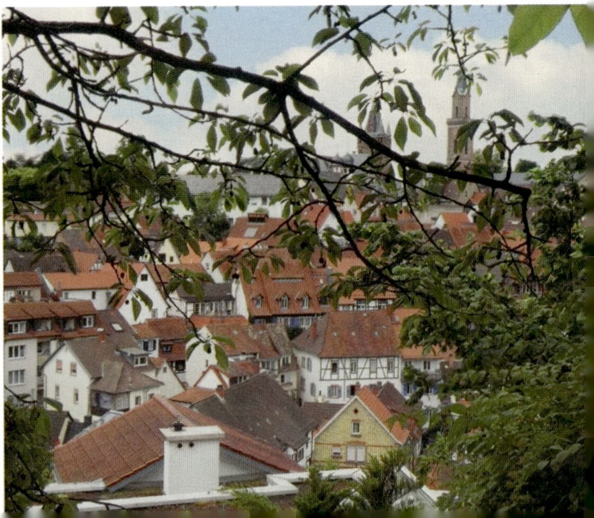

Blick auf Weinheim.

Der Weinheimer Exotenwald

Der Weinheimer Exotenwald wurde durch den Diplomaten Christian Freiherr von Berckheim in Weinheim gegründet. 1872 fing dieser an, exotische Baumgattungen nahe des Schlossparks anzubauen und die Anpflanzung von immer neuen fremdländischen Arten in unserem kühlen Klima zu erproben. 1955 wurde der Exotenwald an die Landesforstverwaltung Baden-Württembergs weitergeben, die ihn weiterpflegte. Heutzutage sind dort etwa 130 verschiedene Baumarten zu beobachten, so zum Beispiel ein ganzes Waldareal bestehend aus Riesenmammutbäumen oder auch die größte Libanonzeder Deutschlands.

Bei der Infotafel „Exotenwald" verlassen wir die Markierung, wählen den rechten Weg Richtung Waldparkplatz, biegen bei einer alten Kapelle rechts ab, dann nochmals rechts in die Rote Turmstraße und laufen nun, immer den Radwegweisern nach, am Herrmannshof vorbei zum **Bahnhof** 11.

Von Wilhelmsfeld über Kohlhof und Eichelberg nach Leutershausen 5

Auf den Spuren der Köhler und Steinbrecher

3 ½–3 ¾ Std.

13–14 km

300 Hm

Von Wilhelmsfeld-Schriesheimer Hof über Kohlhof, Eichelberg, Ursenbacher Höhe und Schriesheimer Hütte nach Leutershausen.

Eine Wanderung, die uns ins Herz des westlichen Odenwaldes führt. Der hochgelegene Ausgangspunkt erspart uns einen längeren, anstrengenden Anstieg, so dass sich der Kräfteverschleiß in engen Grenzen hält: Es gibt nur ein paar ganz kurze steile Stellen zu bewältigen. Der Steilabstieg vom Eichelberg erfordert allerdings eine gute Trittsicherheit, er kann aber relativ leicht umgangen werden. Die für jede Jahreszeit geeignete Wanderung zählt dank ihrer besonders abwechslungsreichen Landschaftseindrücke zu den schönsten des Odenwaldes. Einige Sehenswürdigkeiten wie zum Beispiel ein ehemaliger Köhler-Rundmeiler, die Infotafeln über die Arbeit der Steinbrecher oder auch der imposante Felskoloss des Wildeleutesteins lockern die Tour noch zusätzlich auf. Außerdem laden sonntags gleich drei Naturfreundehäuser zur zünftigen Einkehr ein.

Auf dem Weg zur Schriesheimer Hütte.

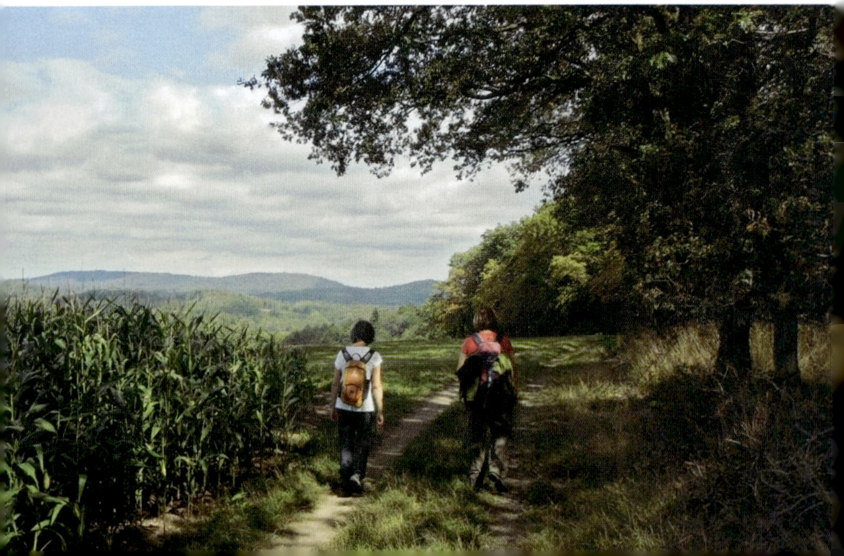

Wir gehen von der **Bushaltestelle Schriesheimer Hof** ❶ auf der Straße Richtung Altenbach und entdecken gleich die Markierung „grünes Andreaskreuz“, das uns die erste Stunde begleiten wird. Nach 5 Minuten biegen wir halbrechts ab in den Kohlhofweg, halten uns beim Waldrand schwach rechts und gelangen an einem ehemaligen Köhler-Rundmeiler vorbei auf bequemem Waldweg zum **Naturfreundehaus Kohlhof** ❷ (Einkehrmöglichkeit, Mo/Di Ruhetag).

Nun laufen wir auf einem Fußweg erst rechts, dann links neben der Straße zum Kulturdenkmal **Hirtenstein** ❸ (das steinerne Kreuz befindet sich zwischen Weg und Straße), weiter durch den Wald zu einer Lichtung, dann nach rechts aussichtsreich am Waldrand entlang und bei einer Bank nach links auf einem Teerweg bis zu einem Markierungsstein. Wir halten uns geradeaus, dann schwach rechts, verlassen 100 m weiter unser bisheriges Zeichen und schwenken links auf einen Waldpfad. Nun lassen wir uns vom gelben „L“ leiten: auf holprigem Pfad hinauf zum mächtigen Felskoloss **Wildeleutestein** ❹, dann steil bergab und, nun mit dem roten Strich vereint, hinauf auf den **Eichelberg** ❺ (sonntags Einkehr in der Mannheimer Hütte und Besteigung des Aussichtsturms möglich).

Eine bis auf ein paar ganz kurze steile Stellen leichte Wanderung; der Steilabstieg ab Eichelberg erfordert gute Trittsicherheit, kann aber hier leicht umgangen werden.

Köhler-Rundmeiler; Infotafeln zur Arbeit der Steinbrecher; Naturdenkmäler Hirtenstein und Wildeleutestein; Eichelberg mit Aussichtsturm.

Naturfreundehaus Kohlhof (Mo/Di Ruhetag); Mannheimer Hütte (sonntags von April bis November); Schriesheimer Hütte (Sa/So von April bis Oktober); Leutershausen

Eichelberg

Ganz in der Nähe von Weinheim, Heiligkreuzsteinach und Schriesheim befindet sich der 525 m hohe Eichelberg. Auf ihm thront der Eichelbergturm, der als Aussichtsturm und zugleich „Mannheimer Hütte“ dient, die von Mitgliedern der Ortsgruppe Mannheim des Odenwaldklubs außerhalb der Wintermonate als Gasthof genutzt wird.

Mannheimer Hütte.

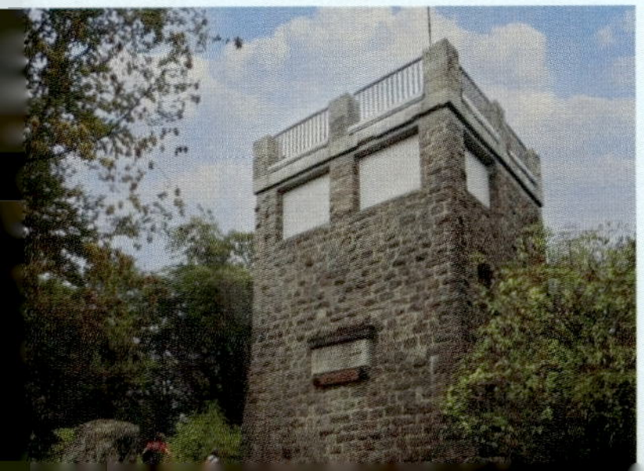

Wildeleutestein

Nicht weit vom Eichelberg entfernt, kann man den 522 m hohen Berg Wildeleutestein erkennen. Um ihn rankt sich die eine oder andere Sage, vor Ort auf einer Informationstafel nachzulesen.

INFOS

Wanderkarte 1:20 000 des MeKi-Verlages, Blatt 12; Freizeitkarte 1:50 000 des LGL-BW, Blatt F513; Wanderkarte 1:25 000 des LGL-BW, Blatt W 202; Kompass Kartenset 1:50 000, Blatt 827

www.wilhelmsfeld.de; www.naturfreundehaus-kohlhof.de; www.eichelbergturm.12hp.de; www.naturfreunde-schriesheim.de; www.hirschberg-bergstrasse.de; www.efa-bw.de (Fahrplanauskunft)

Ab Heidelberg entweder mit Bus 34 nach Wilhelmsfeld-Schriesheimer Hof oder mit Straßenbahn RNV5 nach Schriesheim und weiter mit Bus 628 zum Schriesheimer Hof; Rückfahrt ab Leutershausen mit der Straßenbahn nach Heidelberg Hbf.

Nach 100 m schickt uns das gelbe „L" nach links auf einem Pfad steil bergab zur Infotafel über die Arbeit der Steinbrecher. Gute Trittsicherheit und trockenes Wetter vorausgesetzt können wir geradeaus weiterwandern, halten uns wenig später schwach links und gelangen auf sehr steilem Pfad, dabei zwei Querwege kreuzend, hinab zum Waldrand bei einer Bank. Etwas weiter, aber einfacher ist es, ab der Infotafel das letzte Wegstück zurückzugehen, dann links dem roten Strich gut 1 km bis zum Waldrand und schließlich dem gelben „L" scharf links zur nächsten Kreuzung bei einer Bank zu folgen 6.

Nun nehmen wir die Markierung „zwei gelbe Striche" auf, sie wird uns bis kurz vor dem Ziel den Weg weisen. Auf breitem Weg wandern wir über Wiesen und Felder zur Ursenbacher Höhe, halten uns geradeaus und haben noch einen kleinen Anstieg zu bewältigen, bis das Zeichen „Naturfreundehaus" links abzweigt. Wer in der **Schriesheimer Hütte** 7 einkehren will (Sa/So geöffnet), folgt diesem Zeichen, ansonsten bleiben wir geradeaus, bummeln auf bequemen, etwas eintönigen Forstwegen an drei Schutzhütten und einem **Rastplatz mit Mammutbäumen** 8 vorbei und marschieren bergab zu einem Querweg. Wir folgen den zwei gelben Strichen noch 150 m nach links, wählen dann den rechtwinklig nach rechts abknickenden unmarkierten, bergab führenden Schotterweg und gelangen wenig später zu den obersten Häusern von **Leutershausen**. Immer geradeaus bleibend, laufen wir auf dem Endweg bergab, dann etwas rechts versetzt auf dem Beinpfad weiter und gelangen geradeaus auf der Fenchelstraße zur **Straßenbahnhaltestelle** 9.

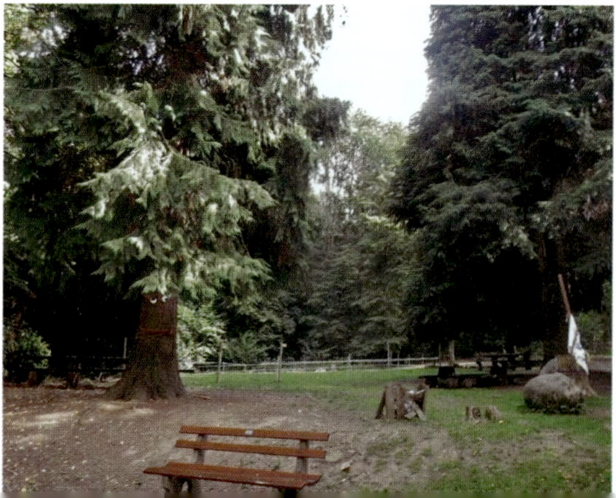

Rastplatz mit Mammutbäumen auf dem Weg nach Leutershausen.

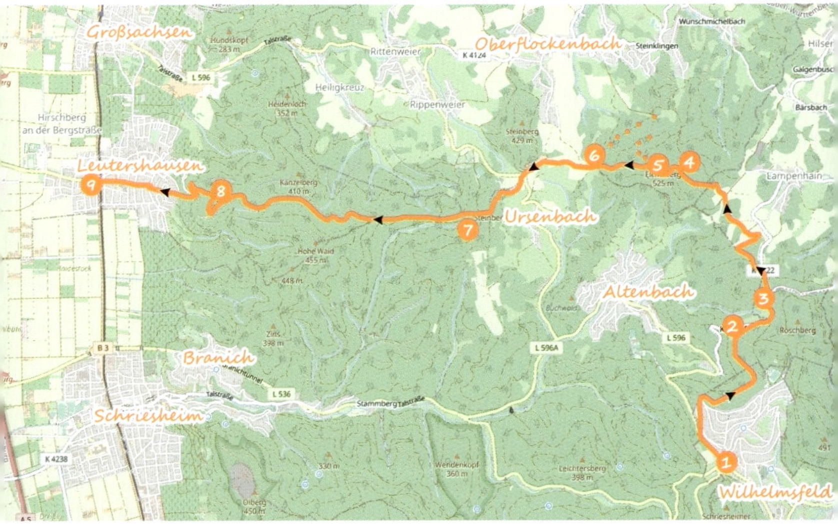

Leutershausen an der Bergstraße

Leutershausen an der Bergstraße gehört neben Großsachsen zur Gemeinde Hirschberg an der Bergstraße. Seit seiner ersten namentlichen Erwähnung besteht es schon fast 1150 Jahre, wobei die Gemeinde bis vor etwa 50 Jahren nur Leutershausen hieß und erst 1964 seinen vollen Namen erhielt. 1975 kam es letztendlich im Zuge der Gebietsreform zur Fusion mit Großsachsen. Die Spazierwege an der „Hohen Waid" in Richtung Weinberge, und auch die Sehenswürdigkeiten der Gemeinde in Form von Burgruinen, Kirchen und Kapellen machen Leutershausen an der Bergstraße zu einer wunderbaren Wandergegend.

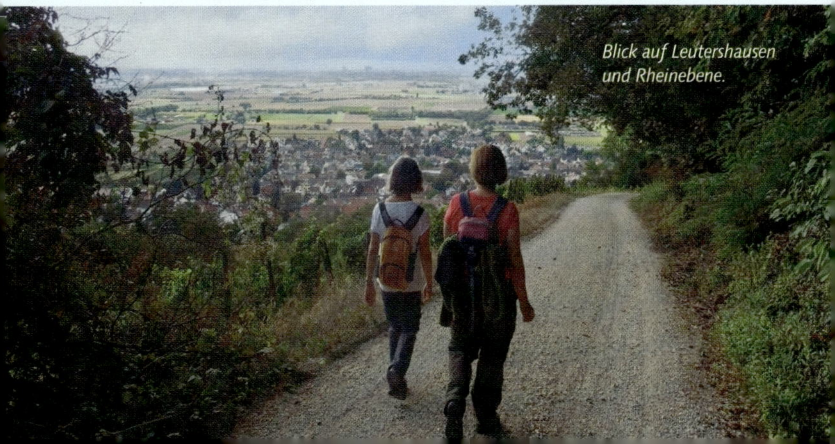

Blick auf Leutershausen und Rheinebene.

Von Siedelsbrunn über Heiligkreuzsteinach nach Wilhelmsfeld 6

Vom Dritthöchsten zum Fünfthöchsten

Der südlich von Siedelsbrunn gelegene Hardberg ist nach dem Katzenbuckel und der Neunkirchener Höhe mit knapp 600 m der dritthöchste Berg im Odenwald. Rund zwei Kilometer weiter südlich liegt die etwa 10 m niedrigere Stiefelhöhe, der fünfthöchste Odenwaldgipfel, über ihn verläuft die Grenze zwischen Hessen und Baden-Württemberg. Die beiden Gipfel verbindet der wenig anstrengende, wunderschöne und meist schattige Höhenweg zwischen Siedelsbrunn und Heiligkreuzsteinach. Die Tour eignet sich auch bestens für einen Familienausflug mit älteren Kindern, die an den Skulpturen des Siedelsbrunner Kunstwegs und dem neu angelegten Erlebnispfad sicher ihre helle Freude haben werden. Und wenn man mittwochs oder am Wochenende unterwegs ist, winkt mit der idyllisch gelegenen Stiefelhütte noch eine zünftige Einkehrmöglichkeit. Ambitionierte Wanderfreunde, die sich nicht mit dem Ziel Heiligkreuzsteinach begnügen wollen, können noch weiter bis Wilhelmsfeld wandern, allerdings ist der Weg mit einigen kurzen und teilweise steilen An- und Abstiegen um eine Stufe anspruchsvoller. Eine weitere Möglichkeit wäre, mit einer Zwischenübernachtung im Hotel „Roter Löwe" die Tour auf zwei Tage zu verteilen.

Auf dem Siedelsbrunner Kunstweg.

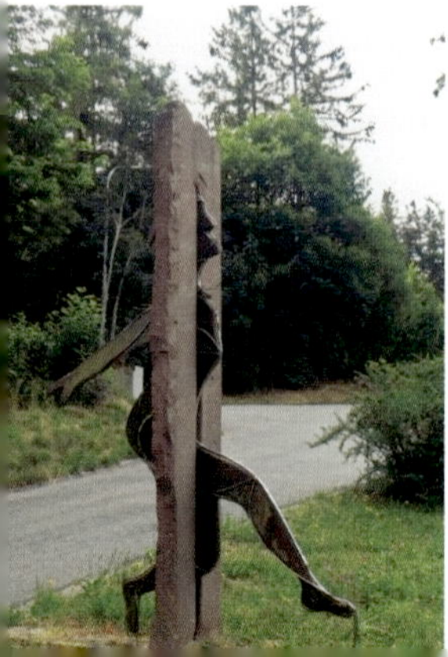

Wir laufen von der **Bushaltestelle Siedelsbrunn Mitte** 1 30 m zurück, biegen schwach links in die Obergasse, bleiben bei der nächsten Verzweigung geradeaus und folgen für die nächste Zeit der Markierung „Si6" auf dem Forsthausweg, gleichzeitig Siedelsbrunner Kunstweg mit mehreren originellen Skulpturen – u. a. einer Duftorgel – vorbei am Gebäudekomplex des Buddhistischen Klosters **Buddhas Weg** 2, einem Kinderspielplatz, einem Erlebnispfad und einem Sendeturm auf schönem Waldweg hinauf auf den **Hardberg** 3

Hardberg

Zwischen dem Buntsandstein-Odenwald und dem Vorderen Odenwald befindet sich nahe Abtsteinach und Siedelsbrunn der Hardberg. Er ist stolze 593 m hoch und kann damit nach dem Katzenbuckel und der Neunkirchner Höhe als dritthöchster Berg der Odenwaldregion bezeichnet werden. Hoch oben auf dem Gipfel steht ein Sendeturm. Er besitzt ganze 135 m Höhe und gehört zum Hessischen Rundfunk.

Buddhas Weg

Bis vor fast 15 Jahren war im Norden des Hardbergs auch eine Klinik für Psychotherapie zu finden. Inzwischen ist daraus ein buddhistisches Kloster, namens Buddhas Weg, entstanden; ein Ort der Erholung für Körper, Seele und Geist, offen für Jeden – egal welcher Glaubensrichtung – der nach Gesundheit und Ruhe strebt und zu sich selbst finden möchte.

Weiter geht es auf wunderschönen Waldwegen und -pfaden, immer dem Zeichen „Si6" nach, an einer kleinen Wiese mit Rastplatz vorbei über die Landesgrenze Hessen – Baden-Württemberg auf die **Stiefelhöhe** 4 und auf steinigem Weg hinab zu einem Schotterweg. Hier halten wir uns rechts und folgen bis Heiligkreuzsteinach dem blauen Strich: Bei der nächsten Verzweigung kurz vor der **Stiefelhütte** 5 (Einkehrmöglichkeit) scharf links („Heiligkreuzsteinach 5,5 km"), bleiben wir nach einer S-Kurve geradeaus (Markierung schlecht zu sehen) und marschieren auf schönen Forst- und Waldwegen, immer in leichtem Auf und Ab der nun zuverlässigen Markierung folgend, nach **Heiligkreuzsteinach**, dann durch den Ortsteil Hohenöd nach einer S-Kurve durch die Sauhohl am Friedhof vorbei und auf der Hauptstraße nach rechts am Hotel „Roter Löwe" (Einkehr- und Übernachtungsmöglichkeit) vorbei zur **Bushaltestelle Marktplatz** 6, wo wir eine Busverbindung nach Heidelberg haben. Wenn wir noch weiterwollen, gehen wir ein paar Schritte zurück, biegen direkt vor der Kirche scharf links ab und folgen nun den zwei gelben Strichen auf einem schönen Weg an der Steinach entlang, am Feuerwehrhaus

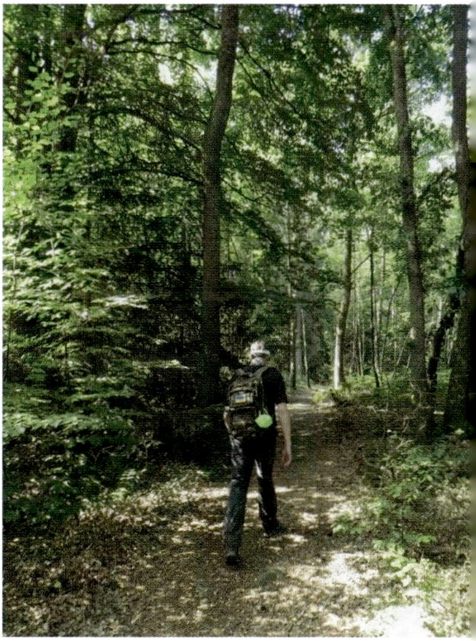

Auf dem Weg zur Stiefelhöhe.

2½–4 ¼ Std.
9,5–16 km
150–420 Hm

Von Siedelsbrunn über Hardberg, Stiefelhöhe, Heiligkreuzsteinach und Kreuzstraße nach Wilhelmsfeld.

Bis Heiligkreuzsteinach leichte Wanderung, Fortsetzung nach Wilhelmsfeld durch meist kurzen, teilweise steilen Anstieg etwas anstrengender.

Höhenweg über Hardberg und Stiefelhöhe mit Kunstweg und Erlebnispfad; Reinhardsmühle in Heiligkreuzsteinach; Ruine Waldeck; Schmetterlingswiese und José-Rizal-Park in Wilhelmsfeld

Stiefelhütte (nur Einkehr, Mi/Sa/So geöffnet); Hotel „Roter Löwe" in Heiligkreuzsteinach; Landgasthof Burg Waldeck (Do–So geöffnet); Wilhelmsfeld

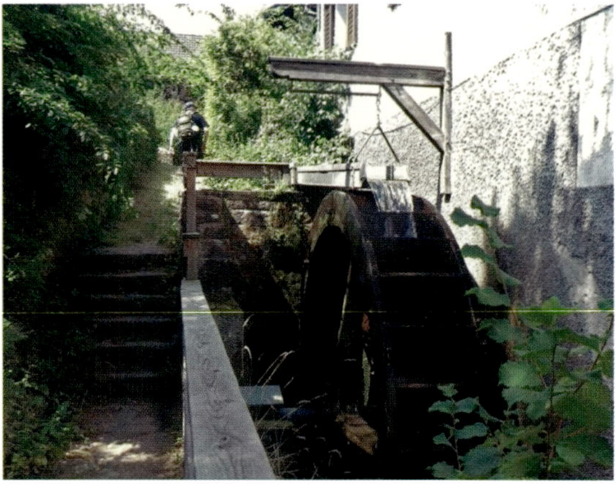

Mühle in Heiligkreuzsteinach.

vorbei und dann bei einem Spielplatz links bergan zur **Reinhardsmühle** 7. Das neue Mühlrad mit einem Durchmesser von 3,60 m wurde in 270 Arbeitsstunden von Handwerksleuten aus Eichenholz gefertigt, so dass die Mühle seit 2021 wieder „am rauschenden Bach klappert".

Nun geht es auf asphaltiertem Weg bergan durchs Steinachtal, kurz vor der Straße links ab (Markierung „H7"), über die Straße und auf einem Waldpfad hinauf zum Landgasthof Burg Waldeck (Einkehr- und Übernachtungsmöglichkeit). In seiner Nähe sieht man noch die spärlichen Überreste der ehemaligen **Höhenburg Waldeck** 8. 30 m weiter (beim Schild „Containerdienst") schwenken wir nach links und laufen, nun ein Stück ohne Markierung, auf dem Burgweg und der Straße bergab, nach der Linkskurve schwach rechts („Sendel", Markierung „H6") bergan, halten uns bei der nächsten Verzweigung rechts und folgen für eine Weile dem Zeichen „H6" („Wilhelmsfeld 4,3 km") auf Wirtschaftswegen bergan mit schönem Blick auf Heiligkreuzsteinach und weiter auf Forstwegen zur Wegspinne **Kreuzstraße** 9 mit kleiner Unterstandshütte. Hier biegen wir schwach links ab („Wilhelmsfeld 2,5 km") und wandern dem Zeichen „W2" nach zur nächsten Wegspinne. Nun geht's ein Stück ohne Markierung weiter: 50 m geradeaus zu den ersten Häusern des Wilhelmsfelder Ortsteils **Erlbrunner Höhe** 10, links am Waldrand bergab (Am Centwald), erst auf asphaltiertem Weg, dann auf lauschigem Waldpfad in Waldrand-

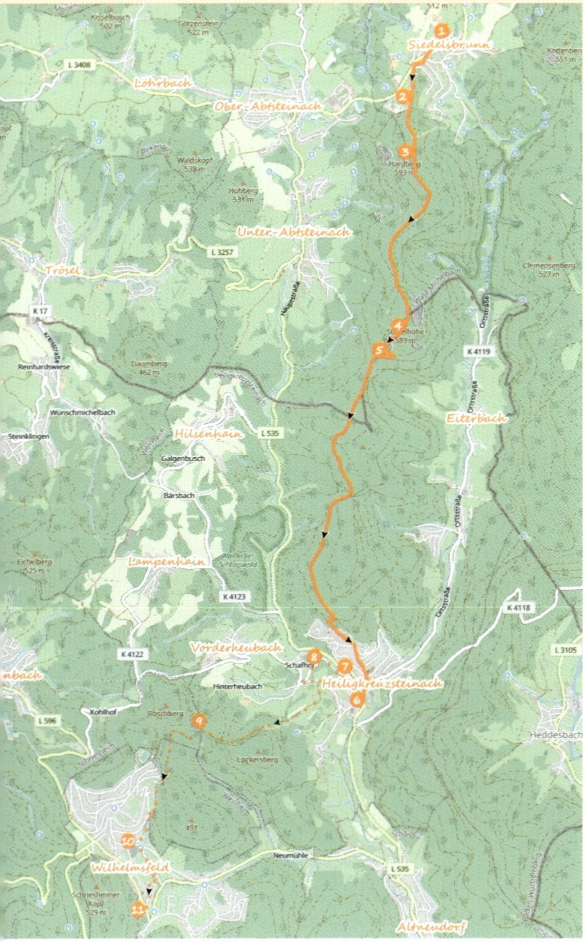

nähe, wenn der Pfad bei einem Haus endet, rechts ab zur Straße. Dort geht es links bergab (Pottaschenloch), links in die José-Rizal-Straße, dann rechts (Zufahrt Oberer Langerain), nach 350 m ein weiteres Mal und 50 m weiter nochmals rechts auf grasigem Pfad steil bergan zur **Schmetterlingswiese**. Wir laufen geradeaus über einen Schulhof, biegen rechts ab in den Karl-Ullmer-Weg, werfen einen Blick rechter Hand auf den kleinen **José-Rizal-Park** mit der Bronzestatue des philippinischen Arztes und Dichters José Rizal, biegen rechts in die Johann-Wilhelm-Straße und gelangen nach wenigen Metern zur **Bushaltestelle Wilhelmsfeld Rathaus** 11.

INFOS

Wanderkarte 1:20 000 des MeKi-Verlages, Blatt 12; Freizeitkarte 1:50 000 des LGL-BW, Blatt F513; Wanderkarte 1:25 000 des LGL-BW, Blatt W202; Kompass Kartenset 1:50 000, Blatt 827

www.wald-michelbach.de; www.stiefelhuette.de; www.heiligkreuzsteinach.de; www.hotel-roter-loewe-heidelberg-heiligkreuzsteinach.de; www.landgasthof-burgwaldeck.de; www.wilhelmsfeld.de; www.streuobstwiese-wilhelmsfeld.de/projekte/projekt-wilhelmsfeld-i/; www.efa-bw.de (Fahrplanauskunft)

Mit der Bahn nach Weinheim und weiter mit Bus 680 oder 681 bis Siedelsbrunn Mitte; Rückfahrt ab Heiligkreuzsteinach oder Wilhelmsfeld Rathaus mit Bus 34 nach Heidelberg.

Der Rizal-Park in Wilhelmsfeld

In der philippinischen Hauptstadt Manila steht zum Gedenken an die dort hingerichteten philippinischen Widerstandskämpfer der Rizal-Park. Benannt wurde er nach dem Dichter, Arzt und Nationalhelden José Rizal, der als einer dieser Widerstandskämpfer auf diesem Platz 1896 erschossen wurde. Dieser verbrachte 10 Jahre vor seinem Tod einige Zeit in Wilhelmsfeld auf Einladung des Wilhelmsfelder Pfarrers Karl Ullmer. Dort nutzte er die ländliche Ruhe, um seine Autobiographie „Noli me tangere" zu Ende zu schreiben, ein Buch das die Grausamkeiten der spanischen Kolonialherrschaft gegenüber dem philippinischen Volk näher beleuchtet und bei dessen Befreiung eine wichtige Rolle spielte. Zu Ehren des Revolutionärs sammelte die Gemeinde Wilhelmsfeld Spenden für eine kleine Parkanlage direkt neben der Odenwald-Halle, in deren Kern eine riesige Bronzestatue, angefertigt von Anastacio Caedo in Manila, stehen sollte. Am 2. September 1978 konnte der Park eröffnet werden. Dessen Besucher finden bei einem Spaziergang durch den Park mehrere Infotafeln. Darauf wird der Lebensweg Rizals mitsamt seinen Stationen und Weggefährten beschrieben.

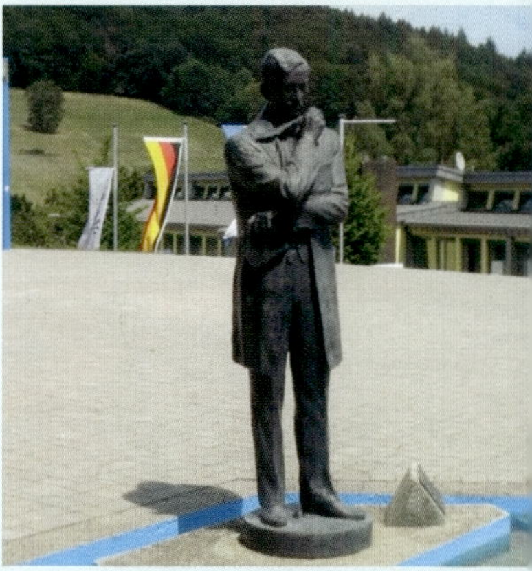

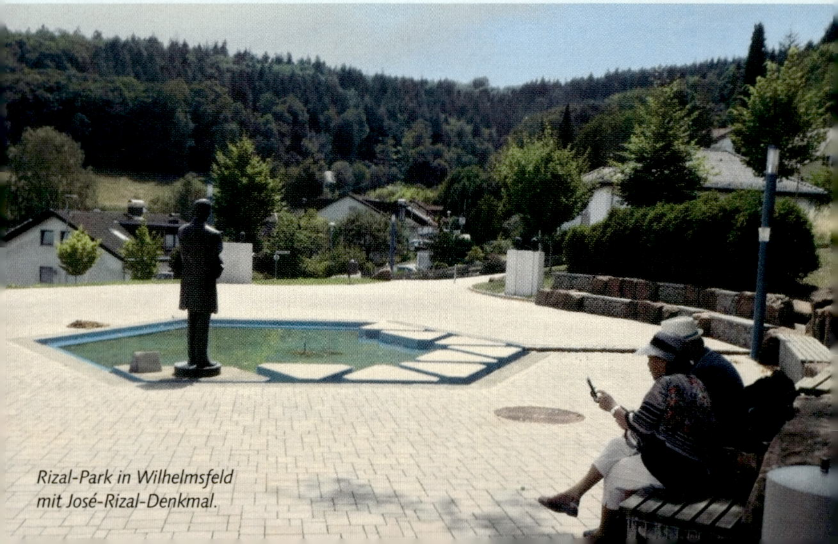

Rizal-Park in Wilhelmsfeld mit José-Rizal-Denkmal.

7

Von Siedelsbrunn über Schönmattenwag nach Heddesbach oder Langenthal

Durch den Odenwald nach Korsika

... nach Korsika? Nun, Korsika ist nicht nur eine berühmte Mittelmeerinsel – oder auch eine kleine Altrheininsel bei Waghäusel – sondern auch ein kleiner Weiler von Schönmattenwag (im Volksmund „Schimmeldewog" genannt) im Ulfental südlich von Wald-Michelbach. Die wenig anstrengende, auch an warmen Tagen empfehlenswerte Wanderung durch schattige Buchenwälder hat zwar wenig Spektakuläres zu bieten, dafür ist sie genau das Richtige, um einmal die Seele baumeln zu lassen.
Im Zielort Heddesbach, mit ca. 470 Einwohnern eine der kleinsten selbstständigen Gemeinden im Rhein-Neckar-Kreis, lohnt sich die Besichtigung der Peterskirche (ursprüngliche Wehrkirche) aus dem 13. Jahrhundert mit spätgotischen Fresken und einer Overmann-Orgel von 1804. Beachten Sie bitte, dass in Heddesbach am Wochenende nur alle 2 Stunden eine Busverbindung besteht und es außerdem keine Einkehrmöglichkeit gibt. Wenn man noch 2,5 km weiter bis Langenthal marschiert, kann man im Gasthaus „Zur Krone" einkehren und von hier mit dem Bus nach Hirschhorn fahren.

Wir laufen von der Bushaltestelle **Siedelsbrunn Mitte** ❶ 30 m zurück, biegen in die Obergasse, 100 m weiter links ab und folgen nun den Markierungen „Si1" und „Si2" zum Ortsrand, halten uns rechts (Am Tannenberg) und wandern auf breitem Schotterweg zur nächsten Kreuzung ❷. Hier schwenken wir nach rechts und folgen dem roten Quadrat des **Main-Stromberg-Weges** zur Wegspinne bei der **Zollstockhütte** ❸. Hier geht es rechts weiter, immer dem roten Quadrat nach, Richtung Schönbrunn auf gemütlichem Schotterweg an einem kleinen Rastplatz und einem Windrad vorbei zum nächsten Wegweiser beim **Adlerstein** ❹, einem geschichtsträchtigen Grenzstein aus dem Jahr 1792.

2¼/3¾/4½ Std.

8/14/16,5 km (je nach Zielort)

350 Hm

Von Siedelsbrunn über Zollstock, Adlerstein und Korsika nach Heddesbach.

Leichte Wanderung ohne größere Anstiege; der Pfad nach Korsika erfordert ein wenig Trittsicherheit.

Adlerstein; Ulfental; Peterskirche in Heddesbach

Wanderziel Schönbrunn (Fr/Sa/So nur nach Voranmeldung unter 06207/1714 geöffnet); im Zielort Heddesbach keine Einkehrmöglichkeit, nur in Langenthal (Gasthaus-Pension „Zur Krone")

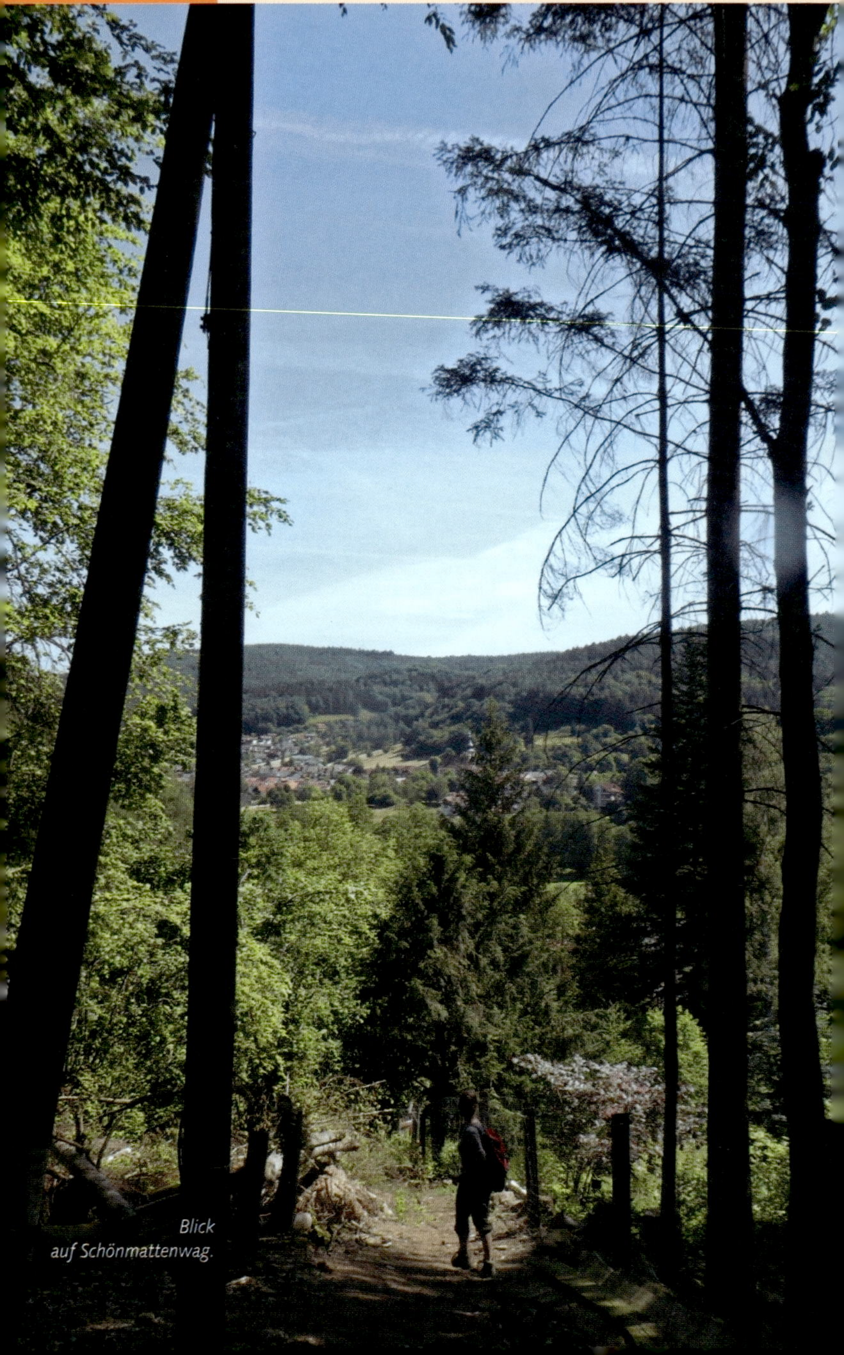

Blick
auf Schönmattenwag.

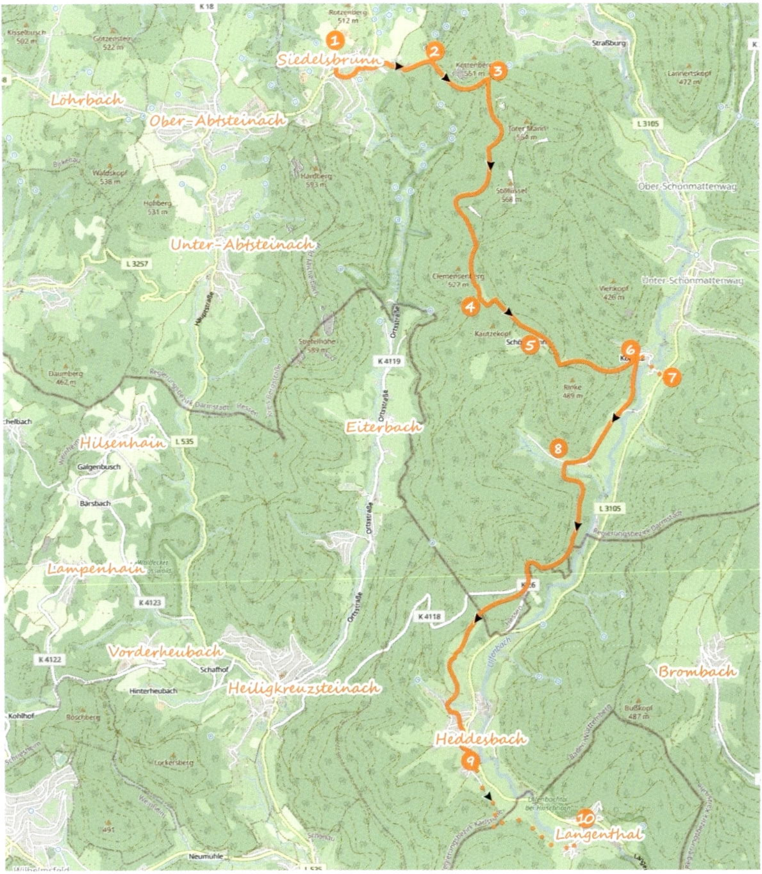

Nun wird uns das grüne Quadrat den Weg weisen. Wir halten uns links („Korsika") und laufen am Rand der Wiese entlang, dann auf schönem Waldweg sanft bergab. Nach 700 m weist ein Schild scharf rechts zum **Wanderziel Schönbrunn** 5. Wenn wir dort einkehren wollen (nur mit Voranmeldung möglich!), erreichen wir es mit kurzem Abstecher. Wieder zurück auf dem markierten Weg marschieren wir ein Stück auf breitem Forstweg, biegen dann links ab, folgen dem grünen Quadrat auf herrlichem Waldpfad erst sanft, dann steiler im Zickzack bergab und genießen dabei die schönen Ausblicke auf Unter-Schönmattenwag.

INFOS

Wanderkarte 1:20 000 des MeKi-Verlages, Blätter 9 und 12; Freizeitkarte 1:50 000 des LGL-BW, Blatt F513; Wanderkarte 1:25 000 des LGL-BW, Blatt W202; Kompass Kartenset 1:50 000, Blatt 827

Das Schimmeldewog-Lied

Schimmeldewog,
wie leigscht du schäi!

Ich weiß en Ort in däre Welt,
mehr wert als Silber, Gold und Geld,
sou herrlich stäht dös Dörfel a,
sou zwische Gras un roure Sta:
Vum Wiesegrund bis uff die Häih,
Schimmeldewog, wie leigscht du schäi!

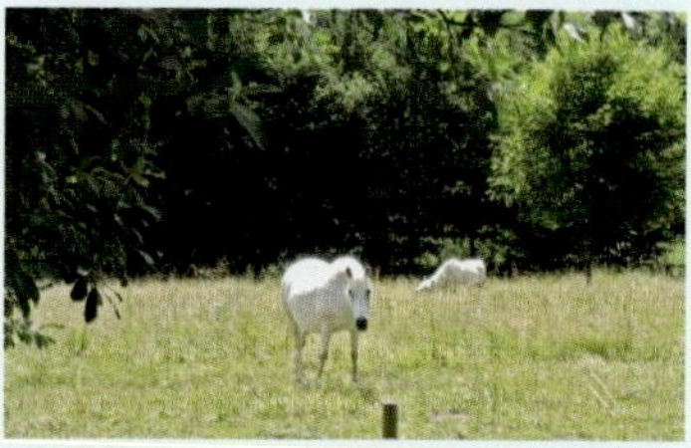

Schimmel bei Schimmeldewog.

Ich mach mit ahm a groußi Wett,
die Schweiz, die Nord-
see brauch ich net,
ich brauch kaan Schwarzwald, kaa Tirol,
mei Herz, däs jubelt iwervoll:
Vum Wiesegrund bis uff die Häih,
Schimmeldewog, wie leigscht du schäi!
Drum sag ichs grad jetz nochemoal,
wie herrlich stäiht mei Dörfel da,
sou zwische Gras un roure Sta:
Vum Wiesegrund bis uff die Häih,
Schimmeldewog, wie leigscht du schäi!

www.wald-michelbach.de; www.wanderziel-schoenbrunn.de; www.heddesbach.de; www.zur-krone-langenthal.de; www.efa-bw.de (Fahrplanauskunft)

Mit der Bahn nach Weinheim und weiter mit Bus 681 bis Siedelsbrunn Mitte; Rückfahrt ab Korsika, Heddesbach oder Langenthal mit Bus 685 nach Hirschhorn und weiter mit der S-Bahn.

Bald treffen wir auf die obersten Häuser des kleinen Weilers **Korsika** 6. Wenn wir abkürzen wollen, halten wir uns bei der ersten Kreuzung links und sofort rechts und gelangen in wenigen Minuten zur Bushaltestelle **Abzweig Korsika** 7. Wenn wir noch weiterwollen, biegen wir scharf rechts ab (Markierung „4", etwas später auf der Spitze stehendes blaues Dreieck – unsere Markierung bis zum Ziel) und wandern immer geradeaus auf lauschigem Waldweg, dann durch die Streusiedlung Ludwigsdorf. Ein Rechtsbogen führt ein Stück in ein Seitental, dann schickt uns das blaue Dreieck links auf über eine Wiese hinab ins Tal 8 (Achtung: leicht zu übersehen!), über ein Bächlein und hinauf zu einem Querweg. Ihm folgen wir links auf schönem Waldweg bis zu einer Straßenkurve. Nun fehlt zweimal unser Zeichen, wir gehen links 200 m auf der Straße bergab und schwenken dann rechts auf einen grasigen Waldweg. Bald sehen wir auch wieder unsere Markierung, passieren die Grenze zwischen Hessen und Baden-Württemberg und wandern durch Wald und Wiesen nach **Heddesbach**. Das blaue Dreieck schickt uns auf die Hauptstraße, vorbei an der Peterskirche zur Bushaltestelle 9. Wenn wir noch weiterwollen, folgen wir dem blauen Dreieck noch ca. 2 km und biegen dann links ab nach **Langenthal** 10.

8 Von Leutershausen auf dem Burgensteig über Schriesheim nach Dossenheim

Vier Burgen und eine Einsiedlerklause

Herrliche Panoramawege, eine ehemalige Einsiedlerklause und vier Burgruinen, darunter die aussichtsreich gelegenen Ruinen Strahlenburg und Schauenburg lassen auf der Wanderung durch die Bergwelt des westlichen Odenwaldes so schnell keine Langweile aufkommen. Überdies lockt auf ungefähr halber Strecke mit dem Burggasthof „Strahlenburg" eine zünftige Einkehrmöglichkeit. Die zu jeder Jahreszeit empfehlenswerte Tour folgt weitgehend dem gut ausgeschilderten Burgensteig und erfordert mit ihren teilweise steilen Anstiegen ein ordentliches Maß an Kondition, es gibt aber einige Kürzungsmöglichkeiten bzw. mit der Zwischenstation Schriesheim die Möglichkeit, die Tour in zwei separate Teiletappen zu zerlegen.

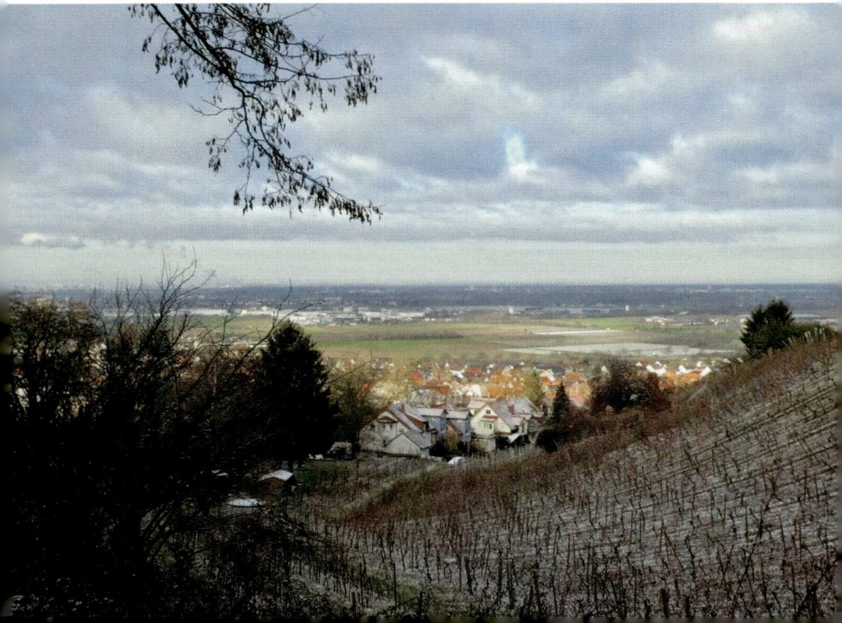

Blick vom Burgensteig auf Leutershausen.

4 ½ Std.

15 km

550 Hm

Von Leutershausen über Hirschburg, Schriesheim, Strahlenburg, Schauenburg und Klause nach Dossenheim.

Teilweise anstrengende Wanderung mit mehreren, kurzzeitig auch steilen Anstiegen.

Burgruinen Hirschburg, Schanzenköpfle, Strahlenburg und Schauenburg; Aussichtspunkt Pfalzblick; schöne Panoramawege; Einsiedlerklause; Naturlehrpfad; Schausteinbruch Leferenz

Schriesheim, Burggasthof „Strahlenburg" (Mo/Di Ruhetage); Dossenheim

Wir gehen vom **Bahnhof Leutershausen** 1 aus in die Fenchelstraße, geradeaus weiter in den Beinpfad, dann etwas rechts versetzt in den Endweg und nach den letzten Häusern geradeaus auf einem Wirtschaftsweg bergan zu einer beschilderten Kreuzung. Hier treffen wir auf das blaue Zeichen des **Burgensteigs** („Hirschburg 1,3 km"), es wird uns für die folgende Stunde den Weg weisen. Auf einem schönen Panoramaweg durch Weinberge gelangen wir an einem kleinen Rastplatz mit Spielplatz vorbei zum nächsten Wegweiser, wo wir nach links schwenken („Hirschberg 0,5 km"). Ein schöner Waldpfad führt uns hinauf zur **Ruine Hirschburg** 2. Bei den zwei roten Bänken können wir mit einem kurzen Abstecher die kümmerlichen Überreste der Ruine besuchen. Anschließend geht es weiter auf dem Burgsteig bergauf zur Infotafel der Ruine **Schanzenköpfle** 3, mit 400 m der höchste Punkt unserer Wanderung. Wir bleiben noch 400 m auf dem Burgensteig, biegen dann halbrechts ab und folgen nun der Markierung „S5" auf breitem Forstweg zu den obersten Häusern von **Schriesheim**, auf der Straße bergab, halten uns bei einer Ruftaxi-Haltestelle rechts und sofort wieder links und folgen weiter dem Zeichen „S5" sowie den Schildern „Fußweg zur Stadt" über mehrere Treppenabgänge hinab zur Talstraße 4. Weiter geht's auf ihr nach rechts und beim **Ludwigstein** 5 schwach links über die Kanzelbachbrücke in die Schmale Seite und dann links in den Burgweg.

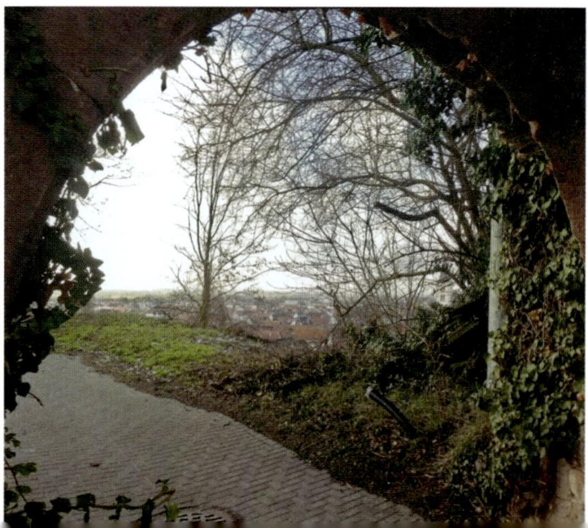

Torbogen im Aufgang zur Strahlenburg.

50 m weiter ergibt sich die erste **Kürzungsmöglichkeit** 6: Geradeaus dem gelben Andreaskreuz nach zum Bahnhof Schriesheim. Wenn wir noch weiterwollen, halten wir uns links und gleich wieder rechts und folgen den Schildern „Zur Burg" durch ein Tor und durch einen Weinberg steil bergan zu einer Aussichtsplattform. Hier biegen wir links ab und folgen dem Zeichen „S4" zum Eingang der **Strahlenburg** 7 (Einkehrmöglichkeit im Burggasthof).

Strahlenburg

Die 1235 erbaute Strahlenburg ist eine Ruine, gelegen an einer Flanke des Ölbergs. Von der vor 1500 zum Teil zerstörten Burg sind heute noch der hohe Bergfried, ein Teil des Palas sowie der Ringmauer übriggeblieben. Zudem ist seit mehr als einem Jahrhundert auch eine Gastwirtschaft in der Anlage vorzufinden. Dort wird einem nicht nur feinste schwäbische Küche, sondern auch eine tolle Aussicht über den Pfälzerwald geboten. In Heinrich von Kleists Schauspiel „Das Käthchen von Heilbronn" spielt die Schriesheimer Burgruine eine wichtige Rolle. Einige Aufführungen dieses Werks wurden daher vor Ort inszeniert, die erste vor circa 15 Jahren.

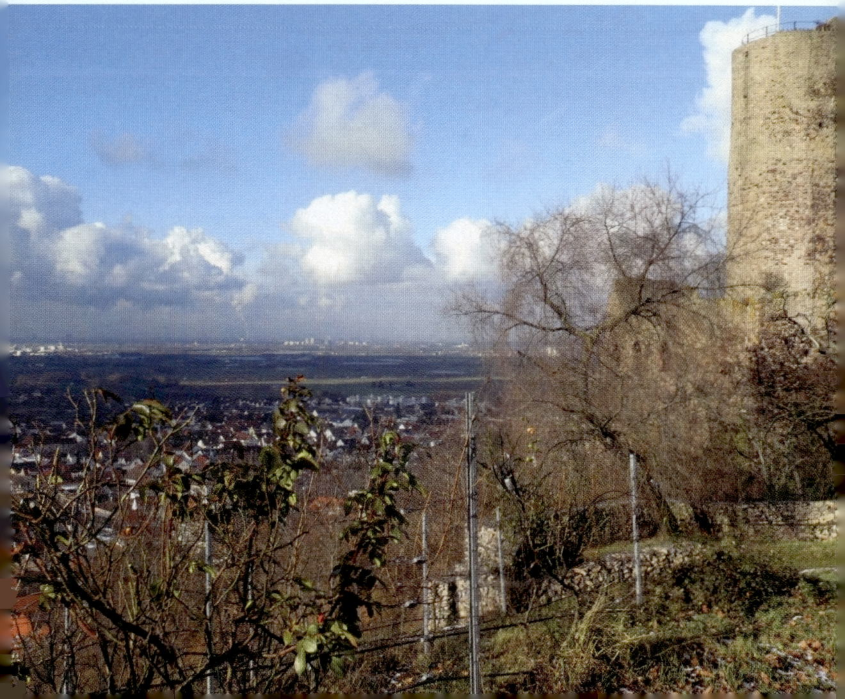

INFOS

Wanderkarte 1:20 000 des MeKi-Verlages, Blatt 12; Freizeitkarte 1:50 000 des LGL-BW, Blatt F513; Wanderkarte 1:25 000 des LGL-BW, Blatt W202; Kompass Kartenset 1:50 000, Blatt 827

Wenn man die Tour abkürzen will, folgt man dem Zeichen „S4“ zurück zur Plattform, weiter nach Schriesheim und dann dem gelben Andreaskreuz zum Bahnhof. Wollen wir die Tour fortsetzen, gehen wir vom Burgtor aus auf der Straße über den Parkplatz und folgen dem gelben Andreaskreuz scharf rechts zum Aussichtspunkt **Pfalzblick** 8 bei einem Denkstein. Ein paar Meter weiter treffen wir wieder auf das blaue Zeichen des **Burgensteigs**, es wird uns für die nächste Stunde den Weg weisen. Wir schwenken nach scharf rechts und wandern auf gemütlichem Forstweg an einem Pavillon vorbei, dann nochmals etwas bergan zu einer kleinen Hütte unterhalb der **Schauenburg** 9. Mit einem kleinen Abstecher können wir die Burgruine besichtigen und die herrliche Aussicht genießen.

Hier gibt es nochmal eine Kürzungsmöglichkeit: Scharf rechts den Zeichen „Do1“ und „Do3“, später dem gelben „B“ folgend nach Dossenheim. Wenn wir die Tour fortsetzen wollen, bleiben wir weiterhin den Burgensteigzeichen treu,

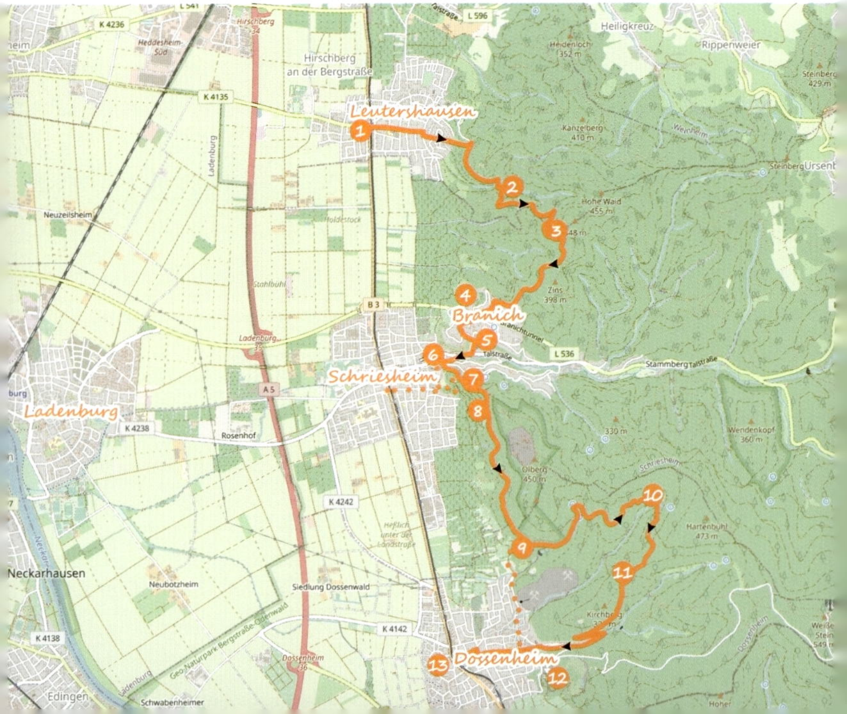

marschieren dann auf Forstwegen noch etwas bergan zum **Kottenbrunnen** 10 und biegen 200 m weiter halbrechts ab. Nach weiteren 500 m knicken die Zeichen nach scharf links ab, wir bleiben aber geradeaus und wandern weiterhin auf dem breiten Schotterweg immer geradeaus bis zu einem mit „Do3" markierten Querweg. Ihm folgen wir nach rechts und können ein paar Meter weiter mit einem kleinen Abstecher nach links eine ehemalige **Einsiedlerklause** 11 besichtigen, folgen dann dem Zeichen „Do3", bleiben nach 250 m, wenn die Markierung halbrechts abzweigt, geradeaus (gleichzeitig Naturlehrpfad) und treffen nach einer Linkskurve wieder auf das Zeichen „Do3", es wird uns bis Dossenheim begleiten. Wir biegen scharf rechts ab, folgen ein Stück der Talstraße und gelangen auf einem Teerweg nach **Dossenheim**. Bei der Kirche schwenken wir schwach links in die Wilhelmstraße. Wollen wir vorher noch zum **Schausteinbruch Leferenz** 12, schwenken wir bei der nächsten Abzweigung nach links und erreichen dem blauen „B" folgend in wenigen Minuten den Steinbruch (nähere Info siehe Tour 10). Ansonsten bleiben wir geradeaus bis zum Ende der Wilhelmstraße, biegen rechts und gleich wieder links ab und gelangen auf der Bahnhofstraße zum **Bahnhof Dossenheim** 13.

www.hirschberg-bergstrasse.de; www.schriesheim.de; www.strahlenburg-schriesheim.de; www.dossenheim.de; www.efa-bw.de (Fahrplanauskunft)

Ab Heidelberg Bahnhofsvorplatz mit der Straßenbahn 5 Richtung Weinheim bis Leutershausen Bahnhof; Rückfahrt ab Schriesheim oder Dossenheim mit der Straßenbahn zum Hbf Heidelberg.

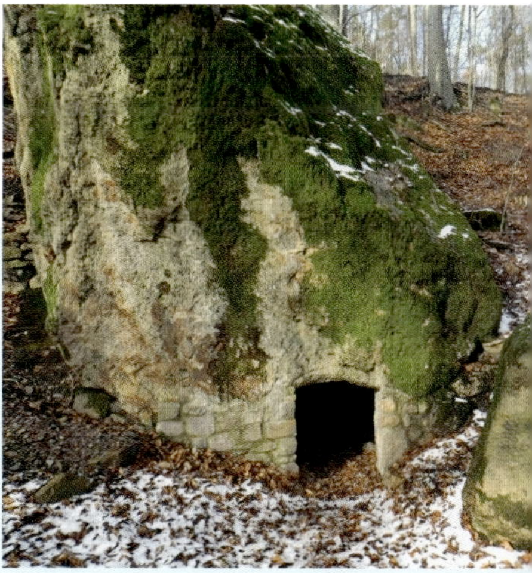

Dossenheimer Klause

Diese Anhäufung kleinerer und größerer Felsformationen befindet sich unweit des Dossenheimer Ortskerns auf dem südöstlich gelegenen Hang des Kirchbergs. Vor mehr als 200 Jahren lebte dort der Einsiedler Johann Georg Kernstock, ein Katholik des Dritten Ordens der Franziskaner. Nachdem er 1765 bei seiner nun neuen Behausung in Dossenheim angekommen war, fing er an, diese weiter auszuhöhlen, Wände zu errichten und einen Schacht als Abzug zu gestalten. Trotz seiner ungewöhnlichen Lebensweise war er durch seine engagierte Hilfe in der Kirche, zum Beispiel mit der Sammlung von Spenden, äußerst beliebt bei den Dorfbewohnern Dossenheims.

Vom Schriesheimer Hof über den Weißen Stein nach Schriesheim

9

Ein Aussichtsturm für Schwindelfreie

2 ¾–3 ½ Std.

10–12 km

130–230 Hm

Von Wilhelmsfeld-Schriesheimer Hof über den Schriesheimer Kopf, Langen Kirschbaum, Weißen Stein, Ölberg und Strahlenburg nach Schriesheim.

Wenig schwierige Wanderung mit einigen kurzen mittelsteilen Anstiegen; einige holprige Wegstücke bedürfen etwas Trittsicherheit.

Aussichtstürme; Abenteuerwald beim Langen Kirschbaum; Ringwall beim Ölberg; Strahlenburg

Gaststätte „Weißer Stein“ (Mo/Di Ruhetage); Burggasthof „Strahlenburg“ (Mo/Di Ruhetage); Schriesheim

Herrliche Waldwege und -pfade, zwei Aussichtstürme, eine Höhengaststätte zur zünftigen Einkehr, eine imposante Burg mit einer weiteren Einkehrmöglichkeit, schöne Aussichtspunkte – Wandererherz, was begehrst du mehr? Und da uns der Bus die meisten Anstiegshöhenmeter abnimmt, halten sich auch die Aufstiegsmühen in Grenzen, aber etwas Trittsicherheit sollte man für einige holprige Wegpassagen schon mitbringen. Die mit 12 km nicht allzu lange Wanderung eignet sich auch hervorragend als Familienausflug mit älteren und konditionsstarken Kindern, die am Erlebnispfad im Abenteuerwald beim Langen Kirschbaum sicher ihre helle Freude haben werden. Es besteht auch die Möglichkeit, die ersten 2 km mit dem Anstieg auf den Schriesheimer Kopf auszulassen. In diesem Falle steigt man eine Haltestelle vorher beim Langen Kirschbaum aus, geht rechts über den Waldparkplatz und überspringt den ersten Absatz der Wegbeschreibung.

Wir gehen von der **Bushaltestelle Schriesheimer Hof** (1) 50 m auf der Straße zurück, biegen zweimal links ab in die Heidelberger Straße und nehmen die Markierung „grünes Andreaskreuz“ des Europäischen Fernwanderweges Nr. 1 auf, sie wird uns die nächste halbe Stunde den Weg weisen. Auf Forstwegen und Waldpfaden geht es bergan zum luftigen **Teltschik-Aussichtsturm** auf dem Gipfel des 530 m hohen **Schriesheimer Kopfes** (2). Der 41 m hohe Turm wurde 2001 errichtet und schenkt uns von seiner Plattform eine hervorragende Rundumsicht. Wir folgen weiterhin unserem Zeichen, bis wir bei einer Verzweigung (3) auf das gelbe Andreaskreuz treffen, bis auf kurze Unterbrechungen unserer Zeichen bis zum Ziel. Wir biegen rechts ab und treffen wenig später bei der **Bushaltestelle Langer Kirschbaum** (4) auf die Straße, die wir überqueren. Immer dem gelben Andreaskreuz nach, gehen wir über

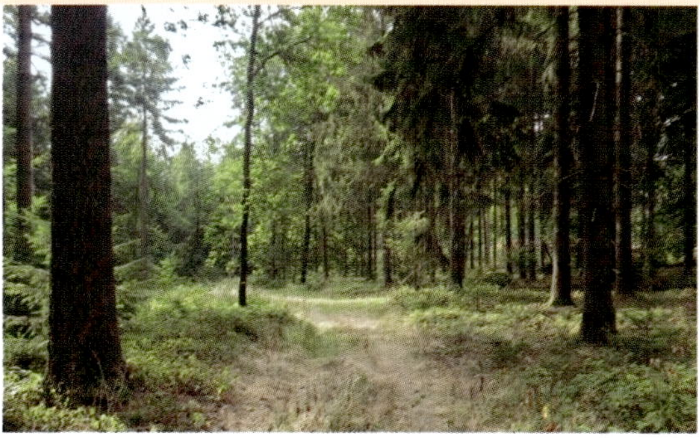

Auf dem Weg zum Langen Kirschbaum.

den Waldparkplatz in den Wald („Weißer Stein 2,2 km") bis zum Beginn des **Heidelberger Abenteuerwaldes** 5. Statt dem gelben Kreuz treu zu bleiben, ist es wesentlich reizvoller, links abzuzweigen und dem Abenteuerpfad zu folgen: nach 100 m rechts ab, auf urigem Pfad an mehreren lustigen Figuren vorbei bis zu einem breiten Querweg, auf ihm nach links („W9, 10 und 11") und immer geradeaus zu einer Mehrfachkreuzung bei einer Schutzhütte, wo wir wieder auf das gelbe Andreaskreuz treffen. Es begleitet uns nun wieder auf breitem Forstweg am großen Fernsehturm vorbei zum **Weißen Stein** 6, mit 548 m der höchste Punkt unserer Wanderung. Die Höhengaststätte lädt zur zünftigen Einkehr ein, der Aussichtsturm zu einer umfassenden Rundumsicht. Alternativ zum hier beschriebenen Weg, kann man auch statt Schriesheim das etwa 3 km nähere Dossenheim als Zielort ansteuern (siehe Tour 10).

Nun schwenken wir nach rechts und folgen unserer Markierung auf holprigem, teilweise ausgewaschenem Pfad anfangs rechts steil bergab, biegen bei einer Schranke rechts ab und wandern auf schönen Waldpfaden, gesäumt von alten Grenzsteinen, bis wir kurz nach einer **Jägerhütte** auf einen breiten Weg treffen 7. Auf ihm geht es nach links weiter und nach 600 m rechts ab zur nächsten Kreuzung 8. Nun können wir der schwach rechts abknickenden Markierung bis zur Hütte am Ringwall folgen. Etwas anstrengender, aber sehr lohnend ist folgende Variante: Geradeaus auf unmarkiertem Weg, bei der nächsten Verzweigung nach 150 m schwach rechts und nach weiteren 100 m ein kurzes Stück steil bergan zu einem mit „S4" markierten Querweg, rechts ab, nach 100 m links ab zu einem Aussichtspunkt auf dem **Ölberg** 9 mit herrlichem Blick auf Schriesheim und die alten Porphyr-Steinbrüche, zurück zur letzten Verzweigung, links ab und

INFOS

Freizeitkarte 1:50 000 des LGL-BW, Blatt F513; Wanderkarte 1:25 000 des LGL-BW, Blatt W202; Wanderkarte 1:20 000 des MeKi-Verlages, Blatt 12; Kompass Kartenset 1:50 000, Blatt 827

www.wilhelmsfeld.de; www.schriesheim.de; www.zum-weissen-stein.eu; www.strahlenburg-schriesheim.de; www.efa-bw.de (Fahrplanauskunft)

Bus bis Kälberbronn, Haltestelle Waldsägemühle

Ab Heidelberg Hbf mit Bus 34 bis Haltestelle Schriesheimer Hof oder mit der Straßenbahn oder dem Auto bis Schriesheim Bhf und weiter mit Bus 628 bis Schriesheimer Hof; Rückfahrt ab Bhf Schriesheim mit der Straßenbahn nach Heidelberg.

den Zeichen „S4“ nach auf steinigem Pfad hart an der Abbruchkante der Steinbrüche entlang zu einer **Schutzhütte** 10 mit kleinem Rastplatz an einem alten, bislang wenig erforschten **Ringwall** (auf den Karten „Schanze“ genannt). Nun geht es wieder dem gelben Andreaskreuz nach auf holprigem Pfad steil bergab zur Infotafel „Ölberg“ und auf breitem Weg nach einem Linksknick über einen Waldparkplatz zur **Strahlenburg** 11 (Einkehrmöglichkeit, siehe auch Tour 8). Kurz vor dem Tor wählen wir beim Schild „Privatweg“ den steil bergab führenden Pfad zu einer Straße, biegen links ab und folgen nun wieder dem gelben Andreaskreuz durch **Schriesheim** zum Marktplatz, schwenken links in die Heidelberger Straße und gelangen rechts auf der Bahnhofstraße zum **Bahnhof** 12.

Der Ringwall bei Schriesheim

Nahe der Strahlenburg über Schriesheim befindet sich eine kleine Ringwallanlage, auf den Karten als „Schanze“ eingetragen. Die Anlage ist 48 m lang und misst in der Breite 29 m. Bis auf einen Teil der Nordwestseite ist die aus Lesesteinen gesetzte Mauer als Schuttwall noch deutlich im Gelände zu verfolgen. Vermutlich befand sich oben aufgesetzt noch eine hölzerne Brustwehr mit Laufgang. Die Porphyrsteine stammen vom benachbarten Ölberg, an seinen Hängen wurde bis 1967 in Steinbrüchen dieses Material abgebaut. Wegen fehlender Untersuchungen ist eine zeitliche Zuordnung der Anlage nicht möglich. Diese Art Ringwallanlagen sind jedoch vor allem zwischen 2200 v. Chr. bis 1050 n. Chr. errichtet worden.

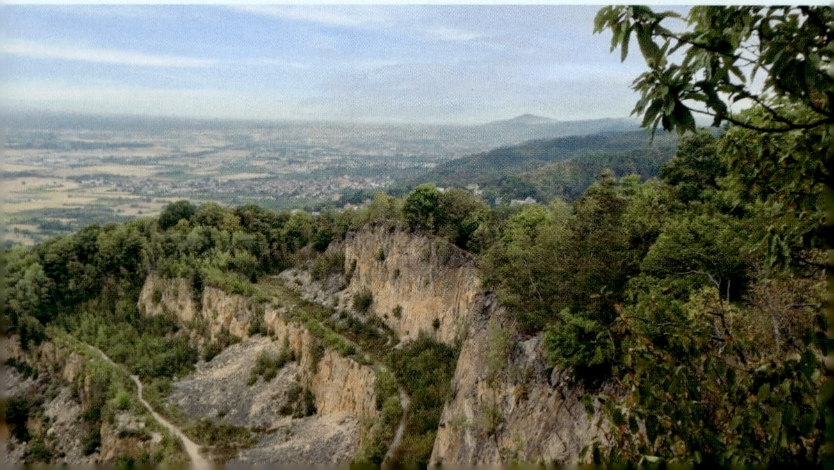

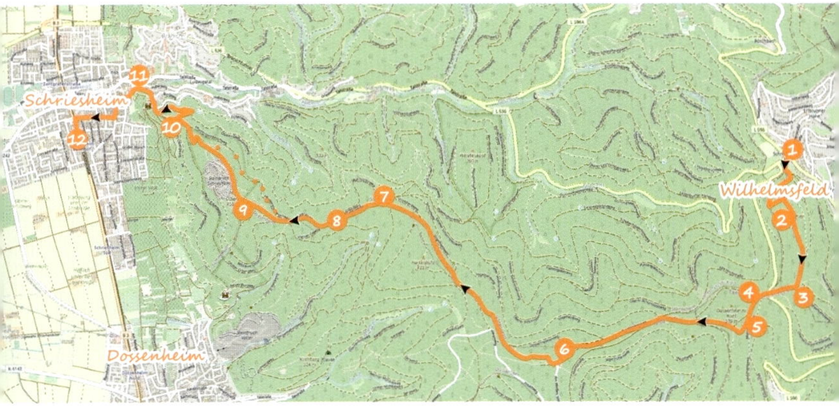

Schriesheim

Die Stadt Schriesheim liegt an der Bergstraße, ihre Stadtteile Altenbach und Ursenbach liegen im Vorderen Odenwald. Diese kleine Stadt mit seinen ca. 15 000 Einwohnern entstammt wahrscheinlich einer Siedlung aus der Zeit der Römer, dies kann durch sechs römische Gutshöfe nachgewiesen werden. Der Ort Schriesheim wurde erstmals im Jahr 764 urkundlich erwähnt. Im 13. Jahrhundert wurde am Ölberg oberhalb des Ortes die Strahlenburg erbaut und Schriesheim erhielt in der Folgezeit Stadtrechte. Im Jahr 1470 gingen diese Rechte verloren, erst 1579 erhielt der Ort wieder die Marktrechte, der Mathaisemarkt geht darauf zurück. Bedeutsam ist auch heute noch der Weinanbau. Das Schriesheimer Frühlingsfest „Mathaisemarkt" ist eines der großen Weinfeste der Rhein-Neckar-Region. Jedes Jahr im März strömen zahlreiche Menschen in die Kleinstadt bei Heidelberg, um das Volksfest mit seinen Festzelten, Attraktionen und Verkaufsständen miterleben zu dürfen.

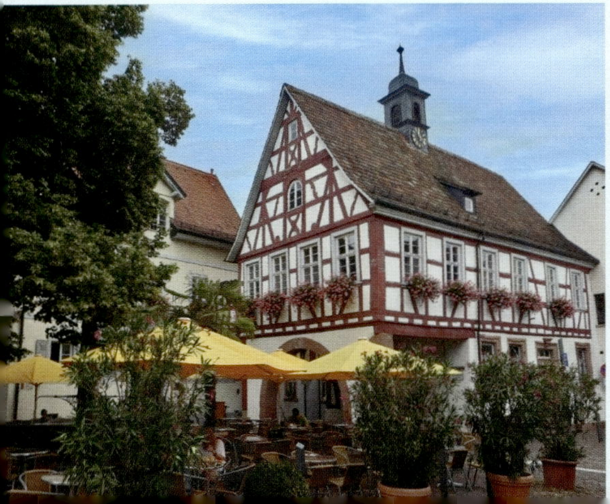

Marktplatz mit Rathaus in Schriesheim.

Von Heidelberg-Schlierbach über den Weißen Stein nach Dossenheim

10

Hinab ins Dorf der Steinbrecher

3 ½ Std.
12.5 km
480 Hm

Von Heidelberg-Schlierbach über den Weißen Stein nach Dossenheim.

Langer und kurzzeitig auch steiler Anstieg zum Weißen Stein; der holprige Abstiegsweg erfordert etwas Trittsicherheit und festes Schuhwerk.

Ziegelhausen (Textilmuseum; schöne Dorfbrunnen); Aussichtsturm Weißer Stein; schöne Waldwege und -pfade; Steinbruch Leferenz in Dossenheim

Bistro Köpfel; Gaststätte „Weißer Stein" (Mo/Di Ruhetage); Dossenheim

Die großen Steinbrüche oberhalb unseres Zielortes zeugen von der langjährigen Geschichte der Dossenheimer Steinbrecher, denen der Künstler Robert Heckl mit seiner 1988 entstandenen Bronzeskulptur auf dem Rathausplatz ein Denkmal setzte. Unterwegs steht vor allem das Naturerlebnis im Vordergrund, herrliche Waldwege geleiten uns hinauf zum Weißen Stein – der 548 m hohe Gipfel will allerdings erst einmal erklommen sein! Für die Anstrengung wird man durch eine herrliche Rundumsicht von der Plattform des Aussichtsturms entschädigt, und in der Höhengaststätte „Weißer Stein" kann man bei einer zünftigen Vesper wieder neue Kräfte sammeln. Da die Wanderung weitgehend im schattigen Wald verläuft, eignet sie sich bei rechtzeitigem Start auch für warme Sommertage. Die Wanderung kreuzt sich beim Weißen Stein mit der Tour 9, deshalb kann man auch statt Dossenheim Schriesheim als Zielort ansteuern (rund 3 km mehr).

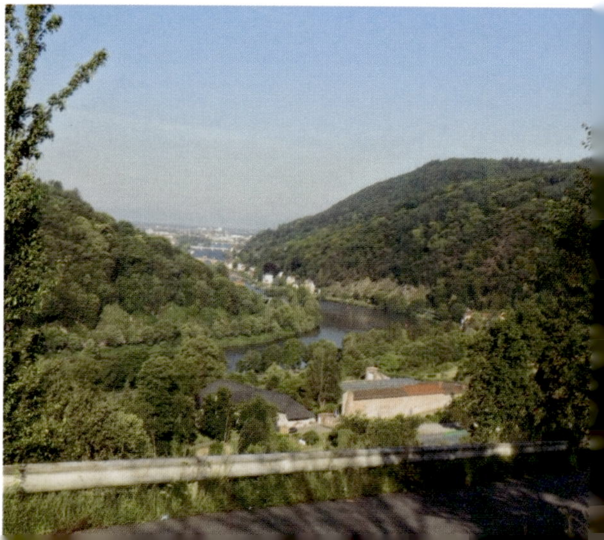

Aussicht vom Köpfel auf den Neckar und Stift Neuburg.

Vor dem **Bahnhof Schlierbach-Ziegelhausen** 1 wenden wir uns nach rechts, gehen links über die Neckarbrücke nach **Ziegelhausen**, schwenken links in die Kleingemünder Straße, bleiben bei der Kirche geradeaus und folgen dem roten „R" („Köpfel 1,9 km") durch die Fußgängerzone, halblinks in die Neckarhelle, halbrechts auf dem Neuen Weg bergan aus dem Ort und auf aussichtsreichem Weg zum Waldparkplatz **Köpfel** 2. Wir gehen nach rechts an der Bushaltestelle vorbei, biegen nach 50 m beim Bistro Köpfel links ab und folgen nun der Markierung „weiße 2" am Hallenbad vorbei in den Wald. Nach einem kurzen Steilanstieg schickt uns die Markierung halblinks auf einen schönen Waldpfad, dann auf einen Teerweg bergab zu einem Sträßchen. Auf ihm laufen wir nun der „3" nach, bergan an einem Waldparkplatz 3 vorbei, bleiben bei der nächsten Kreuzung geradeaus und folgen jetzt dem Zeichen „Z6" auf einem Forstweg hoch über dem **Steinbachtal**. Bald gesellt sich die Markierung „gelbe 10" zu uns 4, sie wird uns bis zum Weißen Stein den Weg weisen: Nach 300 m halblinks auf einen Waldweg, dann in einigen weit geschwungenen Kehren bergan und zum Schluss auf einem Waldpfad etwas steiler hinauf zum Aussichtsturm auf dem **Weißen Stein** 5 – damit haben die Anstiegsmühen ein Ende! Einkehrmöglichkeit in der Gaststätte „Weißer Stein".

Der Weiße Stein

Der Weiße Stein befindet sich nahe Heidelberg, Wilhelmsfeld und Dossenheim. Auf dem 548 m hohen Berg steht der 23 m hohe Weiße-Stein-Turm. Dieser wurde 1906 durch Mitglieder des Odenwaldklubs erbaut und steht heute unter Denkmalschutz. Im Gegensatz zu früher gibt es vom Turm aus leider keine gute Aussicht mehr, da die Umgebung mit vielen hohen Bäumen bewachsen ist. Ganz in der Nähe ist eine Gaststätte mit zugehörigem Biergarten zu finden.

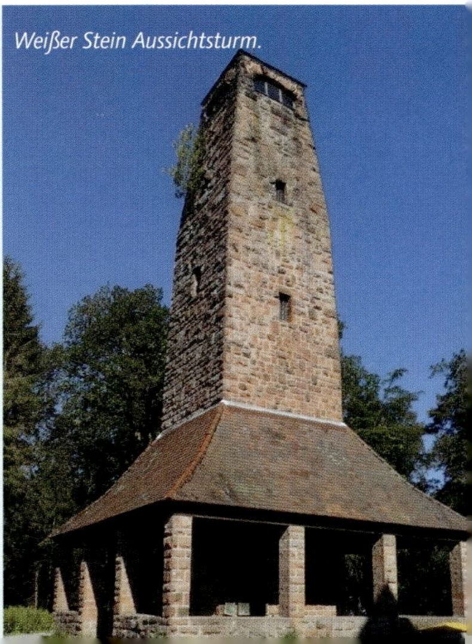
Weißer Stein Aussichtsturm.

INFOS

Wanderkarte 1:20 000 des MeKi-Verlages, Blatt 12; Freizeitkarte 1:50 000 des LGL-BW, Blatt F513; Wanderkarte 1:25 000 des LGL-BW, Blatt W202; Kompass Kartenset 1:50 000, Blatt 827

www.heidelberg.de; www.zum-weissen-stein.eu; www.dossenheim.de; feldbahn-dossenheim.de.tl; www.efa-bw.de (Fahrplanauskunft)

Ab Heidelberg Hbf und weiter mit der S-Bahn bis Schlierbach/Ziegelhausen; Rückfahrt ab Bhf Dossenheim mit der Straßenbahn zum Hbf Heidelberg.

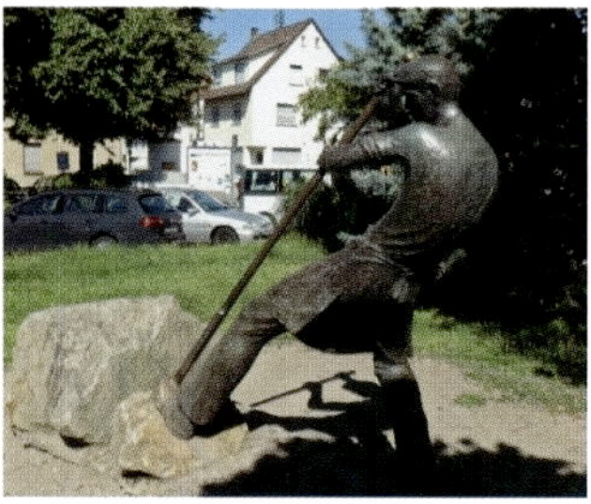

Steinbrecher-Denkmal in Dossenheim.

Wir gehen geradeaus rechts am Turm vorbei und nehmen zunächst die Markierung „gelbes Andreaskreuz" auf („Sieben Wege, Dossenheim"): Auf holprigem Weg geht es bergab, dann auf breitem Forstweg zu einer Schranke 6. Das gelbe Kreuz zweigt hier rechts ab, wir bleiben aber geradeaus und folgen nun der Markierung „Do 2" auf einem holprigen Waldpfad bergab. Nach 300 m verzweigen sich die Markierungen, wir bleiben geradeaus und folgen jetzt dem weißen „V" (schlecht erkennbar!) steil bergab, bis der Pfad in einen Forstweg mündet, wählen etwas links versetzt den bergab führenden Forstweg und folgen nun dem Zeichen „Do 3" ein Stück auf der Talstraße und dann auf einem Teerweg hinab nach **Dossenheim** bis zur Kirche 7. Wenn wir dem **Schausteinbruch Leferenz** 8 noch einen Besuch abstatten wollen, gehen wir schwach links in die Wilhelmstraße, links in die Neuberger Straße, folgen dem blauen „B" zum Steinbruch, anschließend im blauen „B" in umgekehrter Richtung zum Rathausplatz. Ansonsten bleiben wir geradeaus, laufen auf der Hauptstraße zum Rathausplatz, halten uns schwach links und gelangen auf der Bahnhofstraße zum **Bahnhof Dossenheim** 9.

Der Leferenz-Steinbruch

In Dossenheim gibt es einige Steinbrüche östlich des Dorfes. Seit Mitte des 18. Jahrhunderts wurde dort Rhyolith, ein Porphyrgestein, abgebaut, das für den Straßen- und später auch für den Eisenbahnbau verwendet wurde. Wegen finanzieller Probleme musste die Arbeit nach und nach eingestellt und die Steinbrüche geschlossen werden. So auch der Leferenz Steinbruch, der seine Türen 1985 schloss. Der letzte Steinbruch, er gehörte der Fa. Vatter, konnte seine Arbeit noch bis 2002 fortsetzen. Seit mehr als 10 Jahren ist der Leferenz Steinbruch nun auch für Besucher zugänglich. An manchen Sonntagen kann man dort sogar eine Feldbahn nutzen, die durch das Gelände fährt (nähere Info im Internet unter feldbahn-dossenheim.de.tl).

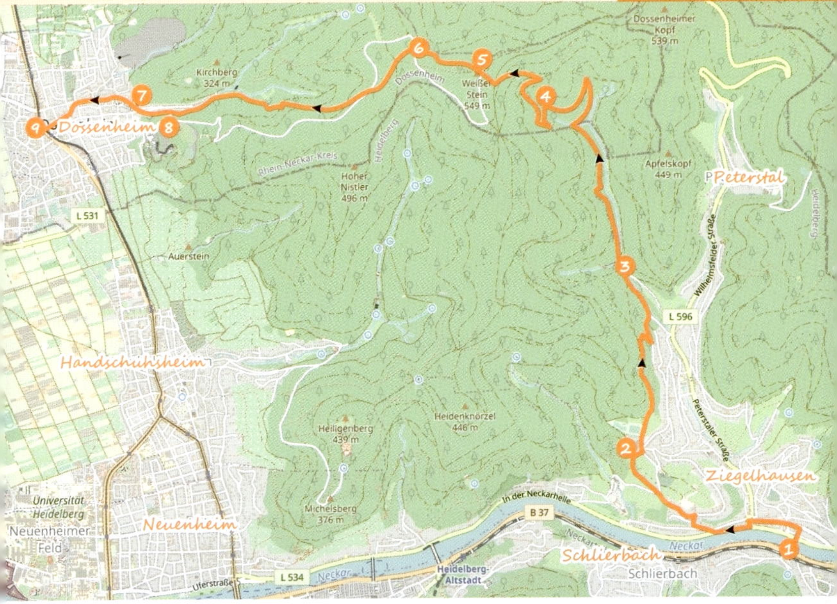

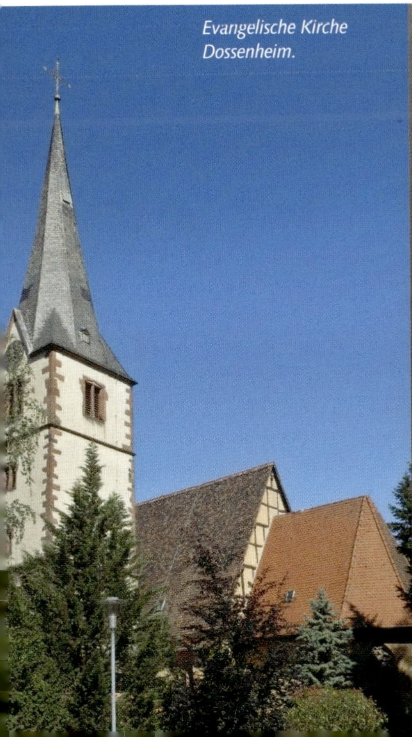

Evangelische Kirche Dossenheim.

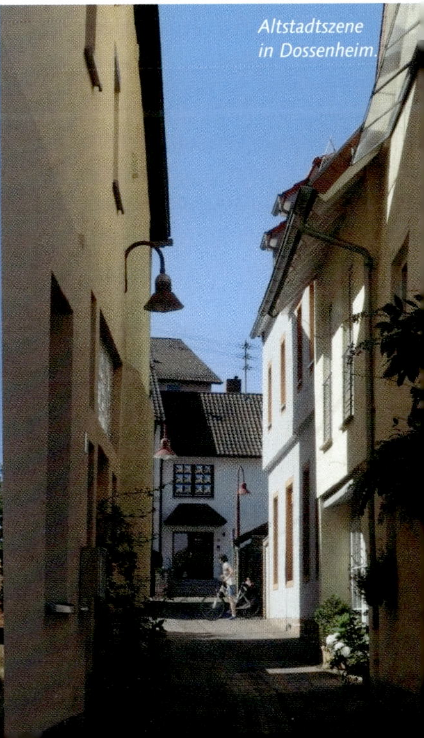

Altstadtszene in Dossenheim.

Von Heiligkreuzsteinach über Kreuzeiche und Wolfsgrube nach Neckarhausen

11

Von der Wolfsgrube zur Ruine Hundheim

Eine Wandertour für Einsamkeitsfanatiker! Wenn man erst einmal den anfangs steilen Anstieg von Heiligkreuzsteinach zur Kreuzeiche geschafft hat, ist man auf dem anschließenden wundervollen und kaum anstrengenden Höhenweg über die Wolfsgrube zum Greiner Eck meist mit sich und der Natur allein. Technikfans werden sich für die in den letzten Jahren errichtete Windkraftanlage beim Greiner Eck interessieren, kulturgeschichtlich Interessierte können mit einem kurzen Abstecher die Reste der Burgruine Hundheim besuchen. Bitte mit einkalkulieren, dass es unterwegs keine Einkehrmöglichkeiten gibt!

Heiligkreuzsteinach

Der beliebte Erholungsort Heiligkreuzsteinach befindet sich im Süden des Odenwalds. Der kleine Ort an der Steinach, der mit seinen sieben Gemeinden heute etwa 2700 Einwohner umfasst, wird erstmals 1293 urkundlich erwähnt. Das Kreuz auf dem Wappen des Ortes symbolisiert das Heiligkreuz-Patrozinium einer romanischen Pfarrkirche, auf einem Fels über der Steinach gelegen. Nach ihr wurde der Ort „Heilig-Kreuz-(über der)Steinach" benannt.

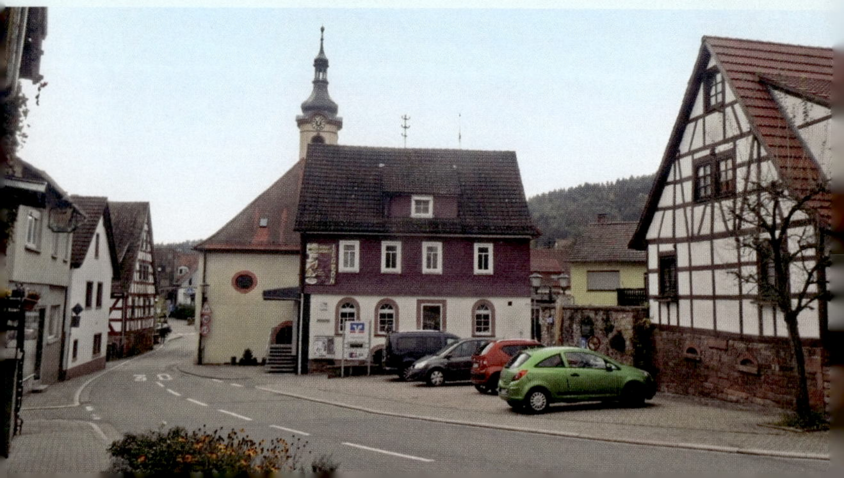

Wir gehen von der Bushaltestelle **Heiligkreuzsteinach Marktplatz** 1 auf der Straße ein paar Meter weiter an der Kirche vorbei, biegen rechts in die Brunnengasse und folgen der Markierung „H4“ über die Steinach, gehen nach dem Strommast geradeaus über die Wiese auf den Waldrand zu und folgen einem holprigen Waldpfad steil bergan zur **Astahütte**. Damit haben wir den anstrengendsten Teil unserer Tour geschafft, während der wohlverdienten Verschnaufpause genießen wir den Ausblick auf Heiligkreuzsteinach und das Steinachtal. Weiter geht es ein paar Meter hinauf zu einer Straße, auf ihr 30 m nach links und dann schwach links auf dem ebenen Feldweg parallel zur Straße (Markierung „HS“). Bei der nächsten Kreuzung halten wir uns leicht rechts („Weinweg“) und folgen der Markierung „2 gelbe Striche“. Sie schicken uns nach 1 km scharf rechts sanft bergan zum **Waldparkplatz „Eichköpfele“** 2. Hier können wir einen Abstecher (ca. 250 m) zum Eichköpfele machen: Über den Parkplatz an der Kreuzeiche vorbei, rechts neben dem Schild „Waldweg gesperrt“ auf unmarkiertem Pfad zum **Eichköpfele** 3.

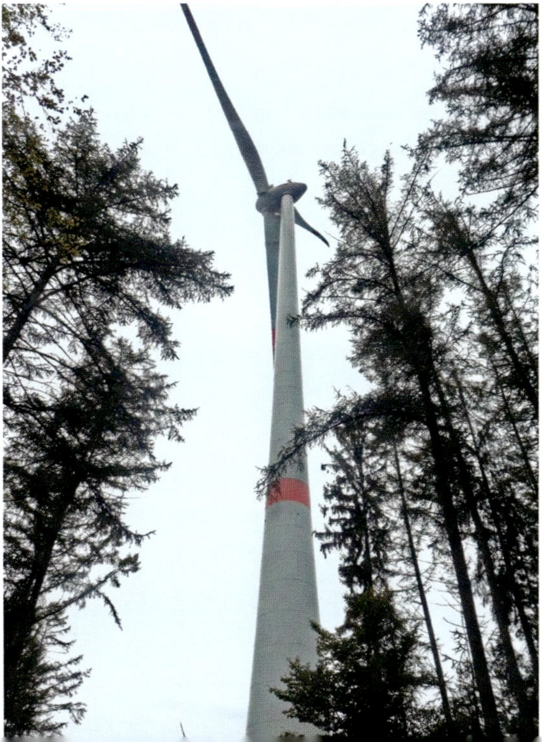

Windpark auf dem Greiner Eck.

4 ½ Std.

16 km

320 Hm

Von Heiligkreuzsteinach über Kreuzeiche, Wolfsgrube, Sühnekreuz und Burg Hundheim nach Neckarhausen.

Nach einem anfangs steilen Anstieg (ca. 160 HM) leichte Wanderung ohne steile An- und Abstiege, Ausnahme ist der steile Abstecher zur Burg Hundheim.

Hist. Ortskern von Heiligkreuzsteinach; Windkraftpark; Sühnekreuz; Ruine Hundheim; Neckartal

Erst in Neckarhausen!

INFOS

Wanderkarte 1:20 000 des MeKi-Verlages, Blatt 12; Freizeitkarte 1:50 000 des LGL BW, Blatt F513; Wanderkarte 1:25 000 des LGL-BW, Blatt W202; Kompass Kartenset 1:50 000, Blatt 827

www.heiligkreuzsteinach.de; www.windpark-greiner-eck.de; www.neckarsteinach.com; www.efa-bw.de (Fahrplanauskunft)

Ab Heidelberg Hbf mit Bus 34 oder 735 oder ab Neckarsteinach mit Bus 735 nach Heiligkreuzsteinach Marktplatz; Rückfahrt ab Neckarhausen mit der S-Bahn Richtung Heidelberg oder Eberbach.

Wieder zurück zum Parkplatz folgen wir für die nächsten zwei Stunden der zuverlässigen Markierung des **Main-Stromberg-Weges** (rotes Quadrat, „Schönau 9,2 km") ein kurzes Stück auf einem Schotterweg, dann auf schönem abwechslungsreichem Höhenweg immer in leichtem Auf und Ab über den Bergrücken des Lange Hacken, genießen bei einer Lichtung den schönen Ausblick auf die benachbarten Höhenzüge und gelangen zur Wegspinne **Wolfsgrube** 4. Nun geht's ein wenig bergan auf holprigem Weg, vorbei an Grenzsteinen der ehemaligen Grenze Baden-Württemberg, zum **Greiner Eck** 5, mit 490 m dem höchsten Punkt unserer Wanderung. Hier entstand in den letzten Jahren ein Windpark mit fünf Windrädern, mehrere Infotafeln in einer Schutzhütte geben Aufschluss über die technischen Einzelheiten des 2017 fertig gestellten Windparks mit einer Gesamtleistung von 15 Megawatt.

Weiter dem roten Quadrat nach geht es ein Stück auf einem Grasweg, dann auf breitem Schotterweg an einem alten **Sühnekreuz** vorbei – es steht etwas versteckt am linken Wegrand, und an der **Greiner Dorfwiese** entlang. Bald kreuzen wir die Markierung gelbes Andreaskreuz 6 und gelangen an einem Waldkindergarten vorbei zum Waldparklatz **Kreuzschlag** 7. Hier verlassen wir unsere bisherige Markierung, folgen dem blauen „N" 200 m nach links und dann halbrechts bis zum Ziel dem Zeichen „Nh1": Auf breitem Lanzenbachweg sanft bergab über dem tief eingeschnittenen Lanzenbachtal, weiter auf dem Notweg und nochmals etwas bergan auf dem Schlossbergweg. Wenn er einen Linksknick beschreibt, können wir scharf links mit einem kurzen Abstecher auf steilem Pfad zur **Ruine Hundheim** 8 gelangen.

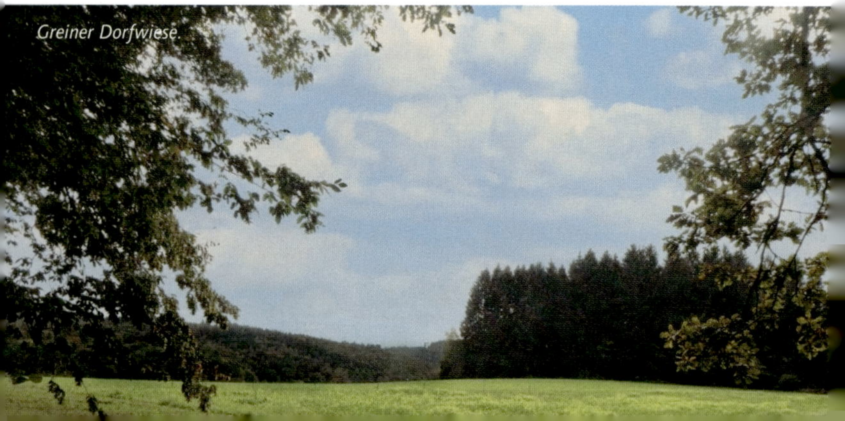
Greiner Dorfwiese.

Burg Hundheim

Als Burg Hundheim wird ein Burgstall einer damaligen Höhenburg bezeichnet, die sich in ca. 289 m Höhe befindet. Nahe der Gemeinde Neckarsteinach gelegen, gilt sie als älteste Burg des unteren Neckartals, auch wenn keine konkreten schriftlichen Dokumente über sie existieren. Zerstört wurde sie etwa 1130. Heutzutage ist von der inzwischen unter Denkmalschutz gestellten Burg kaum noch etwas übrig und ihre Überreste lassen nur noch bedingt ihren ursprünglichen Zustand erahnen.

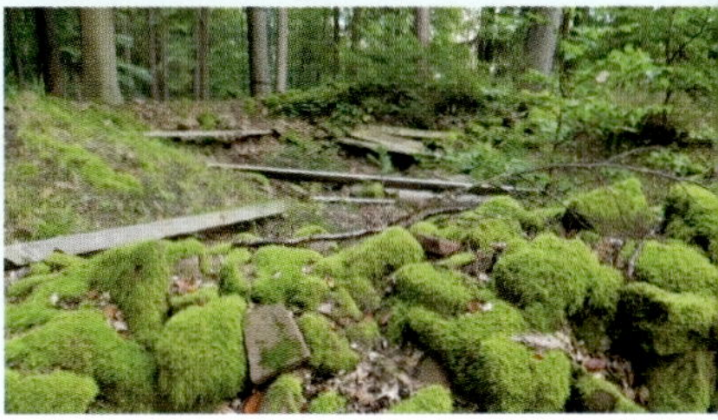

Zurück auf unserem markierten Weg, bald vereint mit dem roten „R“, geht es bergab zur nächsten Kreuzung und scharf rechts („Neckarhausen Bhf“, rotes Dreieck) hinab nach **Neckarhausen** zum Bahnhof 9.

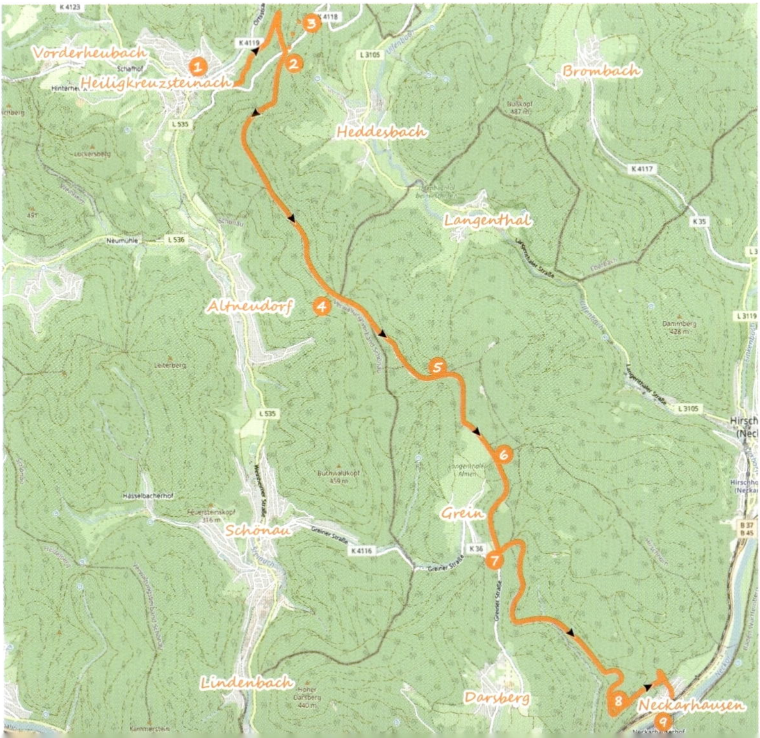

Von Heidelberg über Zollstock, Heiligenberg und Philosophenweg zurück nach Heidelberg

12

Auf verwunschenen Pfaden zur Thingstätte

3 ½ Std.

11 km

500 Hm

Von Heidelberg Altstadt über Felsenmeer, Holdermannseiche, Zollstock, Heiligenberg, Bismarckturm und Philosophenweg, zurück nach Heidelberg Altstadt.

Eine Wanderung der Superlative, an der sowohl Naturliebhaber als auch kulturgeschichtlich Interessierte ihre helle Freude haben dürften! Auf der ersten Weghälfte steht das Naturerlebnis im Vordergrund, besonders der urige Felsensteig durch die Steilhänge der Neckarhalden und das Felsenmeer zählt zu den Kleinoden des südlichen Odenwaldes. Auf der zweiten Weghälfte reiht sich eine kulturgeschichtliche Sehenswürdigkeit an die andere, so ein keltischer Ringwall, die Thingstätte, der Bismarckturm, der für seine schöne Aussicht viel gerühmte Philosophenweg und last but not least die herrliche Altstadt von Heidelberg. Man sollte den Weg allerdings nicht unterschätzen: 500 Höhenmeter An- und Abstieg auf teilweise schmalen und holprigen Pfaden erfordern gute Trittsicherheit und ein gehöriges Maß an Kondition.

Ich hab' mein Herz in Heidelberg verloren

Ist der rund 100 Jahre alte Schlager nicht eine herrliche Einladung, die schöne Stadt im Neckartal kennen zu lernen?

Ich hab' mein Herz
  in Heidelberg verloren,
In einer lauen Sommernacht.
Ich war verliebt bis über beide Ohren
Und wie ein Röslein
  hat ihr Mund gelacht.
Und als wir Abschied nahmen
  vor den Toren
Beim letzten Kuss,
  da hab ich's klar erkannt:
Dass ich mein Herz
  in Heidelberg verloren.

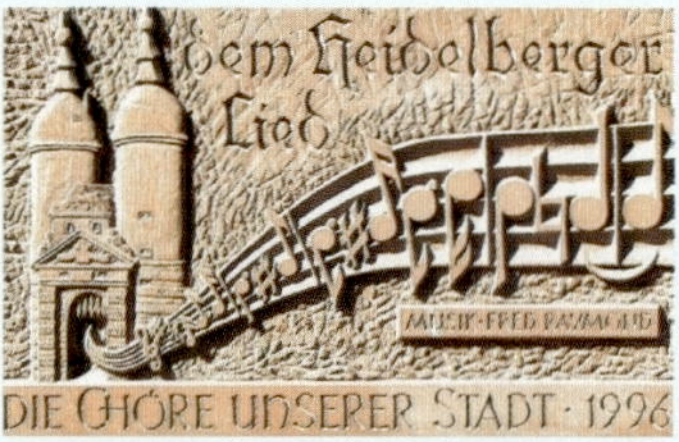

Mein Herz,
  es schlägt am Neckarstrand.

(Fritz Löhner-Beda/Ernst Neubach)

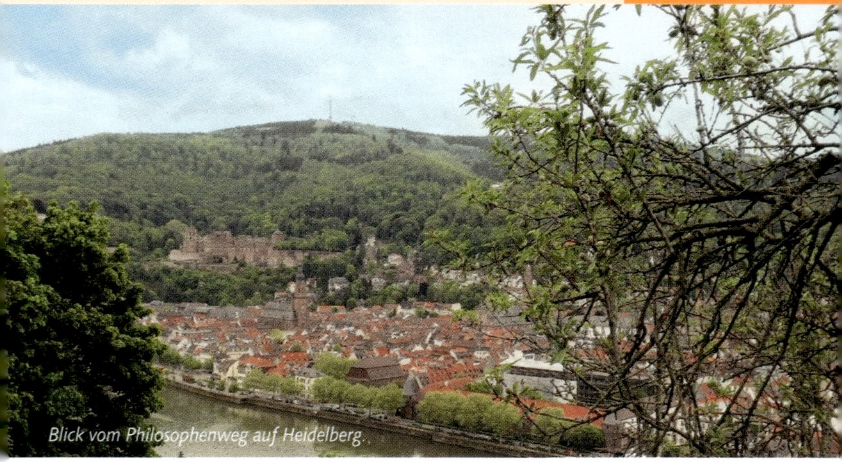

Blick vom Philosophenweg auf Heidelberg

Wir gehen vom Bahnhaltepunkt **Heidelberg Altstadt** 1 aus Richtung Altstadt zum **Karlstor**, schwenken nach rechts, laufen über die Schleusenbrücke 2 und etwas links versetzt in die Hirschgasse. Nach 50 m biegen wir rechts ab auf einen alten holprigen Treppenaufgang. Wir bleiben immer geradeaus und wandern an alten Trockenmauern vorbei auf urigem Pfad durch die Neckarhalden, biegen bei einem Markierungsstein 3, der geradeaus nach Ziegelhausen weist, rechts ab, wählen bei der nächsten Verzweigung den rechten bergab führenden Pfad, bleiben beim folgenden Markierungsstein geradeaus (Richtung Mausbach) und wandern nun immer geradeaus auf herrlichem, teilweise schmalem und abschüssigem Steig durch die eindrucksvolle Szenerie des Naturschutzgebietes **Felsenmeer** 4.

Nach einer kurzweiligen halben Stunde mündet der Steig in einen Forstweg. Auf ihm schwenken wir nach links, beim nächsten Markierungsstein scharf rechts („Zollstock") und treffen bei der nächsten Verzweigung auf das rote „R" des **Rhein-Neckar-Weges** 5. Wenn wir abkürzen wollen, biegen wir hier scharf links ab, folgen dem roten „R" zum Philosophenweg bis zur Abzweigung des Schlangenweges und überspringen den folgenden Textabsatz.

Im anderen Falle folgen wir dem roten „R" geradeaus und bleiben, wenn es nach 1 km nach rechts abknickt, geradeaus auf dem Forstweg parallel zum Mausbach (Markierung „Z4") 6. Wenn die Markierung wenig später links abbiegt, wählen wir den unmarkierten, steil bergan führenden Weg

Anspruchsvolle Wanderung mit ca. 500 HM teilweise steilen An- und Abstiegen; einige schmale, holprige Pfade erfordern gute Trittsicherheit und festes Schuhwerk.

Karlstor; Felsenmeer; Holdermannseiche; ehem. kelt. Ringwall; Thingstätte; ehem. Stephanskloster; Bismarckturm; Philosophenweg; herrliche Waldpfade und Aussichtspunkte; Heidelberg (Alte Brücke, Altstadt, Heiliggeistkirche, Schloss u. a.)

Waldschenke auf dem Heiligenberg; Kiosk am Philosophenweg; Heidelberg

INFOS

Wanderkarte 1:20 000 des MeKi-Verlages, Blatt 12; Freizeitkarte 1:50 000 des LGL-BW, Blatt F513; Wanderkarte 1:25 000 des LGL-BW, Blatt W202; Kompass Kartenset 1:50 000, Blatt 827

www.heidelberg.de; www.waldschenke-heidelberg.de; www.efa-bw.de (Fahrplanauskunft)

Ab Karlsruhe Hbf mit der S-Bahn bis Heidelberg Hbf und weiter mit der S-Bahn bis Heidelberg Altstadt.

geradeaus, biegen bei einem Brunnen links und gleich wieder scharf rechts ab, queren bei der **Mausbachquelle** 7 einen Forstweg und steigen auf steinigem Pfad hinauf zum nächsten Markierungsstein. Wir halten uns geradeaus („Weißer Stein“), wählen nach 50 m den rechten ansteigenden Pfad und gelangen zu einer Wegspinne. Hier biegen wir halblinks ab (Markierung „roter Strich“) und kurz vor dem Naturdenkmal **Holdermannseiche** 8 schwach rechts auf einen Naturpfad (Markierung „4“). Bei der nächsten Verzweigung geht es links weiter zum **Zollstock** 9 mit hübschem kleinem Rastplatz, rechter Hand kann man mit kurzem Abstecher nach rechts die **Freischarenschanze** von 1849 besuchen. Nun bleiben wir bis zum Ziel dem roten Strich treu („Heiligenberg 1,4 km“): vorbei an den Resten eines keltischen Ringwalls zum **Heiligenberg** mit der ehemaligen **Michaelsbasilika** 10, dann bergab an der monumentalen **Thingstätte** 11 (heute als Freilichtbühne genutzt) vorbei zur Waldschenke (Einkehrmöglichkeit, sonntags Busverbindung nach Heidelberg), geradeaus zunächst auf der Straße weiter am Aussichtsturm an den Grundmauern des ehemaligen **Stephansklosters** 12 vorbei, links ab auf einem Waldweg zum Aussichtspunkt Fuchsrondell, nach rechts zur nächsten Kreuzung, scharf links Richtung Philo-

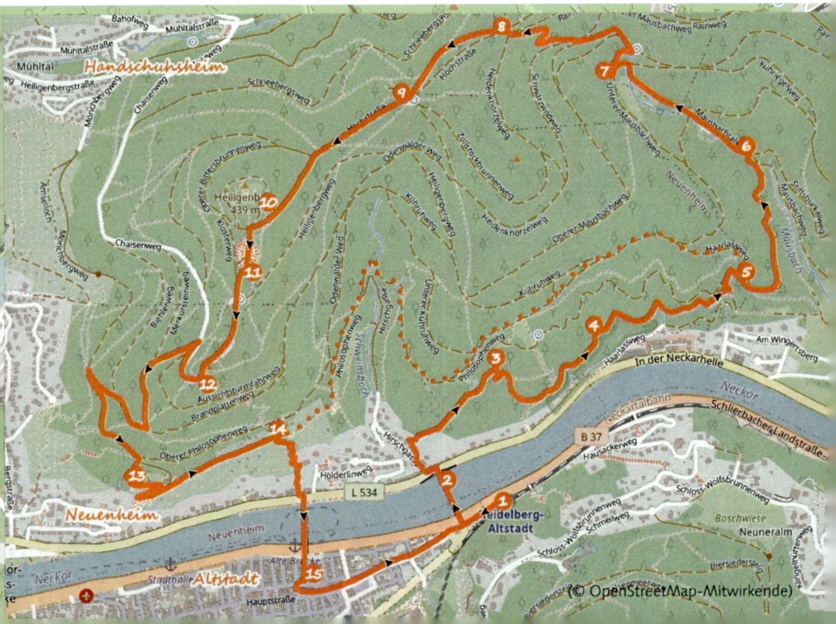

sophenweg zum **Bismarckturm** 13 und über viele Stufen hinab zu einem Kiosk am **Philosophenweg**. Wir wenden uns nach links (Markierung rotes „R") und wandern auf dem geschichtsträchtigen Weg, dabei die herrlichen Ausblicke auf Heidelberg, das Schloss und das Neckartal genießend, bis der Schlangenweg nach rechts abzweigt 14.

Thingstätte

1934/1935 wurde die Thingstätte, zwischenzeitlich auch unter dem Namen „Feierstätte Heidelberg", durch Joseph Goebbels eröffnet. Errichtet wurde die nach dem Vorbild antiker Theater gebaute Freilichtbühne als Ausführungsort für Propagandaveranstaltungen und Versammlungen der Thingbewegung. Zur Zeit des darauffolgenden Krieges blieben solche Veranstaltungen jedoch aus und die Thingstätte wurde daraufhin auch in den Nachkriegsjahren nur noch selten genutzt. Heutzutage ist sie ein beliebter Ort für Spaziergänger und Touristen, aber auch für Festivitäten, wie beispielsweise am 1. Mai.

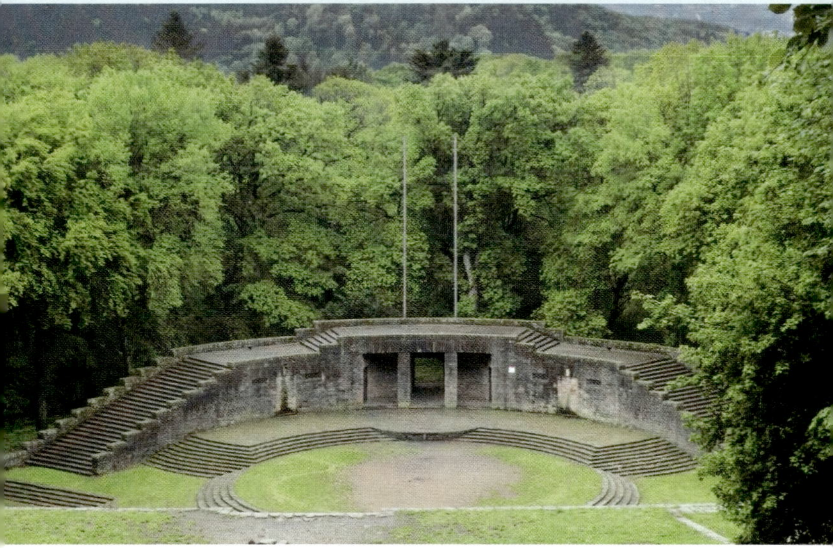

Nun geht es auf dem gepflasterten Schlangenweg im Zickzack über viele Stufen steil bergab („Abgang zur Alten Brücke"), auf der Alten Brücke über den Neckar und geradeaus zur **Heiliggeistkirche** 15 rechts um die Kirche herum zur Hauptstraße, links ab und immer geradeaus am Karlstor vorbei zu unserem Ausgangspunkt Bahnhof **Heidelberg Altstadt** 1.

13 Von Heidelberg-Schlierbach über Ziegelhausen und die Neckarhalde nach Neckarsteinach

Vom Dorf der Wäscherinnen zum Felsenmeer

Eine besondere Attraktion des heutigen Wandertipps ist das zwischen Ziegelhausen und Neckarsteinach gelegene Naturschutzgebiet Ehemaliger Buntsandsteinbruch an der Neckarhalde. Trittsichere Wanderer werden sicher ihre helle Freude an dem Steig haben, der sich durch das Gelände zwischen den mächtigen Felsenriegel und dem Steilhang der Neckarhalde hindurchschlängelt. Wer sich den Steig nicht zutraut, kann eine leichtere Variante wählen, sie empfiehlt sich auch bei nasser Witterung oder Schneelage. Anschließend windet sich unser Weg durch das Felsenmeer am Jägerfelsen. Die unzähligen wirr übereinander liegenden Felsbrocken waren bei unseren Vorfahren beliebt, könnten sie doch die frei herumliegenden Blöcke nach Bedarf aussuchen und zum Bau von Häusern und Befestigungsanlagen bearbeiten. Ein weiteres Highlight ist die hoch über dem Neckartal gelegene Ruine Hinterburg. Wer genügend Zeit mitgebracht hat, kann die Wanderung im Zielort Neckarsteinach mit einem Bummel durch die Altstadt stilvoll abrunden (siehe auch Tour 14).

Ziegelhausen

Der Stadtteil Ziegelhausen liegt am östlichen Ende Heidelbergs direkt am Neckar. Er gründete sich aus einer 1210 erbauten Ziegelei des Zisterzienserklosters Schönau, die ihm Wappen und Namen verlieh, und dem 1130 errichteten Benediktinerkloster Stift Neuburg. Durch sein kalkfreies Quellwasser wurde der Wäschereibetrieb vom 19. bis zum 20. Jahrhundert zum Hauptgewerbe des Ortes. Seit langer Zeit ist Ziegelhausen auch beliebt bei Touristen. Selbst berühmtere Persönlichkeiten, so auch Thomas Mann und Hermann Hesse, statteten diesem Ort schon einen Besuch ab. Manche lebten dort auch für eine gewisse Zeit, wie zum Beispiel Johannes Brahms. Carl Maria von Weber wurde dort sogar zu seiner Oper „Der Freischütz" inspiriert.

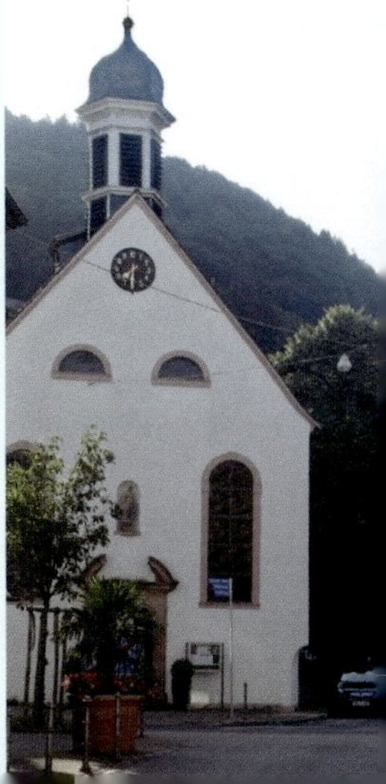

Katholische Kirche St. Laurentius in Ziegelhausen.

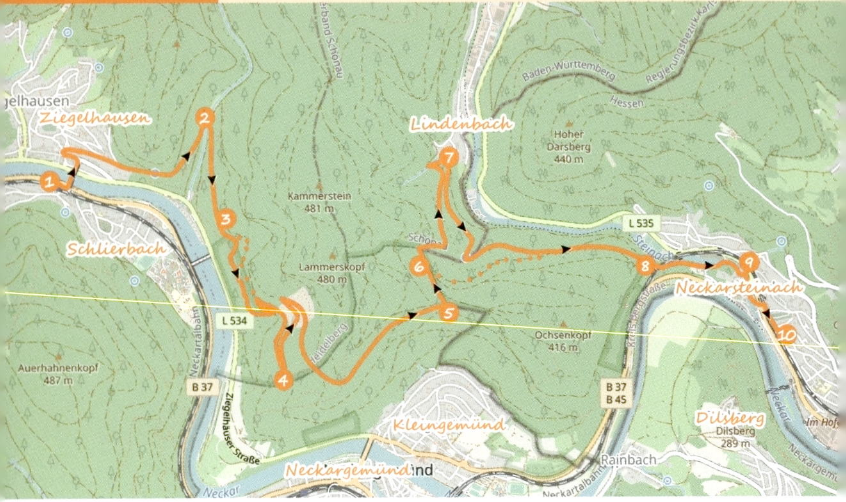

Auf dem Weg zur Neckarhalde.

Vor dem **Bahnhof Schlierbach-Ziegelhausen** 1 wenden wir uns nach rechts, gehen links über die Neckarbrücke nach **Ziegelhausen** und folgen nun für die nächste Zeit dem roten „R“: Links in die Kleingemünder Straße und nach der Kirche zweimal rechts in die Schönauer Straße. Nun geht es

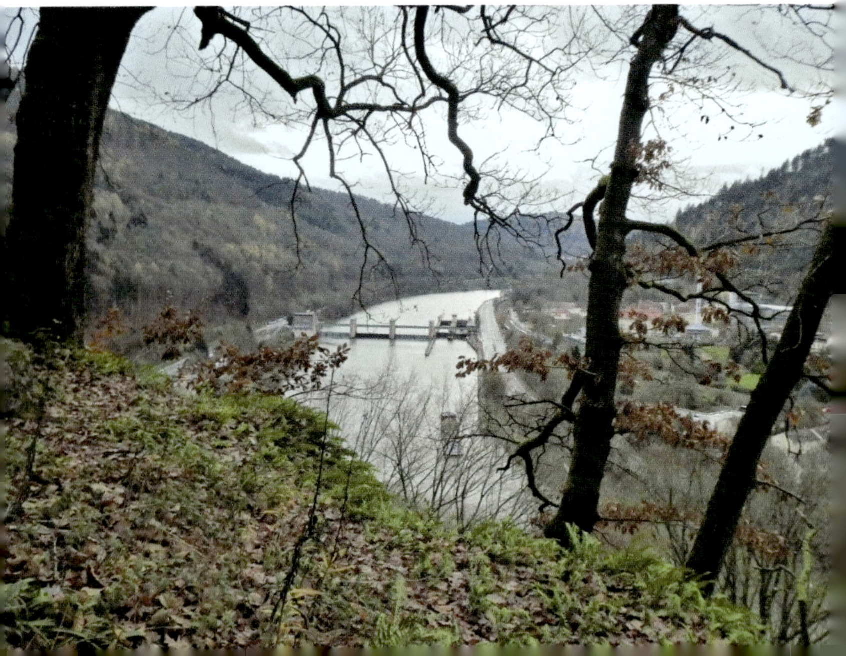

stetig bergan aus dem Ort, aussichtsreich weiter und nach der nächsten Verzweigung hinab ins **Bärenbachtal**, das wir in einem Rechtsbogen queren ②. Immer unserem Zeichen nach marschieren wir auf einem Forstweg bis zum Beginn der **Neckarhalde**. Nach etwa 1 km, beim Schild „Naturschutzgebiet", zweigt ein unmarkierter Pfad halbrechts ab ③. Wenn wir die einfachere Variante wählen, bleiben wir geradeaus, folgen weiterhin dem roten „R" oberhalb der Buntsandsteinfelsen und lesen beim nächsten Absatz weiter. Trockenes Wetter und Trittsicherheit vorausgesetzt, können wir stattdessen dem abzweigenden Pfad folgen: Er verläuft über Stock und Stein immer parallel zur Felsenwand und mündet schließlich in einen Forstweg. Auf ihm marschieren wir nach links bis zur nächsten Verzweigung, biegen scharf links ab und folgen nun wieder dem roten „R" ④.

Weiter geht's auf breitem Forstweg durch die Geröllhalden des **Jägerfelsens** zur nächsten Verzweigung, wo wir uns scharf links halten und nun dem Zeichen „blauer Strich" folgen ⑤. Bald queren wir wieder bei einem großen Steinmann das Felsenmeer, biegen bei der nächsten Abzweigung scharf links ab und nehmen die Markierung gelbe „4" auf. Wir queren zum letzten Mal die Felsenhalde und wandern immer der „4" nach auf gemütlichen Forstwegen bis zur Wegspinne **Am Ruhstein** mit kleiner Schutzhütte ⑤. Wir halten uns schwach links und schwenken in den Unteren Steingatterweg ein, er ist mit „NS4" markiert. Die alten Grenzsteine zeigen uns, dass wir uns auf dem alten Grenzweg zwischen Baden und Hessen befinden. Nach 400 m weist die Markierung nach rechts ⑥. Wenn wir abkürzen wollen, marschieren wir dem Zeichen „NS4" nach auf breitem Forstweg bergab, bis wir nach 1,2 km auf die Markierung gelbe „2" treffen, folgen ihr nach rechts bergab und lesen im nächsten Absatz weiter. Wenn wir die kleine Schleife zur Brunnenbergquelle mitnehmen wollen, bleiben wir geradeaus und stoßen nach gut 100 m auf einen großen Markierungsstein. Hier biegen wir rechts ab Richtung Schönau und wandern auf breitem Weg bergab zum nächsten Markierungsstein, halten uns scharf rechts (blau/grüne Markierung des Hugonotten- und Waldenserpfades), 100 m weiter bei der nächsten Verzweigung halbrechts ⑦ und folgen nun dem Zeichen gelbe „2" auf gemütlichem Forstweg zu einem kleinen Rastplatz bei der **Brunnenbergquelle** und weiter bis zur nächsten Kreuzung.

3 ¾ Std.

13 km (Abkürzung möglich)

350 Hm

Von Heidelberg-Schlierbach über Ziegelhausen, Sandsteinbruch, Jägerfelsen, Am Ruhstein und Brunnenbergquelle nach Neckarsteinach.

Der Steig durch den ehemaligen Steinbruch erfordert gute Trittsicherheit, kann aber leichter umgangen werden; ansonsten mittelschwere Wanderung mit insgesamt ca. 350 HM An- und Abstieg.

Neckarhalde mit ehemaligem Steinbruch; Jägerfelsen; Neckarsteinach mit Hinterburg, Kunstpfad und Altstadt

Erst in Neckarsteinach!

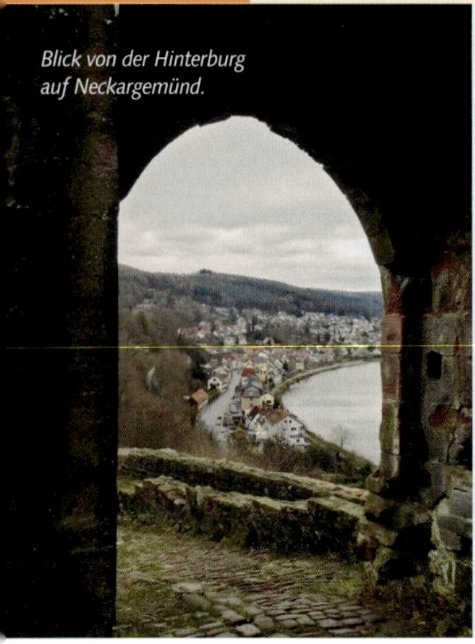

Blick von der Hinterburg auf Neckargemünd.

Die Hinterburg

Die Hinterburg zählt neben der Vorderburg, der Mittelburg und dem Schwalbennest zu einer der vier Burgen Neckarsteinachs. Im 13. Jahrhundert begann die Errichtung, jedoch wurde sie durch einige finanzielle Schwierigkeiten erst im 15. Jahrhundert fertiggestellt. Während des Dreißigjährigen Kriegs um 1630 wurde sie weitestgehend zerstört. Von der fünfeckigen Burganlage sind heute noch der Burghof mit einem 23 m tiefen Brunnen, der mächtige, 25 m hohe Bergfried und ein Teil der Schild- und Ringmauer übrig.

INFOS

Wanderkarte 1:20 000 des MeKi-Verlages, Blatt 12; Freizeitkarte 1:50 000 des LGL-BW, Blatt 513; Wanderkarte 1:25 000 des LGL-BW, Blatt W202; Kompass Wanderkarten-set 827

www.heidelberg.de; www.neckarsteinach.de; www.efa-bw.de (Fahrplanauskunft)

Ab Heidelberg Hbf mit der S- Bahn bis Schlierbach- Ziegelhausen; Rückfahrt ab Neckarsteinach mit der S-Bahn Richtung Heidelberg.

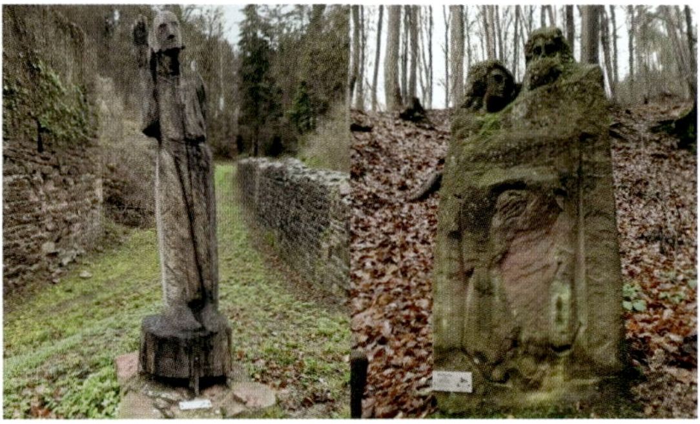

Die Skulpturen „Der Lauscher an der Wand" (links) und „Die Liebenden" (rechts) bei der Mittelburg.

Weiter geht es der gelben „2" nach auf schönem Pfad und breitem Forstweg zur **Hinterburg** 8. Bevor wir weitermarschieren, sollten wir uns ein wenig Zeit zur Besichtigung der imposanten Burgruine nehmen und die herrliche Aussicht auf Neckarsteinach und das Neckartal genießen. Anschließend marschieren wir den Markierungen nach (auch ein Kunstpfad mit mehreren Skulpturen) an der Mittelburg vorbei dem roten „R" folgend hinab nach **Neckarsteinach**, durch den Ort, biegen nach der **Steinachbrücke** 9 rechts ab und laufen immer geradeaus zum **Bahnhof** 10.

14 Von Hirschhorn auf dem Neckarsteig über den Hohen Darsberg nach Neckarsteinach

Wo man im Odenwald Hochzeit feiert

Eine Wandertour der Gegensätze: Während ein kurzer, aber recht steiler Anstieg zu Beginn und ein langer und holpriger Steilabstieg zum Zielort gute Kondition und Trittsicherheit verlangen, geht es auf dem Rest der Strecke gemütlicher zu: Nach einigen sanft geschwungenen Serpentinen erreicht man den Höhenzug des Michelbucher Waldes, den wir ohne große Höhenunterschiede durchqueren. Der Weg folgt weitgehend dem Neckarsteig, einem als Qualitätswanderweg zertifizierten Fernwanderweg zwischen Bad Wimpfen und Heidelberg (siehe auch Tour 20). Unterwegs gibt es einige historische Bildstücke zu besichtigen, ein weiterer Höhepunkt ist der Aussichtspunkt „Goetheblick" beim Hohen Darsberg. Den Rahmen bilden die wunderschönen historischen Stadtkerne von Hirschhorn und Neckarsteinach.

4 ¼ Std.

15 km

370 Hm

Von Hirschhorn über Michelberg, Rotes Bild, Hoher Darsberg und „Goetheblick" nach Neckarsteinach.

Ein kurzer Steilanstieg und ein längerer Steilabstieg erfordern gute Kondition und Trittsicherheit.

Hist. Stadtkerne von Hirschhorn und Neckarsteinach; mehrere Bildstücke; Aussichtspunkt „Goetheblick"; Hochzeitslocation Hoher Darsberg

Erst in Neckarsteinach!

Wir gehen vom **Bahnsteig Hirschhorn** (1) aus über die Fußgängerbrücke auf die dem Bahnhof gegenüberliegende Seite, halten uns rechts und gleich wieder links und folgen nun dem blauen „N" des **Neckarsteigs**, es wird uns bis kurz vor dem Ziel den Weg weisen. Nun geht es erst einmal steil bergan aus dem Ort und durch einen Hohl-

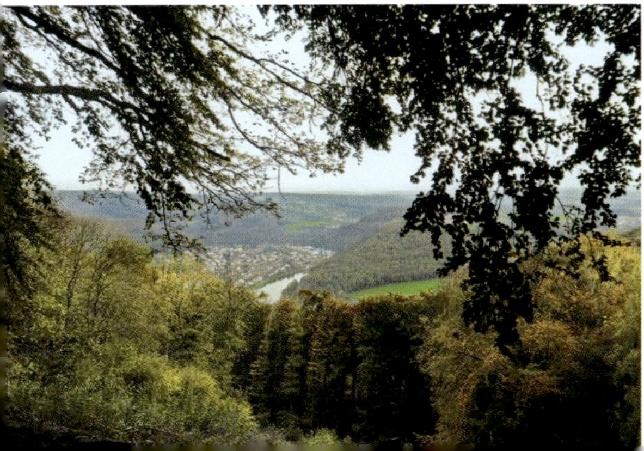

Goetheblick vom Hohen Darsberg.

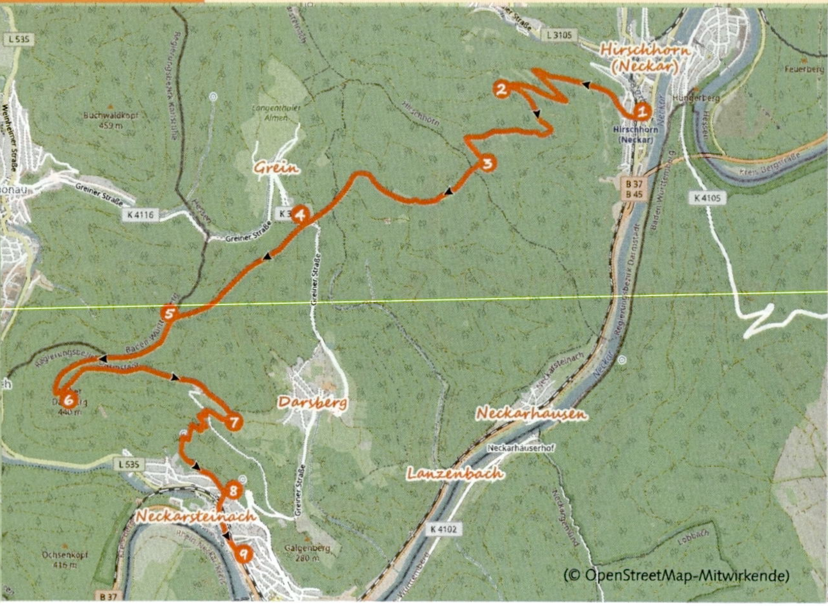

INFOS

Wanderkarte 1:20 000 des MeKi-Verlages, Blatt 13; Freizeitkarte 1:50 000 des LGL-BW, Blatt F513; Wanderkarte 1:25 000 des LGL-BW, Blatt W202; Kompass Kartenset 1:50 000, Blatt 827

www.hirschhorn.de; www.neckarsteinach.de; www.efa-bw.de (Fahrplanauskunft)

Mit der S-Bahn bis Hirschhorn; Rückfahrt ab Neckarsteinach mit der S-Bahn.

weg zur nächsten Kreuzung. Wir bleiben geradeaus, biegen nach knapp 1 km scharf links ab (Achtung: Markierung leicht zu übersehen!) und marschieren in mehreren Kehren sanft bergan, vorbei am **Freischärlergrab** 2 (es erinnert an die Ermordung zweier junger Eberbacher Freischärler im Revolutionsjahr 1849) zu einer Anhöhe. Hier geht es linkerhand ein Stück bergab, dann rechts auf einem Pfad zum Bildstock **Rotes Bild** 3.

Wir wandern geradeaus weiter auf dem Rote-Bild-Weg Richtung Neckarsteinach auf Forst- und Waldwegen, an einer Streuobstwiese vorbei zu einem Waldparkplatz 4, queren etwas rechts versetzt eine Straße und marschieren weiter durch schönen Buchenwald am „Schaubild" 5 vorbei (mit kurzem Abstecher nach rechts zu erreichen) ein Stück auf der Grenze Baden-Württemberg – Hessen, umrunden an einem kleinen Anstieg den hohen Darsberg und gelangen zum **Goethe-Blick** 6. Mit einem kleinen Abstecher erreichen wir den herrlichen Aussichtspunkt, ein hübscher Rastplatz lädt zum Verweilen ein. Wieder zurück auf dem Neckarsteig, treffen wir wenig später auf einen Querweg. Hier fehlt zunächst die Markierung, nach rechts weist ein Schild zur Mannheimer Hütte, wir halten uns aber links und gelangen zum Gebäudekomplex **Hoher Darsberg** 7.

Der Hohe Darsberg

Unweit von Heidelberg befindet sich der Hohe Darsberg. Mit seiner enormen Wald- und Wiesenlandschaft sowie den im Landhausstil errichteten, aber dennoch modernen Gebäuden zählt er im Raum Heidelberg zu den beliebtesten Hochzeitslocations. Mehr Informationen dazu erhält man auf der Website www.hoher-darsberg.de.

Nach 400 m biegen wir rechts ab, zweigen wenig später links ab auf einen Waldpfad. Immer den Zeichen nach steigen wir im Zickzack auf holprigem, steinigem Weg steil bergab, queren einige Forstwege und biegen, wenn der Pfad in einem Querweg endet links ab (hier fehlt die Markierung, in Sichtweite befindet sich ein Baumhaus). Wir laufen an einem Wasserwerk vorbei an der obersten Häuserreihe von **Neckarsteinach** entlang, queren einen Teerweg, gehen auf einem Fußweg ein paar Meter hinab zu einem Pflasterweg 8. Dann folgen wir dem roten „R“ bergab durch eine Bahnunterführung über die Landstraße hinab zum Steinachbach und laufen am Bach entlang unter der Straßenbrücke hindurch immer geradeaus zum **Bahnhof** 9.

Neckarsteinach

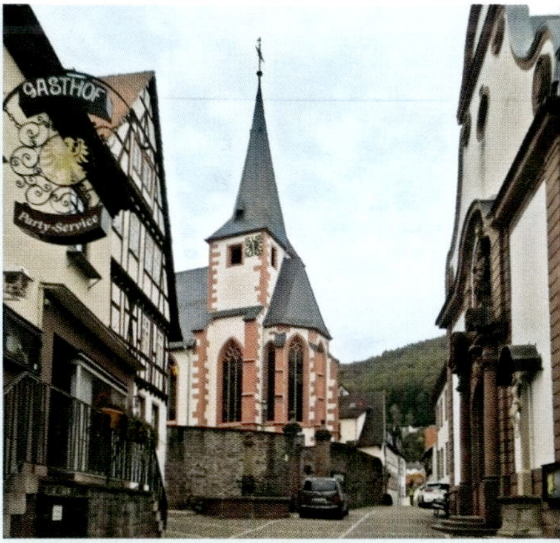

Altstadt von Neckarsteinach.

Neckarsteinach, auch „Vierburgenstadt“ genannt, befindet sich 15 km östlich von Heidelberg direkt am Neckar mit einer weiten Uferpromenade. Die vier Burgen sind alle in fußläufiger Entfernung zu erreichen. Dazu gibt es jedes Jahr die Vierburgenbeleuchtung, die ähnlich wie die Heidelberger Schlossbeleuchtung mit einem Feuerwerk inszeniert wird. Die erste Erwähnung als Stadt erlangte Neckarsteinach 1377, wobei es dort schon viele Jahrhunderte davor Besiedlungen von Menschen gegeben hat. Der Name leitet sich durch ihre Lage an der Mündung der Steinach in den Neckar. Das Wappen der Stadt zeigt die Harfe des Minnesängers Bligger von Steinach.

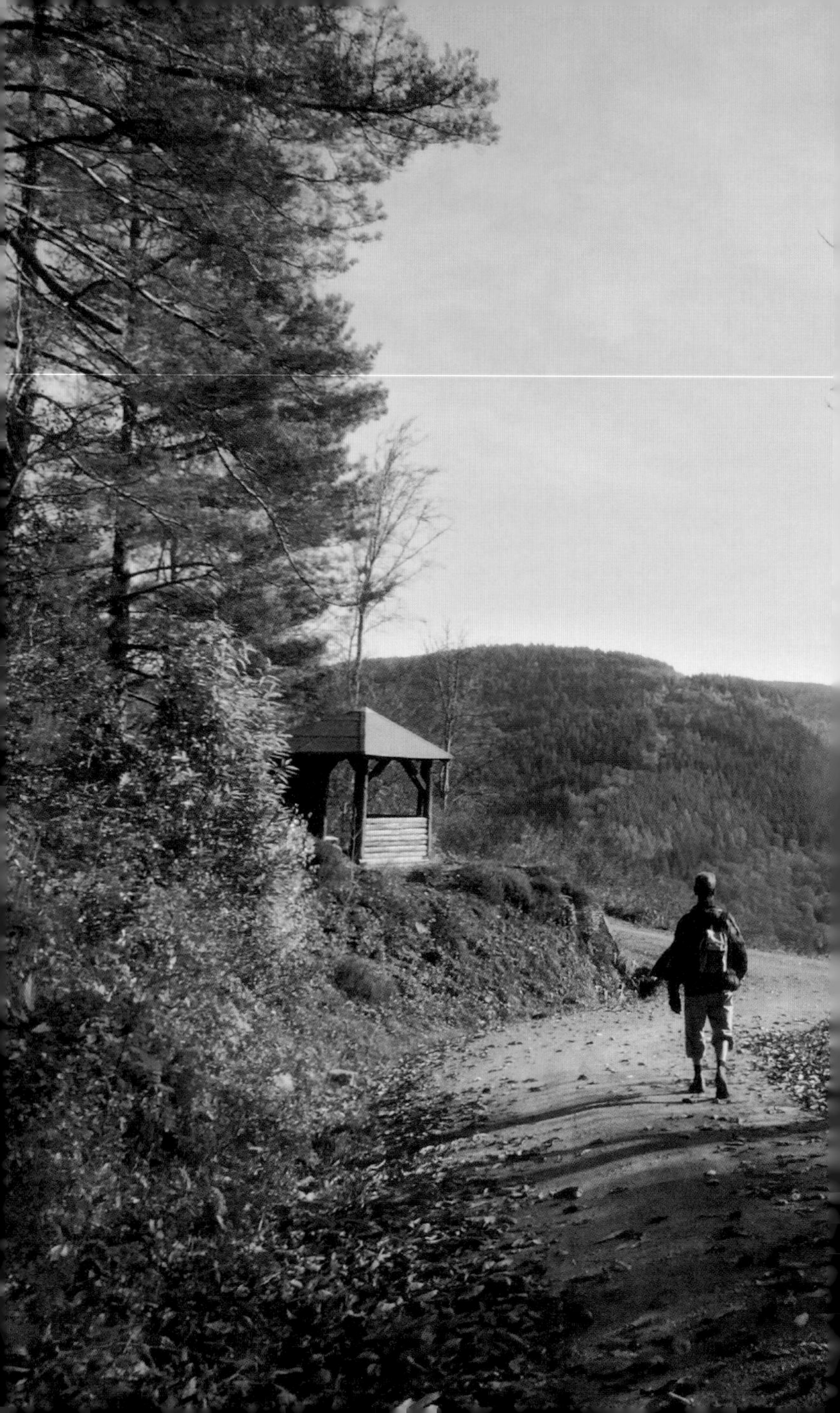

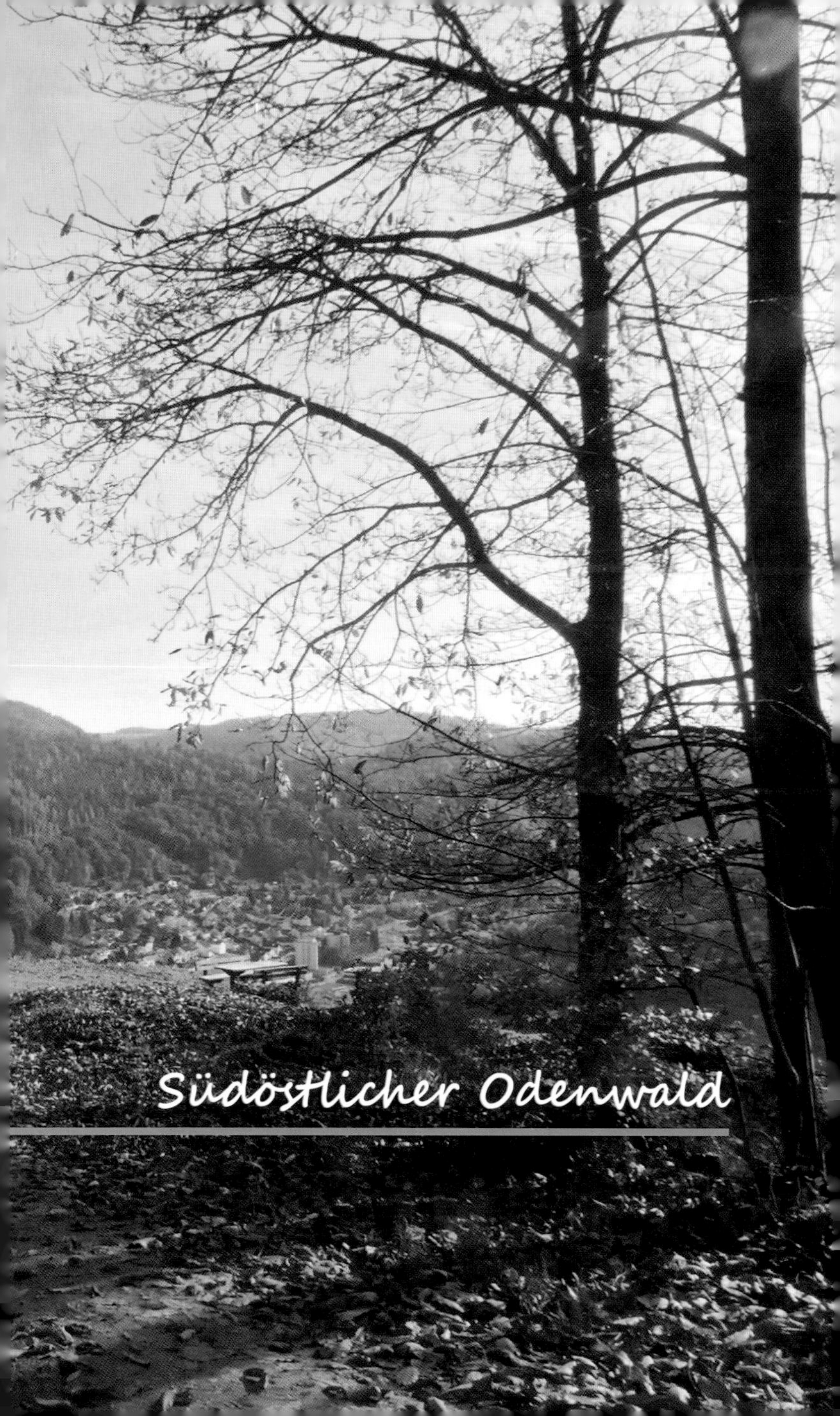

Südöstlicher Odenwald

Von Grasellenbach über Güttersbach und Dicke Eiche nach Beerfelden

15

Wo Hagen Siegfried erschlug

4 ½ Std.

16 km

420 Hm

Von Grasellenbach auf dem Nibelungensteig über Siegfriedbrunnen, Olfener Bild, Güttersbach, Dicke Eiche und Galgen nach Beerfelden.

Zu Beginn etwa 200 HM meist mittelsteiler Anstieg, im weiteren Verlauf mehrere kurze An- und Abstiege.

Siegfriedbrunnen; Infotafeln zur Siegfriedsage; Spessartskopf; Dicke Eiche; Beerfelder Galgen; Zwölfröhrenbrunnen in Beerfelden

„Zum Goldenen Löwen" (Mi Ruhetag) in Güttersbach; Beerfelden

Etwa 2/3 des Weges folgen dem bestens markierten Nibelungensteig mit dem Siegfriedbrunnen als besonderem Highlight: mehrere Tafeln im Bereich des Brunnens informieren den Wanderer über die berühmte Nibelungensage. Auf halbem Weg passieren wir das herrlich gelegene Dorf Güttersbach, dort kann man im Gasthof „Zum Goldenen Löwen" nicht nur zünftig einkehren, sondern auch übernachten und damit die Tour in zwei gemütliche Teiletappen zerlegen, dann eignet sie sich auch bestens als Familienausflug mit älteren Kindern. Berücksichtigen Sie bitte bei der Planung, dass im Zielort Beerfelden Sa/So der Bus nur alle zwei Stunden fährt!

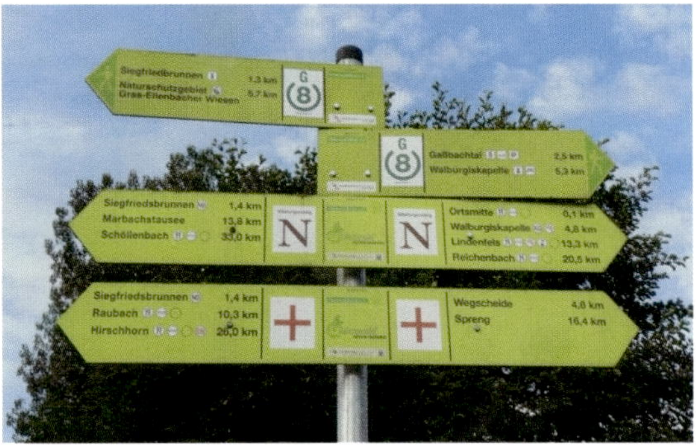

Wir gehen von der **Bushaltestelle Nibelungenhalle** ❶ 100 m auf der Straße zurück, biegen links ab und nehmen das Zeichen braunes „N" des **Nibelungensteiges** auf, es wird uns die nächsten 3 Stunden den Weg weisen („Siegfriedbrunnen 1,4 km"). Wir wandern über Wiesen zu einem Aussichtspunkt am Waldrand, dann auf holprigem Pfad rechts steil bergan und nach einem kurzen Stück Schotterweg rechts ab auf steilem Pfad zum legendären **Siegfriedbrunnen** ❷ mit schönem Rastplatz.

Der Siegfriedsbrunnen

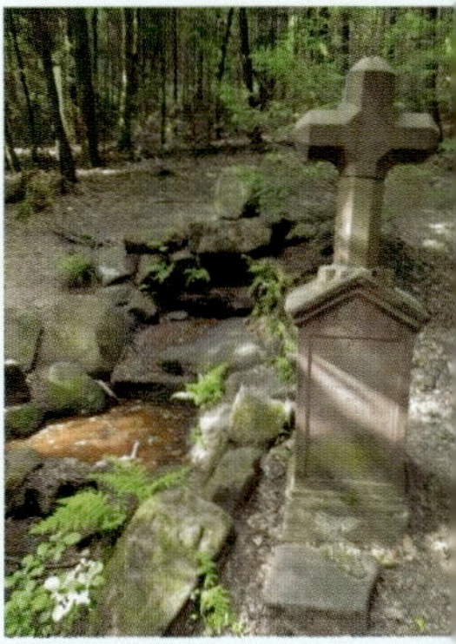

„Do der herre Sifrid ob dem brunnen tranch,
er schoß in durch das chruze das
von den wunden spranch
das blut von dem herzen vast an du Hagenen mat.
So großer missewende ein held nu nimmer begat"

Diesen Vers des Nibelungenlieds kann man auf einem Steinkreuz lesen, welches sich bei dem sogenannten „Siegfriedbrunnen" in der Nähe des Kurortes Grasellenbach befindet. Benannt wurde dieser nach dem bekannten Helden der Nibelungensage, da dort der Ort sein soll, an dem er, durch Hagens Speer getroffen, seinen Tod fand. Doch ist das tatsächlich nicht der einzige „Siegfriedbrunnen" im Odenwald, denn letzten Endes ist bisher ungewiss, wo genau Siegfried niedergestreckt worden sein soll. Der Grasellenbacher Siegfriedbrunnen gilt aber als einer der schönsten und daher auch bekanntesten, weshalb Grasellenbach selbst auch eine beliebte Urlaubs- und Wandergegend geworden ist.

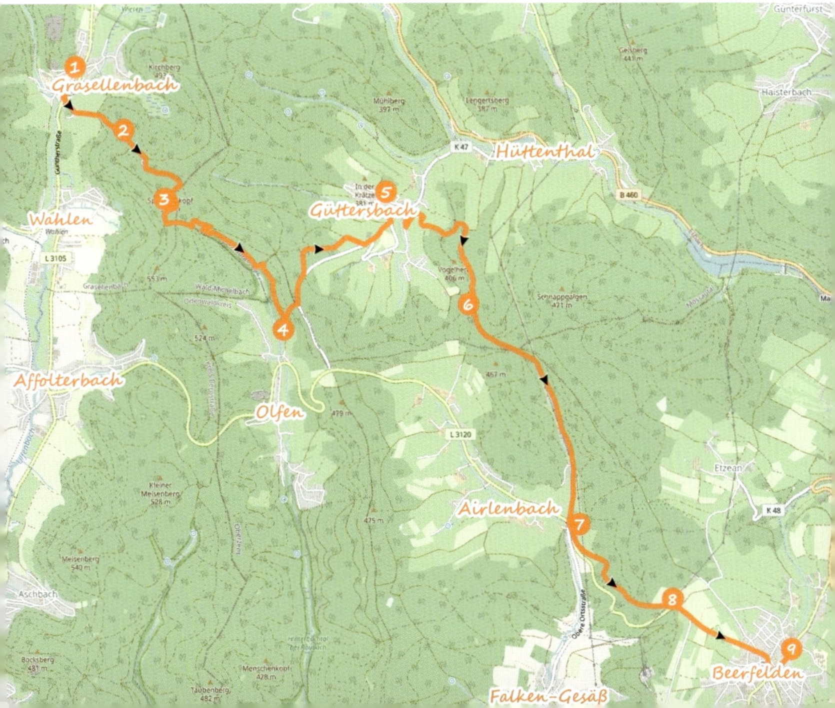

INFOS

Wanderkarte 1:20000 des MeKi-Verlages, Blätter 9 und 10; Freizeitkarte 1:50000 des LGL-BW, Blatt F513; Kompass Kartenset 1:50000, Blatt 827

www.beerfelden.de; www.goldener-loewe-mossautal.de; www.gemeinde-grasellenbach.de; www.efa-bw.de (Fahrplanauskunft)

Mit der Regionalbahn oder Straßenbahn nach Weinheim und weiter mit Bus 681 nach Grasellenbach Nibelungenhalle; Rückfahrt ab Beerfelden Post mit Bus 50 (Mo-Fr) bzw. 50N (Sa/So) nach Eberbach und weiter mit der S-Bahn.

Weiter geht's auf schönem Waldpfad hinauf zum **Spessartskopf** 3, mit 548 m dem höchsten Punkt unserer Tour. Wir marschieren bergab auf einen Schotterweg und müssen etwa 200 m nach einem Links- & Rechtsknick aufpassen: Die leicht zu übersehene Markierung schickt uns scharf rechts bergab. Nun folgt ein besonders schönes Wegstück: auf wurzeligem Waldpfad geht es durch ein Naturschutzgebiet, dann auf breiterem Weg zum nächsten Wegweiser, links ab („Güttersbach 2,5 km") zum Bildsstock **Olfener Bild** 4. Wir queren zweimal eine Straße und folgen weiter dem „N" auf holprigem Weg zum Waldrand mit schönem Blick auf Güttersbach, über eine Wiese und auf einem Feldweg und zum Schluss einem Hohlweg hinab nach **Güttersbach**.

Wir gehen unserem Zeichen nach durch den Ort an der Gaststätte „Zum Goldenen Löwen" (**Bushaltestelle Schwimmbad** 5, Kürzungsmöglichkeit) vorbei, dann bergan aus dem Ort zum Waldrand mit schönem Blick auf Güttersbach durch den Wald zum nächsten Wegweiser. Hier verlassen wir den links abzweigenden Nibelungensteig und folgen für ein kurzes Stück dem blauen Quadrat nach rechts („Airlenbach 3,5 km") auf lauschigem Waldpfad, bis wir auf eine Straße treffen 6. Auf ihr marschieren wir links bis zu einer Kreuzung mit Radwegweiser und geradeaus auf einem Waldweg hinab zur nächsten Kreuzung, wo wir auf die Markierung „4" treffen. Ihr folgen wir geradeaus durch den Talgrund, bleiben immer geradeaus und gelangen zur Straße beim Naturdenkmal **Dicke Eiche** 7.

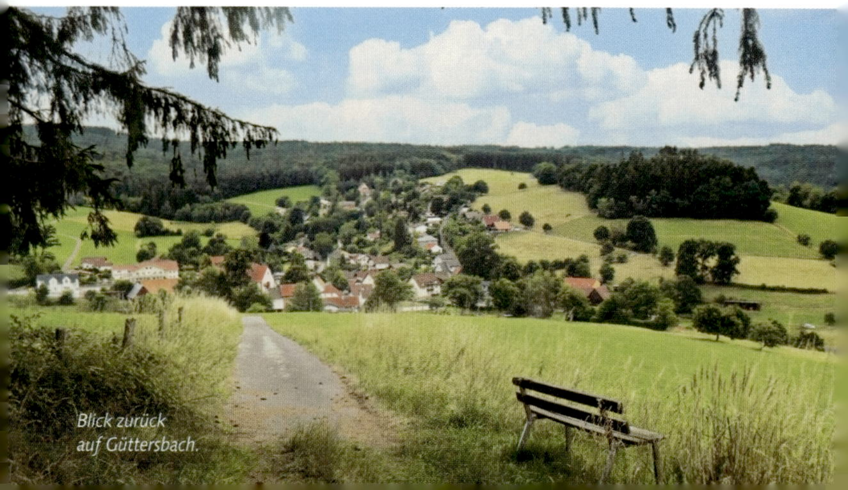

Blick zurück auf Güttersbach.

Naturdenkmal „Dicke Eiche"

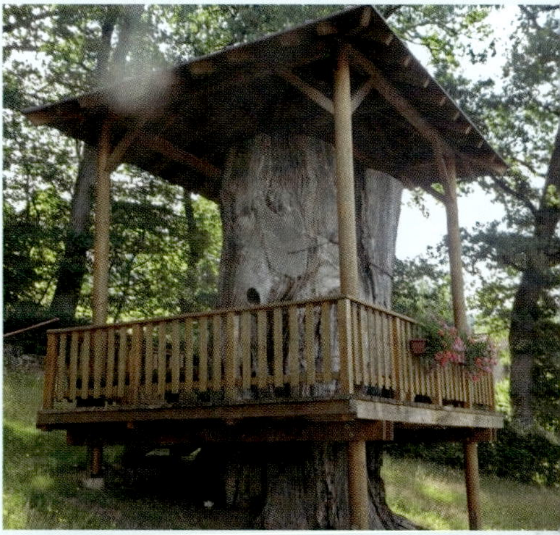

Die „Dicke Eiche" ist eine auf ca. zwischen 800 und 1000 Jahre geschätzte Stieleiche der Gemeinde Airlenbach. Angeblich befand sie sich schon an diesem Ort als sich die ersten Menschen dorthin begaben, um dort zu siedeln. Mit ihrem Stammumfang von mehr als 8 m gehört sie zu den mächtigsten Bäumen ihrer Art in ganz Deutschland. Es ranken sich mehrere Sagen um dieses Naturdenkmal. Eine dieser Erzählungen besagt, dass der Sagenheld Siegfried in jungen Jahren eine Eichel gepflanzt haben soll, aus der die Eiche gewachsen ist. Einer anderen Sage nach ist sie aus dem Blut eines Auerochsen entstanden, den Siegfried erlegte. Heutzutage ist die „Dicke Eiche" leider, trotz mehrerer Rettungsversuche, so gut wie abgestorben, weshalb sie bis auf ihren Stamm auf ca. 5 m runtergekürzt wurde. In diesem Zustand steht sie nun geschützt mit einer Überdachung auf einer Wiese am Rande des Ortes.

Für den letzten Abschnitt vertrauen wir uns dem grünen Dreieck an („Beerfelden 4,2 km"): links ab, bei der Bushaltestelle nochmals links, auf breitem Forstweg zur Straße und neben ihr zum **Beerfelder Galgen** 8 auf einer aussichtsreichen Anhöhe. Der im 16. Jahrhundert errichtete Galgen ist der größte und besterhaltene Galgen Deutschlands und steht unter Denkmalschutz.

Nun geht es an der Straße entlang nach **Beerfelden** immer geradeaus am Marktplatz vorbei zur nächsten Kreuzung und links auf der Mümlingtalstraße am Zwölfröhrenbrunnen vorbei (siehe auch Tour 18) zur **Bushaltestelle Post** 9.

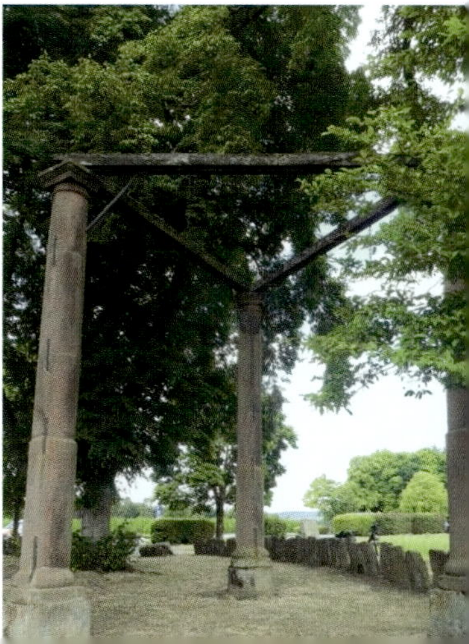

Der Beerfeldener Galgen.

Von Hetzbach über das Ebersberger Felsenmeer und Reußenkreuz nach Schöllenbach 16

Ein Viadukt und ein Meer von Felsen

4 ½–5 Std.
17,5 km
400 Hm

Von Hetzbach über Himbächel-Viadukt, Ebersberger Felsenmeer, Gebhardshütte, Schloss Krähberg und Reußenkreuz nach Schöllenbach.

Recht lange und anspruchsvolle Tour mit mehreren steilen und holprigen Passagen, die Trittsicherheit erfordern.

Himbächel-Viadukt, Ebersberger Felsenmeer, Schloss Krähberg, Quellkirche in Schöllenbach

Leider keine, deshalb genug Proviant mitnehmen!

Das Ebersberger Felsenmeer ist zwar nicht ganz so berühmt wie das Felsenmeer bei Lautertal im nördlichen Odenwald, aber fast genauso beeindruckend. Daneben gibt es noch weitere Sehenswürdigkeiten zu entdecken wie das Himbächel-Bahnviadukt zu Beginn der Tour oder die Quellkirche im Zielort Schöllenbach (siehe auch Tour 26). Mit über 17 km Länge und mehreren steilen und holprigen Passagen, vor allem dem Steig durch das Felsenmeer, zählt die Tour zu den anspruchsvolleren des Bandes. Die auf den meisten Karten noch vermerkte Einkehrmöglichkeit beim Reußenkreuz besteht leider nicht mehr, da das Hotel im Februar 2022 geschlossen wurde, und da auch der Zielort keine Einkehrmöglichkeit bietet, sollte man genügend Proviant für die Tour einplanen. Immerhin kann man unterwegs beim „Getränkekessel" der Gebhardshütte seinen Durst löschen. Ferner gilt es zu beachten, dass die für die Rückfahrt benötigte Odenwaldbahn nur alle zwei Stunden fährt; der parallel ab dem Zielort Schöllenbach verkehrende Bus 56, der die Zeitlücken füllt, fährt nur Mo–Fr. Sonntag bietet sich die Alternative an, mit dem Auto den Zielort Schöllenbach anzusteuern und mit der Bahn oder dem Bus zum Startpunkt Hetzbach zu fahren.

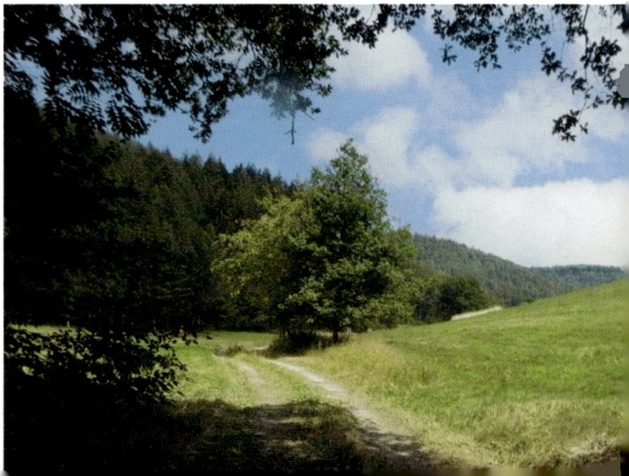

Im Tunnelbachtal auf dem Weg nach Schöllenbach.

Die Odenwaldbahn

Die Odenwaldbahn verbindet die Städte Darmstadt sowie Hanau mit Eberbach (Neckar). Der Bau der Strecke begann 1868/69, wobei es anfänglich zu Problemen bei der Errichtung aufgrund des schwierigen Baugebiets kam. Zur Überquerung von Berg und Tal auf der fast 90 km langen Strecke mussten mehrere Viadukte und Tunnel errichtet werden. Unter ihnen sind vor allem das aus Sandstein erbaute Himbächel-Viadukt bei Hetzbach mit einer Höhe von 40 m und einer Länge von 250 m und der Krähbergtunnel zwischen Mümlingtal und Ittertal die beachtlichsten Bauwerke. Letzterer ist mit stolzen 3100 m der längste eingleisige Tunnel in ganz Deutschland.

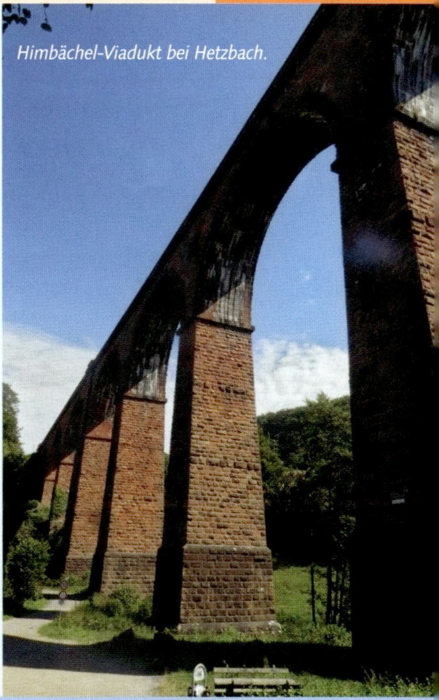
Himbächel-Viadukt bei Hetzbach.

Vor dem **Bahnhof Hetzbach** ① halten wir uns rechts und folgen dem grünen "N" des Nibelungensteig-Zubringers auf der Straße hinab und am **Himbächel-Viadukt** ② entlang zum nächsten Wegweiser, biegen rechts ab („Schöllenbach 13,2 km") und folgen dem braunen „N" des **Nibelungensteigs** auf gemütlichem Weg durch das Himbächeltal, dann stetig bergan in ein Seitental durch den Wald und auf ebenem Weg an einer Wiese entlang mit schönem Blick auf die Siedlung Ebersberg, bis uns in einer Linkskurve die Markierung rechts ab auf einen steil bergan führenden Pfad schickt. Wenn er in einen Querweg mündet, halten wir uns rechts, 150 m weiter links, wandern in leichtem Auf und Ab zum nächsten Wegweiser, bleiben noch 300 m geradeaus und schwenken dann nach links auf einen ansteigenden Pfad. Er führt uns, teilweise steil über Stock und Stein, durch das **Ebersberger Felsenmeer** ③.

Ebersberger Felsenmeer

Das Naturdenkmal Ebersberger Felsenmeer nahe Bullau bei Erbach beeindruckt vor allem durch die Anreihung unzähliger Buntsandsteine quer durch den Wald. Durch Regen und Wind wurde der weiche Sand nach und nach abgetragen, sodass heute nur noch die bis zu 5 m breiten und 2 m hohen, scharfkantigen Steinblöcke übrig geblieben sind. Die mit Moos überwucherten Felsen, der mit Farn bewachsene Weg und die vielen Baumstämme dazwischen erwecken in ihrem Zusammenspiel eine geheimnisvolle Stimmung. Vielleicht ist das auch der Grund, warum dieser Ort in so vielen Sagen über allerlei Fabelwesen eine wichtige Rolle spielt.

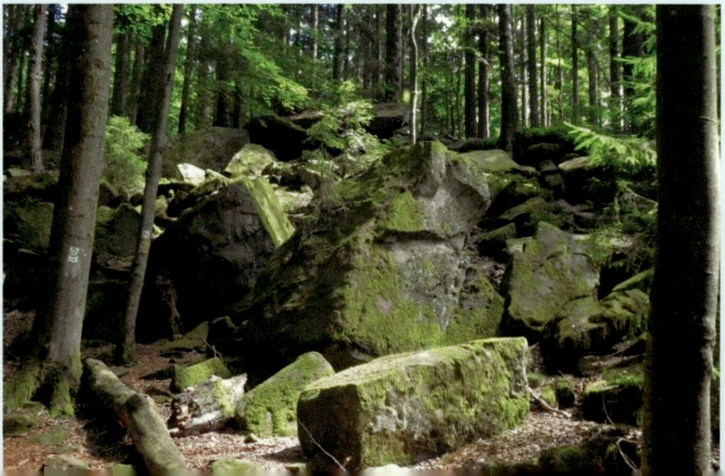

Weiter geht's auf Waldwegen und beim nächsten Wegweiser rechts ab („Rutschstein 1,6 km"). Nach 100 m verzweigen sich die Markierungen, wir wählen den rechten Weg und folgen für die nächste Zeit dem roten Andreaskreuz Richtung Reußenkreuz an der Gebhardshütte mit einem „Getränkekessel" zur Selbstbedienung vorbei immer in leichtem Auf und Ab auf Waldpfaden und Forstwegen, vorbei am **Schloss Krähberg** 4, ein im spätbarocken Stil errichtetes Jagdschloss des Hauses Erbach-Fürstenau unterhalb des 555 m hohen Krähberggipfels, zum Waldparkplatz beim **Reußenkreuz** 5.

Nun schwenken wir nach links und nehmen das grüne Dreieck auf, es wird uns bis zum Ziel begleiten: Stetig bergab auf Wald- und Forstwegen zum Waldrand und auf bald asphaltiertem Weg talabwärts, bald parallel zum Gleis der Odenwaldbahn. Wenn uns die an einen Baum gemalte Markierung nach rechts schicken will, bleiben wir noch 100 m geradeaus, biegen rechts ab 6, laufen auf asphaltiertem Weg in den Wald, wählen bei der nächsten Verzweigung den linken Weg (hier fehlt das Zeichen) und folgen weiter dem grünen Dreieck. Bald queren wir einen mit „4" markierten Weg. 600 m weiter zweigt links ein unmarkierter Pfad ab 7. Nun haben wir die Wahl: Entweder bleiben wir dem grünen Dreieck treu, bleiben geradeaus und erreichen nach einem Linksknick den **Bahnhof Schöllenbach** 8, oder wir kürzen ab und folgen dem Pfad steil bergab auf direktem Weg zum Bahnhof.

INFOS

Wanderkarte 1:20 000 des MeKi-Verlages, Blatt 10; Freizeitkarte 1:50 000 des LGL-BW, Blatt F514; Wanderkarte 1:25 000 des LGL-BW, Blatt W205; Kompass Kartenset 1:50 000, Blatt 827

www.stadt-oberzent.de; www.efa-bw.de (Fahrplanauskunft)

Mit Zug oder S-Bahn nach Eberbach und weiter mit Bahn VIA oder Bus 50 nach Hetzbach; Rückfahrt ab Hesseneck-Schöllenbach mit der Bahn VIA (Mo-Fr auch mit Bus 56) nach Eberbach.

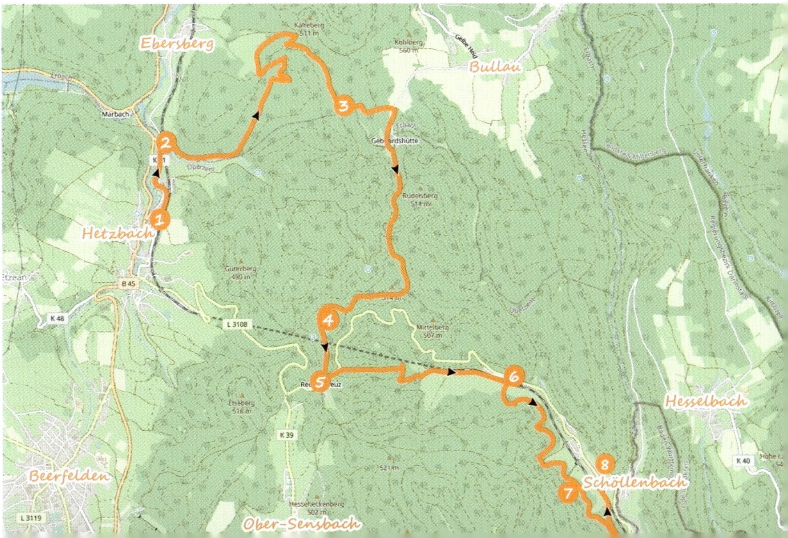

Von Schöllenbach über Dreiländereck und Schloss Waldleiningen nach Kailbach

17

Wo drei Bundesländer zusammentreffen, waren schon die alten Römer

Ein alter Grenzstein von 1837 markiert die Stelle, an der die drei Bundesländer Baden-Württemberg, Hessen und Bayern aufeinandertreffen. Er liegt im Verlauf des Odenwaldlimes, von dem wir die Überreste zweier Kastelle und eines Wachturmes im Laufe der Wanderung hoch über dem Ittertal kennenlernen. Ein langer Anstieg zu Beginn und ein weiterer langer sowie ein kurzer Anstieg, die aber durch die vorgeschlagenen Kürzungen zu umgehen sind, sind zu bewältigen, man wird aber durch schöne abwechslungsreiche Waldwege und -pfade belohnt. Wenn man die Anfahrt mit der Odenwaldbahn plant, gilt es zu beachten, dass sie nur alle zwei Stunden fährt; der parallel verkehrende Bus 56, der die Zeitlücken füllt, fährt nur Mo–Fr. Da man die Tour auch als Rundwanderung mit Zielort Schöllenbach durchführen kann, ist die Anfahrt auch mit dem Auto möglich. Bitte beachten, dass es in beiden Zielorten keine Einkehrmöglichkeiten gibt!

Quellkirche

Die 1465 unter Phillipp IV. entstandene „Quellkirche" ist eine der größten Sehenswürdigkeiten Schöllenbachs. Ihr Name beruht auf einer Quelle, die anfänglich noch in der Kirche entsprang und heute an der südlich gelegenen Kirchenmauer austritt. Sie wurde der heiligen Ottilie, Schutzpatronin des Elsass und des Augenlichts, geweiht und wurde daher auch als Heilmittel für Augenleiden verwendet. Ebenso gab es ein Marienbild in der Kirche, dem angebliche wundersame Kräfte angedichtet wurden. Daher wurde die Kirche lange Zeit zu einem beliebten Marien-Wallfahrtsort. Später nutzte man die Quelle der Kirche als Wasch- und Trinkwasser, bis in Schöllenbach letztendlich Wasserleitungen installiert wurden.

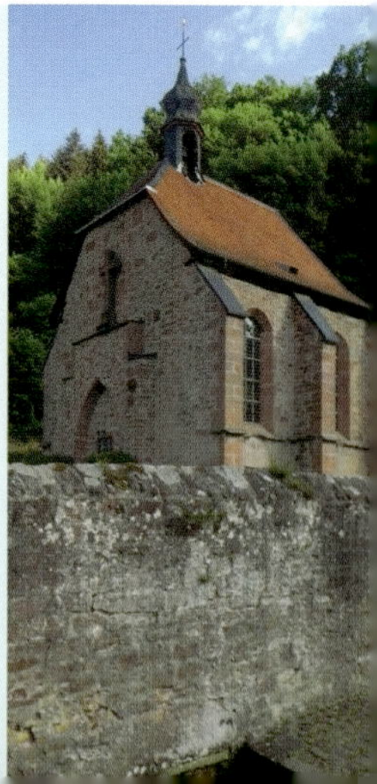

Beim **Schöllenbacher Bahnübergang** ① zweigen wir nach rechts ab, folgen dem grünen Dreieck hinab nach Schöllenbach, biegen rechts ab und gelangen auf der Siegfriedstraße zur kleinen **Quellkirche** ②. Nun können wir halblinks weiterhin dem grünen Dreieck aus dem Ort in den Wald folgen – in diesem Falle liest man beim nächsten Absatz weiter –, schöner ist allerdings der kleine Umweg über den Eutersee: Vor der Kirche links ab und der Markierung „4" nach auf einem Sträßchen geradeaus, wenn sich die „4" nach links verabschiedet, geradeaus zur nächsten Verzweigung, rechts hinab zum **Eutersee** ③, rechts und gleich wieder links über ein Brückchen auf schönem Weg am Ufer entlang bis zur nächsten Verzweigung. Hier folgen wir rechts einem Pfad hinauf zu einer Straße, queren sie ein paar Meter links versetzt und wandern auf grasigem Pfad, dann etwas breiterem Waldweg, nun mit der „1" markiert, zum Wegweiser „Eutergrund" ④.

Nun folgen wir für die nächste Zeit dem grünen Dreieck Richtung Hesselbach auf schmalem Pfad anfangs sehr steil bergan, dann in mehreren Serpentinen weniger steil zu einem kleinen Rastplatz am Waldrand; hier heißt es erst einmal durchschnaufen, der erste lange Anstieg ist geschafft! Weiter dem grünen Dreieck nach marschieren wir rechts auf einem Sträßchen nach **Hesselbach** und auf der Limesstraße immer geradeaus an der Kirche vorbei zum Landgasthof „Grüner Baum" (Einkehr- und Über-

3 ½ Std.

14–15 km

500 Hm

Von Schöllenbach über Eutersee, Hesselbach, Dreiländereck, Schloss Waldleiningen, Kastell Zwing und Itterbachtal nach Kailbach oder Schöllenbach.

Mittelschwere Wanderung mit zwei langen, zum Teil steilen und einem kurzen Anstieg.

Quellkirche in Schöllenbach; Eutersee; Odenwaldlimes mit Kastell; Dreiländereck; Schloss Waldleiningen

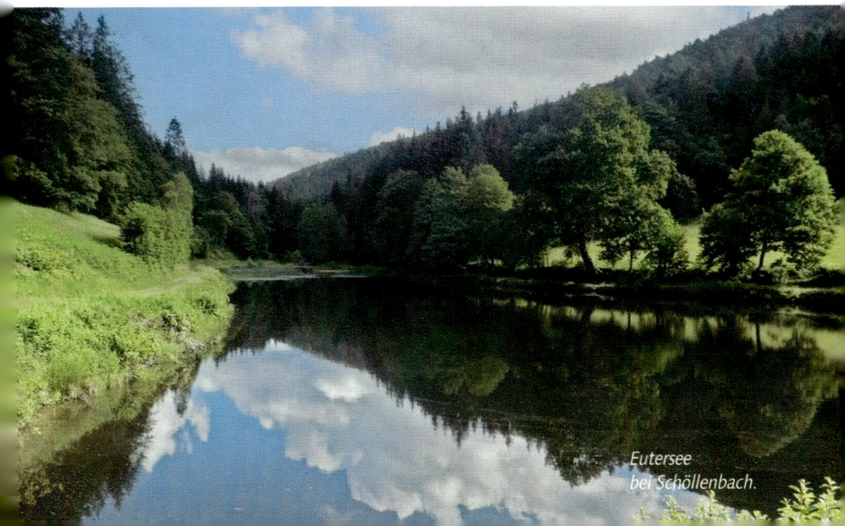

Eutersee bei Schöllenbach.

INFOS

Wanderkarte 1:20 000 des MeKi-Verlages, Blatt 10; Freizeitkarte 1:50 000 des LGL-BW, Blatt F514; Wanderkarte 1:25 000 des LGL-BW, Blatt W205; Kompass Kartenset 1:50 000, Blatt 827

www.eberbach.de/pb/265753.html; www.gruener-baum-hesselbach.de; schloss-waldleiningen.de; www.oberzent.info; www.efa-bw.de (Fahrplanauskunft)

nachtungsmöglichkeit) 5. Wir schwenken nach links und folgen der gelben „4" auf der Römerstraße, vorbei an einer Infotafel, die auf ein ehemaliges **römisches Kastell** 6 hinweist, halten uns zweimal rechts und marschieren, immer der „4" nach, in den Wald. Wenn die „4" rechts abzweigt, bleiben wir geradeaus und gelangen wenig später zum **Hesselbacher Torhaus** 7. Hier treffen wir auf das rote „N" des Nibelungensteigs, dem wir nach rechts auf schönem Waldpfad entlang der mit Grenzsteinen gesäumten Landesgrenze zum 1,3 m hohen **Dreiländerstein** 8 folgen.

Weiter geht es der Markierung nach auf nun breiterem Weg zur **Höhe** 9 mit kleinem Rastplatz. Hier biegen wir links ab („Schloss Waldleiningen 1,8 km"). Nach 150 m verzweigen sich die Zeichen. Wer abkürzen will, hält sich rechts, folgt dem grünen „L" des Limesweges, zum Schluss auf der Straße, zu den Infotafeln des Kleinkastells „Zwing", wählt den rechtwinklig abzweigenden steil bergab führenden Forstweg und liest beim nächsten Absatz weiter. Weiter, und dank 200 Meter Höhenverlust anstrengender, aber interessanter und schöner ist der Umweg über das Schloss

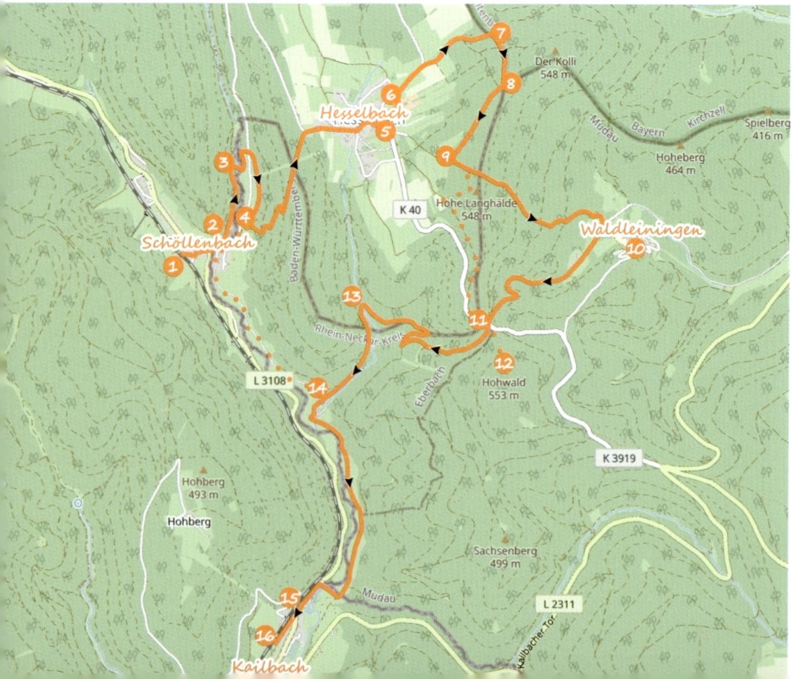

Waldleiningen: nun wieder dem grünen Dreieck nach auf schönem Naturpfad, dem Hesselbacher Pfad, durch ein Wildgatter allmählich immer steiler bergab und, wenn die Markierungen scharf links abbiegen, geradeaus weiter auf dem steilen Pfad bergab. Wir bleiben bei einer Bank geradeaus und folgen den alten Markierungen weißes Dreieck an Wasserspeichern vorbei zu einem Sträßchen mit herrlichem Blick auf das **Schloss Waldleiningen** 10. Wir halten uns zweimal rechts und folgen nun der Markierung „6" über eine Wiese in den Wald und allmählich steiler bergan zu einer Straße beim ehemaligen **Kleinkastell Zwing** 11. Wenn wir gleich weiterwollen, wählen wir den steil bergab führenden Forstweg geradeaus.

Mit der S-Bahn nach Eberbach und weiter mit der Odenwaldbahn bis Schöllenbach; Rückfahrt ab Schöllenbach oder Kailbach mit der Odenwaldbahn oder Bus 56 nach Eberbach; mit dem Auto von Eberbach auf der Landstraße Richtung Hetzbach/Erbach bis Schöllenbach.

Schloss Waldleiningen

Das Schloss Waldleiningen der Gemeinde Mudau befand sich ursprünglich im Besitz des Fürsten Emrich Carl zu Leiningen. Als großer Anhänger der Jagd wollte er zunächst in seinem neu erlangten Herrschaftsbereich einen Wildpark inklusive Jagdhaus errichten. Einige Jahre später ließ er ein gotisches, im romantischen Stil versehenes Ruinengemäuer bauen, jedoch musste es bald aufgrund seiner Baufälligkeit ersetzt werden. Somit entstand im Auftrag von Fürst Karl zu Leiningen, dem Sohn des damaligen Fürsten, ein Schloss nach britischem Vorbild. Vor allem das Haus des schottischen Dichters Walter Scott sollte dabei als Vorlage dienen. Heute wird das Schloss als psychosomatische Klinik genutzt, befindet sich aber nach wie vor im Besitz des Fürstentums

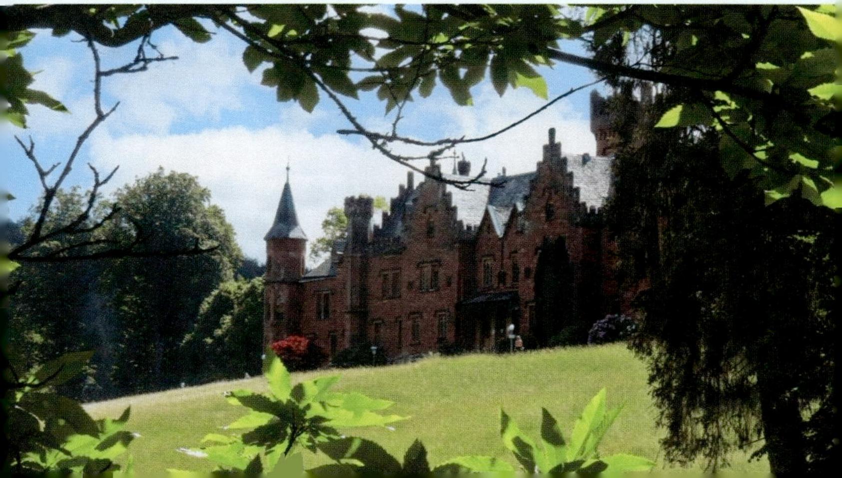

Kleinkastell Zwing

Auf einem Bergsattel südlich der Ländergrenze zwischen Schloßau und Hesselbach findet man das Kleinkastell Zwing. Als römisches Grenzkastell an der älteren Odenwaldlinie war es wohl zur Überwachung des Passwegs vom Eutergrund über die Höllenklinge ins Waldleininger Tal gebaut worden. Die ersten Ausgrabungen fanden Ende des 19. Jahrhunderts statt, doch schon zu dieser Zeit war der größte Teil des Kastells zerstört, weswegen kaum noch etwas zu finden war. Man geht jedoch davon aus, dass es wohl eine Größe von 20 x 20m hatte und eine Mauerstärke von 75 cm. Heute ist auf dem Bergsattel vom ursprünglichen Kastell nichts mehr zu finden außer der Kopie eines Reliefs, das in eine Mauer eingelassen wurde und, außer einer runden Fläche in der Mitte, einen Krieger mit Schild und spitzem Helm zeigt. Im Badischen Landesmuseum kann man das Original betrachten.

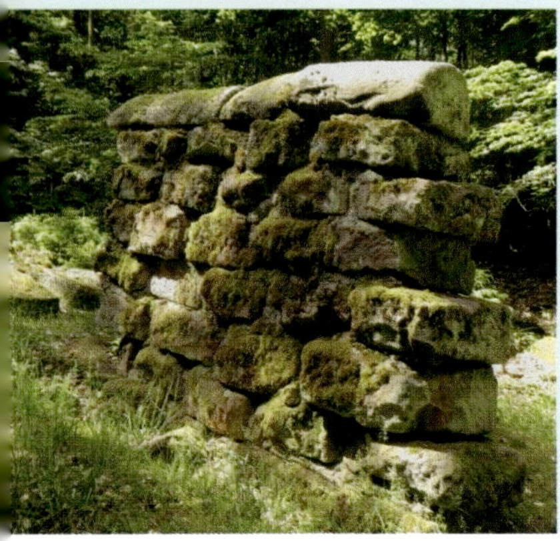

wiederaufgebaute römische Mauer beim Kastell Zwing.

Wenn die Kräfte noch reichen, gönnen wir uns einen kleinen Abstecher zu einem früheren römischen Turm: links ab und dem grünen „L" nach bergan an einer wiederaufgebauten Mauer vorbei zu den Überresten eines **römischen Wachturmes** 12, mit 552 m auf der höchsten Stelle des Odenwaldlimes. Wieder zurück zur Straße folgen wir dem Forstweg steil bergab bis zu einem Querweg und nun immer der „1" nach geradeaus, 800 m weiter rechts ab und nach weiteren 200 m links auf einen Schotterweg (hier fehlt zunächst das Zeichen). Bald beschreibt unser Weg einen scharfen Linksbogen über einer Schlucht mit dem einladenden Namen **Höllklinge** 13. 50 m weiter verzweigen sich die Markierungen, wir wählen den linken bergab führenden Weg (schlecht erkennbares Zeichen „V") und folgen dem „V" hinab zum nächsten Wegweiser im **Ittertal** 14. Nun haben wir die Wahl: rechts der „3" folgend 1,5 km nach **Schöllenbach** oder links 2,5 km zur **Bushaltestelle Kailbach** 15 bzw. noch 300 m weiter (Am Bahndamm) zum **Bahnhof Kailbach** 16.

18 Von Beerfelden über Hirschhorner Höhe und Rothenberg nach Hirschhorn

Aus zwölf Rohren sprudelt das Wasser

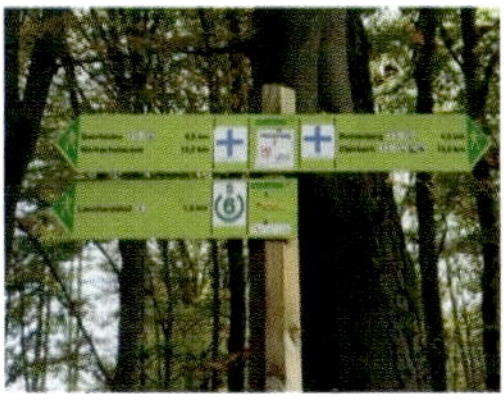

Die Hirschhorner Höhe ist ein in Nord-Süd-Richtung verlaufender Höhenzug des hessischen Odenwaldes, der sich von Beerfelden bis nach Hirschhorn erstreckt und mit 494,5 m seinen höchsten Punkt am östlichen Ortsrand von Rothenberg hat. Da der Ausgangspunkt unserer Tour Beerfelden schon 400 m hoch liegt, gibt es auf der zwar recht langen, aber meist bequemen Wanderung über den sanft geschwungenen und überwiegend dicht bewaldeten Höhenzug nur wenige Anstiegshöhenmeter zu überwinden; er fällt allerdings im Süden rund 300 Höhenmeter steil ab ins Neckartal. Trittsichere Wanderer können hierfür den steilen und holprigen Neckarsteig wählen. Rund 3 km weiter, aber wesentlich bequemer ist es, den Radwegzeichen in mehreren Serpentinen bergab nach Hirschhorn zu folgen.

Auf der Hirschhorner Höhe.

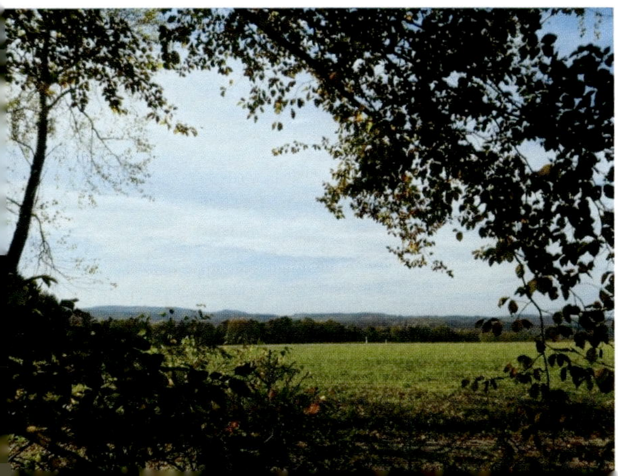

4 ½– 5 ¼ Std.

17,5–20,5 km

220 Hm

Von Beerfelden über die Hirschhorner Höhe, Rothenberg und Schloss Hirschhorn nach Hirschhorn.

Recht lange, aber bequeme Wanderung ohne steile Anstiege; die Abstiegsvariante auf dem Neckarsteig erfordert gute Trittsicherheit.

Zwölfröhrenbrunnen in Beerfelden; Stadtbilder von Rothenberg und Hirschhorn; Schloss Hirschhorn

Rosenwirts-Scheune (Di–Sa ab 17 Uhr, So ab 11:30 Uhr) in Rothenberg; Schloss Hirschhorn (Gastronomie derzeit wegen Renovierung geschlossen); Hirschhorn

Beerfelden

Der Stadtteil Beerfelden zählt zur Stadt Oberzent und liegt im südlichen Odenwald. Etwa 1032 wurde Beerfelden, damals noch als „Burrifelden", zum ersten Mal urkundlich genannt. Fast 300 Jahre später wurden dem Ort als „Baurenfelden" von Kaiser Ludwig IV. die Stadtrechte verliehen. Wer der Gemeinde einen Besuch abstatten möchte, sollte sich vorerst den Zwölfröhrenbrunnen, das Wahrzeichen der Stadt, anschauen. Durch seine Rohre fließt die Quelle der Mümling, weshalb er vor dem Bau der Wasserleitungen für einige Jahre für die Bevölkerung von Beerfelden als Hauptversorgungsquell für Trink- und Waschwasser galt. Zu seinen Ehren gibt es jährlich im Mai ein Brunnenfest. Wer die Tour etwas makabrer gestalten möchte, kann sich zum Beerfelder Galgen begeben, einem von insgesamt nur zwei vollständig erhaltenen Galgen Deutschlands. Ein tolles Spektakel erlebt man vor allem auf dem Beerfelder Pferde-, Fohlen- und Zuchtviehmarkt, der seit mehr als 120 Jahren jedes Jahr am zweiten Juliwochenende stattfindet. Auf der größten Zuchtviehschau Hessens werden den Besuchern nicht nur unzählige verschiedene Haustierrassen geboten, sondern auch ein Springturnier als Höhepunkt der Veranstaltung. Wem der Reitsport weniger zusagt, kann sich stattdessen auch im Bikepark Beerfelden im Sommer oder am Skilift im Winter sportlich vergnügen.

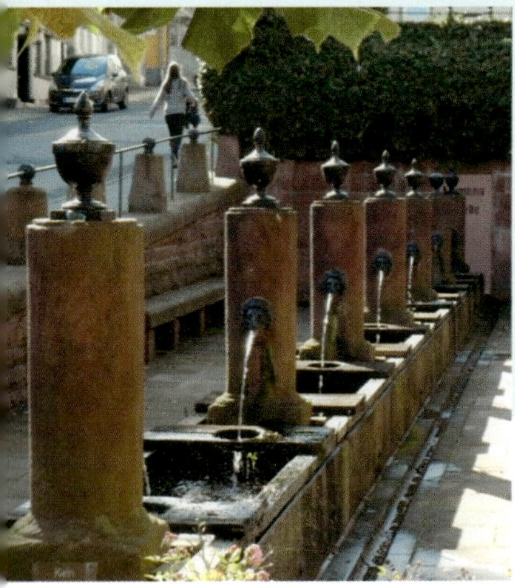

Zwölfröhrenbrunnen in Beerfelden.

Von der **Bushaltestelle Post** ❶ laufen wir auf der Mümlingtalstraße und Brunnengasse am Zwölfröhrenbrunnen vorbei bergan zur nächsten Kreuzung und geradeaus in die Odenwaldstraße; von der **Bushaltestelle Markt** auf der Marktstraße bergab zur nächsten Kreuzung und biegen rechts ab in die Odenwaldstraße. Wir nehmen die Markierung „blaues Kreuz" auf, sie wird uns bis Rothenberg geleiten. Auf der Odenwaldstraße und dem Siedlerweg gelangen wir aus dem Ort und am Friedhof vorbei zu einer Anhöhe. Hier queren wir eine Landstraße, wandern auf einem Waldpfad an der Gedenkstätte **Heldenhain** ❷ vorbei, queren nochmals die Straße und marschieren auf gemütlichen Forstwegen an der **Schutzhütte Rothenberger Fichte** ❸ und den Sportplätzen von Rothenberg vorbei zur nächsten markierten Kreuzung beim Feuerwehrhaus 4. Das blaue Kreuz zweigt hier nach links ab, wir bleiben aber geradeaus, nehmen die Markierungen „blaues Quadrat" sowie „blauer Punkt mit grünem Strich" (Hugenotten- und Waldenserpfad) auf, sie werden uns bis zum Ziel begleiten („Hirschhorn 7,1 km").

Wir marschieren auf der Landwehrstraße nach **Rothenberg** und biegen links ab in die Höhenstraße. Nach dem Ortsende geht es weiter auf einem Teersträßchen am Waldrand entlang und an einem alten Steinkreuz vorbei („Steinerner Tisch 5,8 km") durch ein Segelfluggelände 5 mit

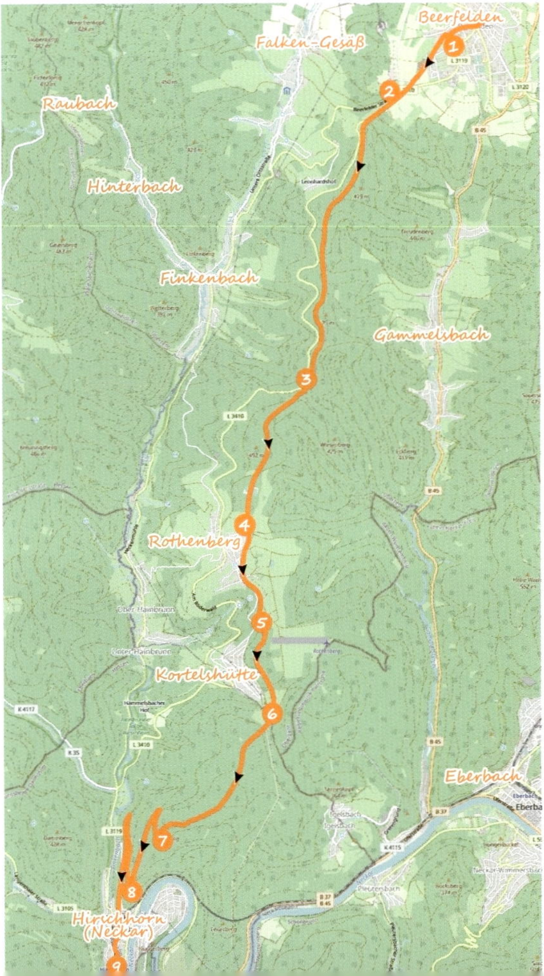

INFOS

Wanderkarte 1:20 000 des MeKi-Verlages, Blatt 10; Freizeitkarte 1:50 000 des LGL-BW, Blatt F513 oder F514; Wanderkarte 1:25 000 des LGL-BW, Blätter W205 und W202; Kompass Kartenset 1:50 000, Blatt 827

www.stadt-oberzent.de; www.rosenwirts-scheune.de; www.hirschhorn.de; www.efa-bw.de (Fahrplanauskunft)

Mit der S-Bahn bis Eberbach und weiter mit Bus 50 nach Beerfelden Post; Rückfahrt ab Hirschhorn mit der S-Bahn;
mit dem Auto auf der Neckartalstraße bis Eberbach Bahnhof und weiter mit Bus 50 bis Beerfelden Post.

Blick auf den Katzenbuckel. Bei einer Bank fehlen unsere Zeichen, wir verlassen den Teerweg und folgen dem Zeichen „R5" geradeaus auf einem Pfad, der bald wieder in den Teerweg mündet. Wir marschieren nun immer geradeaus weiter, vorbei an der Kortelshütte 6. Allmählich verliert unser Weg an Höhe, dann geht es links ab auf einem Waldpfad hinab zur nächsten Kreuzung, wo wir auf das blaue „N" des **Neckarsteigs** 7 treffen. Trittsichere Wanderer können nun dem blauen „N" steil bergab zur Burg Hirschhorn und weiter zur Stadt Hirschhorn folgen (siehe Tour 20). Weiter, aber wesentlich bequemer, ist folgende Variante: rechts ab, auf dem Forstweg sanft bergab, nach 500 m scharf links und nun immer den Radwegzeichen folgend nach 1,3 km scharf rechts, nach gut 1 km nochmals scharf links zur **Burg Hirschhorn** 8 (derzeit keine Einkehrmöglichkeit).

Burg Hirschhorn

Oberhalb der Altstadt der hessischen Stadt Hirschhorn befindet sich die Schlossanlage Burg Hirschhorn. Mitte des 13. Jahrhunderts begann der Bau der bis heute gut erhaltenen Spornburg, die ursprünglich noch im Besitz der „Herren vom Hirschhorn" war. Im Laufe der Jahre wurde sie nach und nach erweitert, bis sie Ende des 16. Jahrhunderts schließlich ihre heutige Form angenommen hatte. Nach dem Tod der „Herren von Hirschhorn" wechselte die Burg ihre Besitzer stetig bis sie 1949 an das Bundesland Hessen weitergegeben wurde, welches sich bis heute um ihren Erhalt kümmert. In der Burg selbst gibt es inzwischen ein Hotel mit Restaurant sowie ein Standesamt der Stadt. Von Mai bis September kann zudem jeden Samstag eine Stadt- und Burgführung gebucht werden.

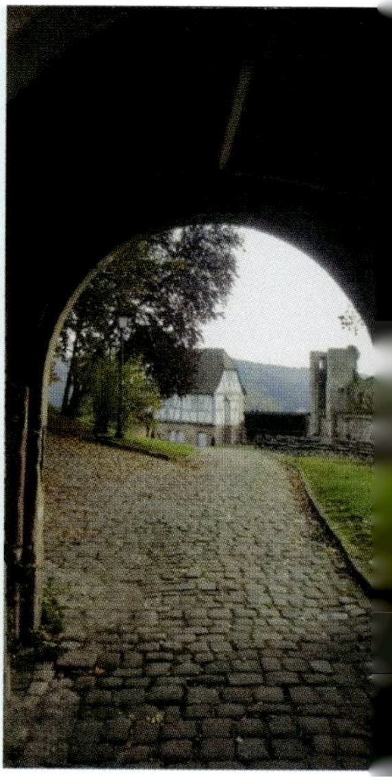

Wir laufen durch die Burganlage, biegen, wenn sich die Markierungen verzweigen, rechts ab und folgen dem gelben Andreaskreuz bergab in den Ort **Hirschhorn**. Bald treffen wir auf die Hauptstraße. Bevor wir etwas links versetzt geradeaus auf der Neckarsteinacher Straße und Bahnhofstraße zum **Bahnhof** 9 gelangen, können wir uns links noch einen kleinen Abstecher zur schmucken Altstadt gönnen.

19

Von Beerfelden über die Sensbacher Höhe nach Eberbach

Zum höchsten Baum des Odenwaldes

Die Sensbacher Höhe ist ähnlich wie die in Tour 18 beschriebene Hirschhorner Höhe ein in Nord-Süd-Richtung verlaufender Höhenzug des hessischen Odenwaldes, der sich vom Reußenkreuz bis Eberbach zwischen dem Gammelsbachtal und dem Sensbachtal erstreckt und mit dem 554 m hohen Gickelsberg seinen höchsten Punkt hat. Da der Ausgangspunkt unserer Tour Beerfelden schon 400 m hoch liegt, gibt es auf der zwar recht langen, aber meist bequemen Wanderung über den sanft geschwungenen und überwiegend dicht bewaldeten Höhenzug nur wenige und selten steile Höhenmeter zu überwinden – eine einsame Tour für stille Genießer! Beachten Sie bitte, dass es erst im Zielort Eberbach Einkehrmöglichkeiten gibt.

Wir laufen von der **Bushaltestelle Beerfelden Post** 1 ein paar Meter auf der Straße zurück, werfen einen Blick auf den **Zwölfröhrenbrunnen**, das Wahrzeichen Beerfeldens (siehe auch Tour 18), biegen links ab in den Krähbergerweg und nehmen die Markierung „gelber Punkt" auf, sie wird uns auf den nächsten 2,5 km den Weg weisen. Wir marschieren aus dem Ort, ein Stück parallel zur B45, biegen vor der nächsten Querstraße 2 links ab und wandern auf schönem Forstweg und Waldpfad (Achtung auch Bikerroute!) mäßig steil bergan zum nächsten Wegweiser. Hier schwenken wir nach rechts und folgen nun für die nächsten gut zwei Stunden der zuverlässigen Markierung „rotes Dreieck" („Eberbach 11,7 km") auf schönem Waldweg zum **Sensbacher Friedhof** 3. Er diente den drei hessischen Gemeinden Hebstahl, Ober- und Untersensbach als Grabstätte und liegt sehr hoch und weit außerhalb der Orte, da zur Gründungszeit während des Dreißigjährigen Krieges große Angst vor der Pest herrschte.

Weiter geht es rechts am Friedhof vorbei auf bequemen Forstwegen über die Anhöhe des **Gickelsberges** 4 immer

4¼ Std.
15 -15,5 km
200 Hm

Von Beerfelden über die Sensbacher Höhe nach Eberbach.

Leichte Wanderung auf meist breiten Forstwegen mit einem kleinen mäßig steilen Anstieg zu Beginn; der Waldpfad im Schlussabschnitt erfordert etwas Trittsicherheit.

Zwölfröhrenbrunnen in Beerfelden; Sensbacher Friedhof; höchster Baum des Odenwaldes; Altstadt von Eberbach

Erst in Eberbach!

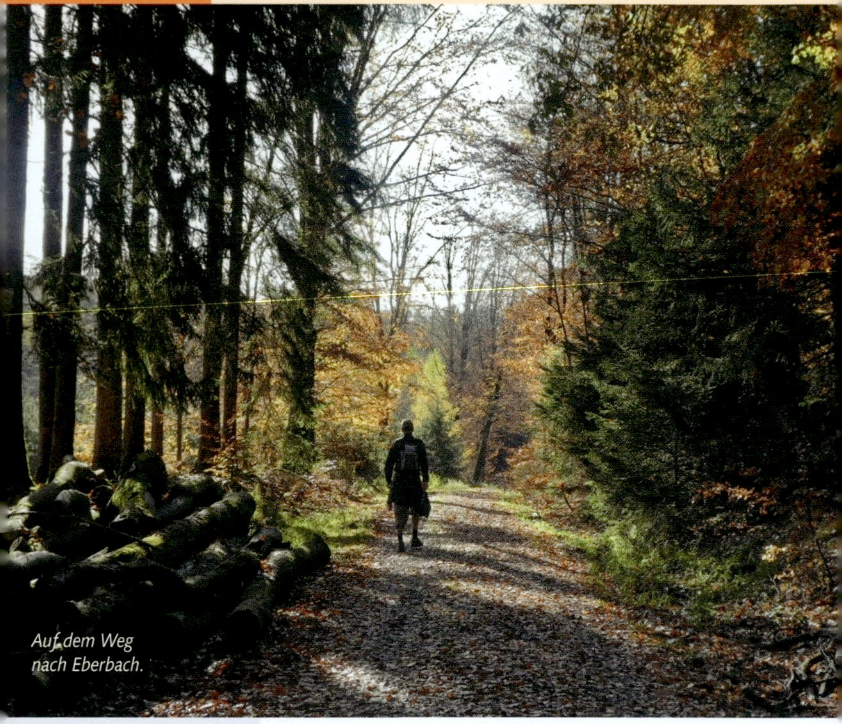

Auf dem Weg nach Eberbach.

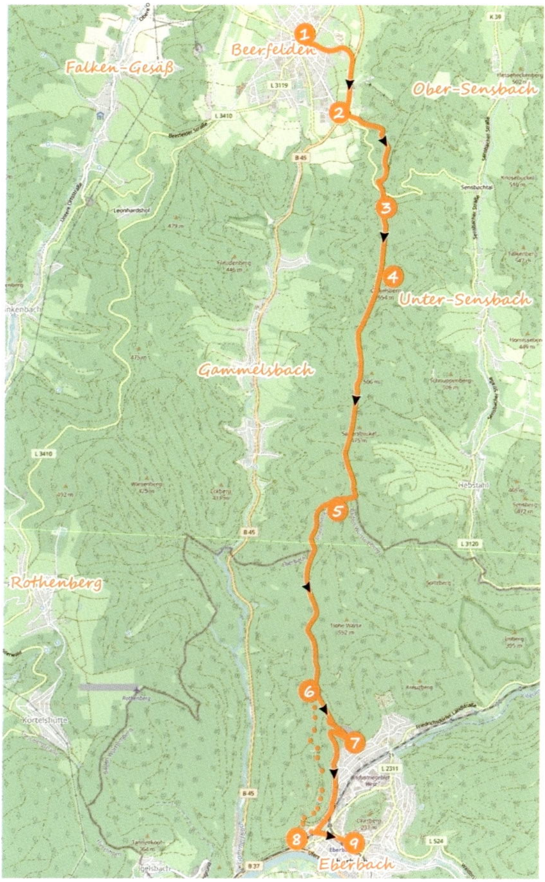

dem roten Dreieck nach, vorbei am „Gambas Zwitscherkasten" (eine Schnapstankstelle), am **Zigeunerstock** und einer kleinen Unterstandshütte ⑤ zur Wegspinne **An der Ruhe** ⑥. Nun können wir weiterhin dem roten Dreieck treu bleiben („Eberbach 3,6 km"). Nur wenig weiter, aber interessanter ist es, hier halblinks abzubiegen („höchster Baum 1,8 km") und der gelben „1" zu folgen: auf breitem Schotterweg bergab zum Waldrand mit schönem Ausblick auf Eberbach und den Katzenbuckel, scharf rechts und weiter auf dem breiten Weg nach zwei Haarnadelkurven und einer Linkskurve zum **höchsten Baum des Odenwaldes** ⑦. Ein Schild weist auf die links vom Weg stehende Douglasie.

INFOS

Wanderkarte 1:20 000 des MeKi-Verlages, Blatt 10 (beste Karte); Freizeitkarte 1:50 000 des Landesamts für Geoinformation und Landentwicklung Baden-Württemberg, Blatt F514; Kompass Kartenset 1:50 000, Blatt 827

www.eberbacher-kuckucksmarkt.de; www.eberbach.de; www.efa-bw.de (Fahrplanauskunft)

Mit der S-Bahn bis Eberbach und weiter mit Bus 50 nach Beerfelden Post; Rückfahrt ab Eberbach mit der S-Bahn; mit dem Auto auf der Neckartalstraße bis Eberbach Bahnhof und weiter mit Bus 50 bis Beerfelden Post.

Der höchste Baum des Odenwaldes

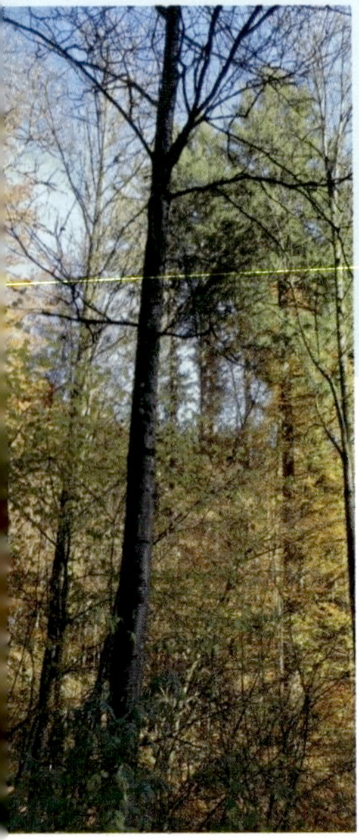

Ganze 61,60 m misst die Douglasie (Pseudotsuga menziesii) im Stadtwald von Eberbach am Neckar und war damit von 1997 bis 2008 der höchste Baum Deutschlands. Inzwischen ist im Freiburger Stadtwald jedoch eine höhere Douglasie von 63,33 m entdeckt worden und beansprucht seither den Titel für sich. Da der Eberbacher Baum sich aber offensichtlich noch im Wachstum befindet, könnte sich dies auch bald wieder ändern.

Wir gehen auf dem Schotterweg 20 m zurück, halten uns scharf links und wandern auf einem sehr schönen unmarkierten Waldpfad hoch über dem Ebersbacher Ortsteil Steige immer geradeaus, queren nach 1,3 km einen Teerweg und gelangen bergab zum nächsten Wegweiser 8. Inzwischen hat sich das rote Dreieck wieder zu uns gesellt, wir folgen ihm und dem blauen „N“ des **Neckarsteigs** nach halbrechts („Eberbach 1,2 km“) bergab nach Eberbach, schwenken nach dem Schulgebäude nach links und laufen parallel zu den Gleisen und durch eine Unterführung zum **Bahnhof Eberbach** 9.

Eberbach

„Das Kleinod am Eingang zur Metropolregion Rhein-Neckar“

Die sogenannte „Stauferstadt“ am Fuße des Katzenbuckels wurde erstmals durch ihre älteste Burg 1227 erwähnt. Sie besitzt unzählige Sehenswürdigkeiten und eine wunderschöne Altstadt, die im Zweiten Weltkrieg in Teilen zerstört wurde. Inzwischen wurde sie jedoch zusammen mit der Neckarbrücke wieder vollständig erneuert und bietet eine tolle Kulisse für Spaziergänge und Einkaufsbummel. Für einen erlebnisreichen Urlaub gibt es in Eberbach zahlreiche Unternehmungsmöglichkeiten von Wandern bis Schwimmen und Unterhaltung durch unterschiedlichste Veranstaltungsangebote. Am letzten Sonntag im August findet außerdem alljährlich der „KUCKUCKSMARKT“ statt. Der Name dieses Volksfests entstammt einer Geschichte über die Bürger Eberbachs, die statt – wie sie dachten – eine Taube, einen Kuckuck verspeisten. Seither verspotteten sie die Wimmersbacher der gegenüberliegenden Neckarseite, indem sie ihnen „Kuckuck, Kuckuck“ hinterherriefen. Nähere Informationen zu dieser Geschichte und dem Volksfest gibt es unter www.eberbacher-kuckucksmarkt.de.

20 Von Eberbach auf dem Neckarsteig über den Steinernen Tisch nach Hirschhorn

Von der „Kniebreche" zum Schloss Hirschhorn

Der Neckarsteig, ein Fernwanderweg von Bad Wimpfen bis Heidelberg, dessen Teilabschnitt zwischen Eberbach und Hirschhorn die Wanderung folgt, weist zwar etliche holprige und steile Wegstücke auf, aber die Bezeichnung „Kniebreche" für ein kurzes Wegstück zwischen Neckartal und Gretengrund ist trotzdem stark übertrieben und soll Sie nicht davon abhalten, die Wanderung durch schöne Buchenwälder zum herrlich gelegenen Schloss Hirschhorn zu unternehmen. Den Rahmen der Wanderung, die weitgehend im schattigen Wald verläuft und sich deshalb auch für warme Sommertage eignet, bilden die schönen historischen Ortskerne von Eberbach (siehe auch Tour 19) und Hirschhorn.

3 ½ Std.

12 km

350 Hm

Von Eberbach über Gretengrund, Steinerner Tisch und Schloss Hirschhorn nach Hirschhorn.

Mittelschwere Wanderung, mit kurzzeitig auch steilem Anstieg und steilem holprigem Abstieg, der etwas Trittsicherheit und festes Schuhwerk erfordert.

Vor dem **Bahnhof Eberbach** ❶ wenden wir uns nach rechts und folgen dem gelben Andreaskreuz am Bahngleis entlang, durch eine Unterführung und über die Eisenbahnbrücke, bleiben beim Gymnasium geradeaus und folgen dem roten „R" und dem blauen Kreuz auf einem Höhenweg, dann hinab zur Straße. Inzwischen hat sich das blaue „N" des **Neckarsteiges** zu uns gesellt, es wird uns bis zum Ziel den

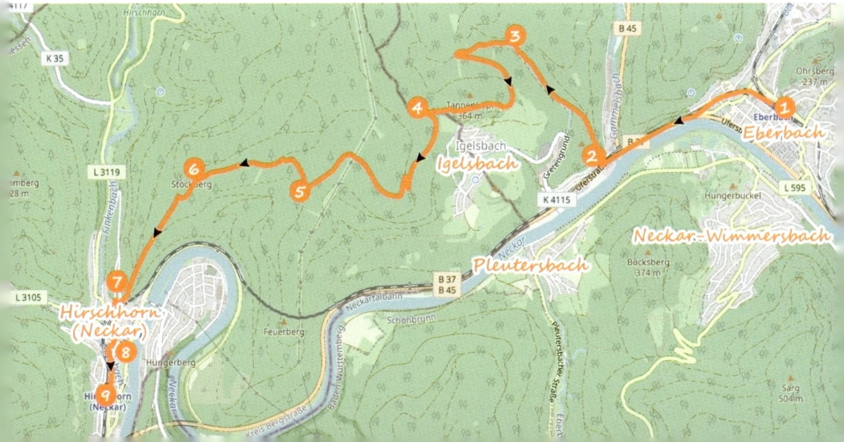

Der Neckarweg

Der Neckarweg wird vom Schwäbischen Albverein und dem Odenwaldclub betreut und ist mit einem blauen „N“ auf weißem Grund markiert. Am Teilstück zwischen Bad Wimpfen und Heidelberg ist er als Neckarsteig zertifiziert. Dieser sogenannte Fernwanderweg führt, wie der Name es schon treffend beschreibt, am Neckar entlang, beginnend an seiner Quelle bei Villingen-Schwenningen. Von dort folgt er seinem Verlauf 444 km weit an den Städten Rottweil, Stuttgart, Heilbronn und Heidelberg entlang bis zur Mündung in den Rhein bei Mannheim. Zahlreiche Schlösser, Burgen und sehenswerte Altstädte wie von Oberndorf, Rottenburg, Tübingen und Bad Wimpfen sind auf der Wegstrecke zu finden, dazu gibt es atemberaubende Naturformationen wie das Quellgebiet im Schwenninger Moos, die Hessigheimer Felsengärten oder die Margarethenschlucht bei Neckargerach.

Altstädte von Eberbach und Hirschhorn; Steinerner Tisch; Schloss Hirschhorn

Schloss Hirschhorn (derzeit wegen Renovierung geschlossen); Hirschhorn

Weg weisen. Wir bleiben noch 100 m geradeaus, biegen dann rechts ab und folgen dem blauen „N“ („Hirschhorn 8,9 km“) auf Forstwegen und Waldpfaden über die „Kniebrece“ 2 in mehreren Kehren teilweise steil bergan, dann einem breiten Schotterweg hinab in den Gretengrund und nun talaufwärts zum **Waldklassenzimmer** 3, einem hübschen Rastplatz mit einer Schutzhütte. Wir wandern weiter auf dem Talweg parallel zu einem Bächlein, bis uns unser Zeichen nach scharf links schickt. Jetzt geht es etwas steiler bergan, bei der nächsten Verzweigung geradeaus (verdeckte Markierung) und nun etwas bequemer weiter: Immer in leichtem Auf und Ab und unserer zuverlässigen Markierung nach auf abwechslungsreichen Forst- und Waldwegen überschreiten wir bei einem scharfen Linksknick die Landesgrenze zwischen Baden-Württemberg und Hessen 4 und gelangen zu einem hübschen kleinen Rastplatz mit einem Gedenkstein für einen Odenwälder Förster. Bevor wir weiterwandern („Schloss Hirschhorn 2,6 km“), gönnen wir uns einen kurzen beschilderten Abstecher zum Naturdenkmal **Steinerner Tisch** 5.

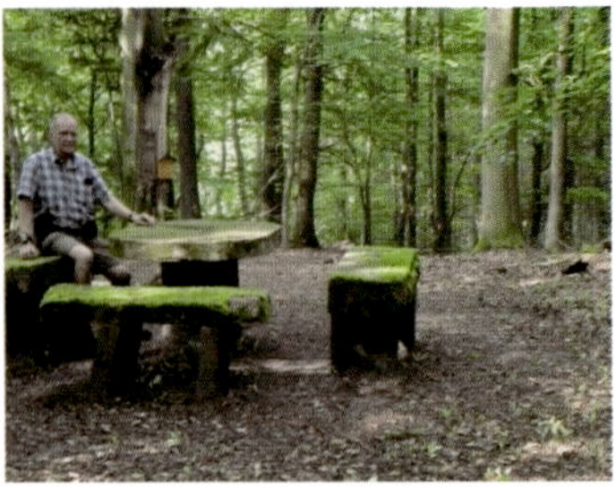

Naturdenkmal Steinerner Tisch.

Weiter geht es auf breiten Forstwegen an der **Hoppehütte** 6 vorbei, dann immer unserem Zeichen nach links ab und auf steinigen Fußpfaden steil bergab, zum Schluss in einigen Kehren zum **Schloss Hirschhorn** 7 (derzeit keine Einkehr-

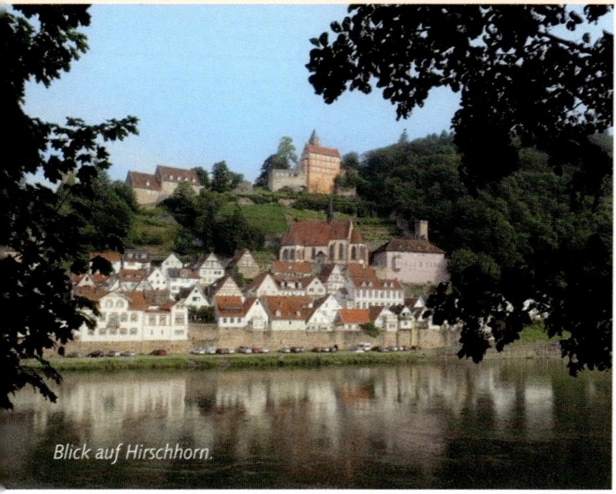

Blick auf Hirschhorn.

INFOS

Wanderkarte 1:20 000 des MeKi-Verlages, Blatt 13; Freizeitkarte 1:50 000 des LGL-BW, Blatt F513; Wanderkarte 1:25 000 des LGL-BW, Blätter W203 und W202; Kompass Kartenset 1:50 000, Blatt 827

www.eberbach.de; www.hirschhorn.de; www.efa-bw.de (Fahrplanauskunft)

Ab Heidelberg Hbf mit der S-Bahn bis Eberbach; Rückfahrt ab Hirschhorn mit der S-Bahn.

möglichkeit, siehe auch Tour 18). Wir laufen durch die Burganlage, biegen nach dem Tor links ab und folgen den Zeichen des Neckarsteigs und dem roten „R" über viele Stufen steil hinab (Vorsicht bei Nässe!) an der Klosterkirche Marie Verkündigung vorbei in die Altstadt von **Hirschhorn** 8. Nun gehen wir durch das Stadttor und die Fußgängerzone, bei der nächsten Kreuzung geradeaus in die Neckarsteinacher Straße und gelangen auf der Bahnhofstraße zum **Bahnhof** 9.

Hirschhorn

Die Stadt Hirschhorn unweit von Heidelberg ist durch ihre historische Altstadt mit klassischen Fachwerkhäusern und einer fast vollständig erhaltenen Stadtmauer ein echter Blickfang. Als „Perle des Neckartals" bietet die Landstadt atemberaubende Landschaften und eine Umgebung voller Romantik und Geschichte. Beim Spaziergang durch die Stadt stößt man überall auf Kultur und Brauchtum in Form von Kirchen, Kunstschätzen und Museen. Dazu kommt ein großes Angebot an Veranstaltungen und Freizeitgestaltungsmöglichkeiten, das jeden Besuch lohnenswert macht. Für längere Aufenthalte finden sich dazu zahlreiche Unterkunftsmöglichkeiten wie auch eine vielfältige Gastronomie.

Blick auf Hirschhorn und Ersheim.

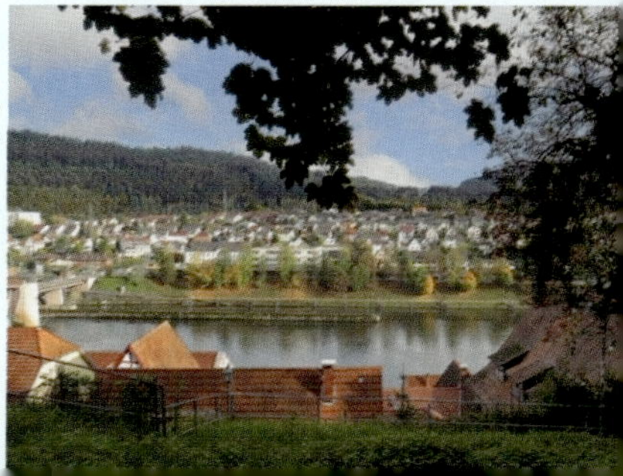

Von Eberbach über den Katzenbuckel und Oberdielbach nach Zwingenberg

21

Vom höchsten Odenwaldberg zum Winterhauch

4 Std. (Abkürzung möglich)
14 km
520 Hm

Von Eberbach über Burgruine Eberbach, Katzenbuckel, Oberdielbach und Wolfsschlucht nach Zwingenberg.

Anspruchsvolle Wanderung mit langem, kurzzeitig auch steilem Anstieg; der Steig durch die Wolfsschlucht erfordert absolute Trittsicherheit und festes Schuhwerk.

Altstadt von Eberbach; Katzenbuckel mit Aussichtsturm; Burgruine Eberbach; Katzenbuckelsee; Wolfsschlucht; Burg Zwingenberg

„Villa Katzenbuckel" (Mo/Di Ruhetage); Zwingenberg

Vom Neckartal hinauf auf den Winterhauch führt uns die Wanderung zum höchsten Punkt des Odenwaldes, den 626 m hohen Katzenbuckel. Winterhauch heißt das südlich vom Katzenbuckel gelegene Hochplateau wegen seines rauen Klimas, die in ihm liegenden Dörfer der Gemeinde Waldbrunn zählen zu den höchstgelegenen Orten des Odenwaldes. Der lange, kurzzeitig steile Anstieg der ersten Weghälfte benötigt einiges an Kondition, da er aber weitgehend im schattigen Wald verläuft, ist er auch an warmen Sommertagen zu bewältigen, vor allem wenn man frühzeitig startet. Ein besonderes Highlight ist der steile, steinige und teilweise schlüpfrige Steig durch die Wolfsschlucht, sein alpiner Charakter erfordert sicheres Wetter, gute Trittsicherheit und festes Schuhwerk, kann aber leicht umgangen werden, was bei Hochwasser oder Schlechtwetter notwendig sein kann. Im Zweifelsfalle erkundige man sich bei der Gemeinde Zwingenberg (Tel. 06263/45152 oder www.zwingenberg-neckar.de) über die Begehbarkeit der Schlucht.

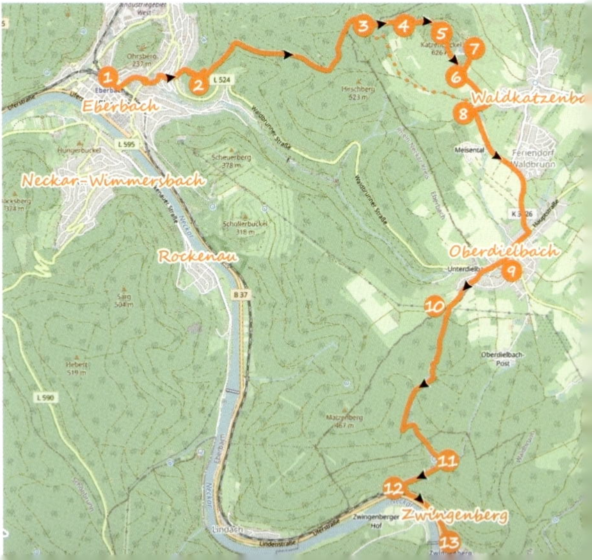

Beim **Bahnhof Eberbach** 1 nehmen wir das Zeichen „gelbes Andreaskreuz" auf, es wird uns die nächsten zwei Stunden den Weg weisen. Wir überqueren auf dem Steg die Gleise, dann etwas rechts versetzt in den Schafwiesenweg und folgen der zuverlässigen Markierung stetig bergan durch den Ort, dann auf dem Burgweg über viele Stufen in den Wald und im Zickzack hinauf zur **Burgruine Eberbach** 2, die wir auf Pfadspuren umrunden können.

Burgruine Eberbach

Die Burgruine Eberbach ist eine Ruinenanlage bestehend aus drei Burgen. Sie befindet sich oberhalb der gleichnamigen Stadt Eberbach mit einem herrlichen Blick ins Neckartal. Der genaue Zeitpunkt der Erbauung ist nicht schriftlich festgehalten worden, doch er wird für die älteste Burg, die Vorderburg, auf das 11. Jahrhundert geschätzt. Die erste urkundliche Erwähnung entstammt dem Jahr 1196, als Graf Konrad von Lauffen mit dem Bau einer Burgenanlage für seinen neuen Stammsitz begann und sich „von Eberbach" nannte. Nach dem Tod des Grafen stoppte der Bau der Anlage, und im Laufe der Zeit wechselten die Besitzer des Burgenkomplexes, bis sie schließlich nach einer Verpfändung unbewohnt blieb und verfiel.

Ruine der Burg Eberbach.

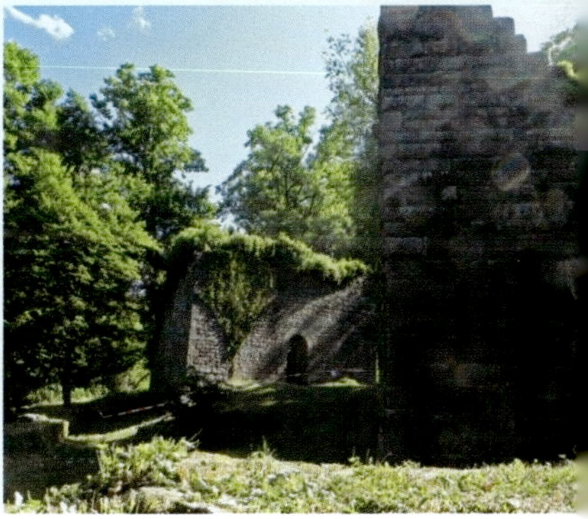

Weiter geht es, immer dem gelben Andreaskreuz nach, nun meist etwas sanfter bergan durch schönen Mischwald zum nächsten Wegweiser 3. Wenn man abkürzen und sich den Anstieg zum Katzenbuckel ersparen will, biegt man hier rechts ab, folgt der grünen Katzensteig-Markierung („Waldkatzenbach 2,7 km") zum Sportplatz Waldkatzenbach und überspringt die nächsten zwei Textabsätze.

Im andern Falle gehen wir geradeaus weiter zur **Lärchenhütte**, dann ein Stück auf fast ebenem Forstweg, biegen rechts ab, wandern auf schönem Waldpfad zur **Freyahütte** 4 und nach einem letzten Anstieg und einem Linksknick zum Gipfel des **Katzenbuckels** 5.

Katzenbuckel

Der Katzenbuckel ist mit seinen stolzen 626 m der höchste Berg des Odenwaldes. Für die Herkunft des Namens gibt es viele unterschiedliche Ausführungen. Eine besagt, dass die Form des Berges für die damaligen Siedler wie der gekrümmte Rücken einer Katze ausgesehen haben soll. Laut dem „Weg der Kristalle", einem Lehrpfad in der Nähe, entstand der Berg aus einem schon lange erloschenen Vulkan, dessen Gestein in zwei Steinbrüchen abgebaut wurde. 1820 wurde auf dem Gipfel ein 18 m hoher Aussichtsturm aus Sandstein errichtet. Von dort aus hat man einen wunderbaren Ausblick, der bei klarem Wetter sogar bis hin zum Stuttgarter Fernsehturm und dem nördlichen Schwarzwald reicht.

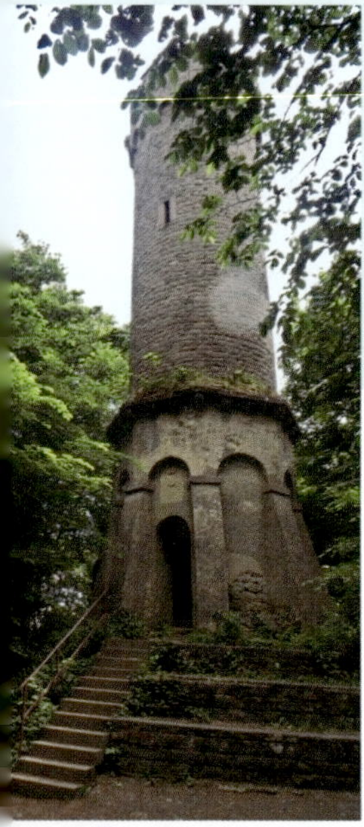

Aussichtsturm auf dem Katzenbuckel.

Nun marschieren wir ein Stück steil bergab Richtung Waldkatzenbach zu einem Aussichtspunkt und weiter auf breitem Weg zum nächsten Wegweiser beim Hotel-Restaurant **Villa Katzenbuckel** 6 (Einkehrmöglichkeit). Bevor wir geradeaus weitergehen, gönnen wir uns einen kleinen Abstecher scharf links und am Ende des Waldparkplatzes nochmals links zum versteckt liegenden idyllischen **Katzenbuckelsee** 7, einem ehemaligen Steinbruchsee. Wieder zurück zum Wegweiser, laufen wir bergab zu den ersten Häusern von Waldkat-

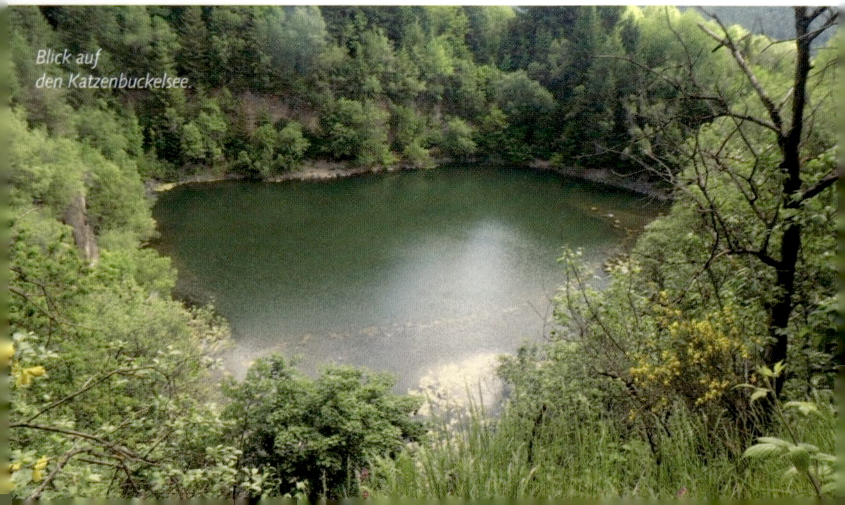

Blick auf den Katzenbuckelsee.

zenbach, wo wir uns vom links abzweigenden gelben Andreaskreuz verabschieden, nach rechts schwenken (grünes Katzensteigzeichen) und zum Wegweiser beim Sportplatz laufen 8.

Nun folgen wir der Markierung „52" („Oberdielbach 1,9 km") zur Straße und rechts parallel zu ihr nach **Oberdielbach**. Bei der Kirche halten wir uns geradeaus, folgen der Markierung „V" Richtung „Wolfsschlucht" an der Bushaltestelle 9 vorbei (Kürzungsmöglichkeit mit Bus 822 nach Eberbach), schwenken kurz vor Ortsende nach links („Wolfsschlucht 3,1 km"), beim Waldrand schwach links und müssen beim nächsten Wegweiser „Bauernstrich" 10 aufpassen, er zeigt etwas missverständlich an: Wir wählen den Forstweg rechtwinklig nach links (Markierung „50", „Wolfsschlucht 2,4 km"). Nun geht's abwechselnd auf Forst- und Waldwegen bergab, zum Schluss auf schmalem Pfad („Wolfsschlucht 0,4 km") zum oberen Einstieg der **Wolfsschlucht** 11. Wenn sie wegen Schlechtwetter oder Hochwasser unpassierbar sein sollte, weichen wir auf den Forstweg links oberhalb der Schlucht aus und gelangen auf ihm nach einem Rechtsknick zur Burg Zwingenberg. Bei günstigen Verhältnissen biegen wir rechts ab („Zwingenberg 0,8 km") und steigen vorsichtig auf versichertem, sehr holprigem und teilweise rutschigem Steig hinab durch die wildromantische Schlucht zur **Burg Zwingenberg** 12. Vor der Burg halten wir uns links und folgen dem roten „R" auf der Schlossstraße zum **S-Bahnhof Zwingenberg** 13.

INFOS

Wanderkarte 1:20 000 des MeKi-Verlages, Blatt 13; Wanderkarte 1:25 000 des LGL-BW, Blatt W203; Freizeitkarte 1:50 000 des LGL-BW, Blatt F514; Kompass Kartenset 1:50 000, Blatt 827

www.eberbach.de; www.villa-katzenbuckel.de; www.zwingenberg-neckar.de; www.schlossfestspiele-zwingenberg.de; www.efa-bw.de (Fahrplanauskunft)

Mit der S-Bahn oder dem Regionalzug nach Eberbach; Rückfahrt ab Zwingenberg mit der S-Bahn; mit dem Auto auf der B37 zum Bhf Zwingenberg und mit der S-Bahn nach Eberbach.

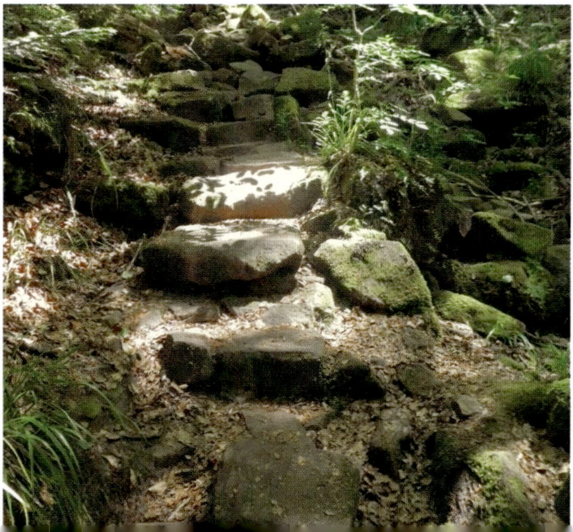

In der Wolfsschlucht.

Zwingenburg

Die Burg Zwingenberg befindet sich über der gleichnamigen Gemeinde am Neckar zwischen Heidelberg und Heilbronn. Gebaut wurde sie in der Stauferzeit im 13. Jahrhundert, ein Jahrhundert später wurde sie dann als Raubritterburg zerstört und im 15. Jahrhundert durch die Herren von Hirschhorn wiederaufgebaut. Heutzutage ist die immer noch sehr gut erhaltene Spornburg im Besitz von Ludwig Prinz von Baden. Seit 1983 finden jährlich im August die Schlossfestspiele statt. Im Vordergrund steht dabei die Oper „Der Freischütz“, da Carl Maria von Weber durch die Wolfschlucht, die sich hinter der Burg befindet, für sein Werk inspiriert wurde.

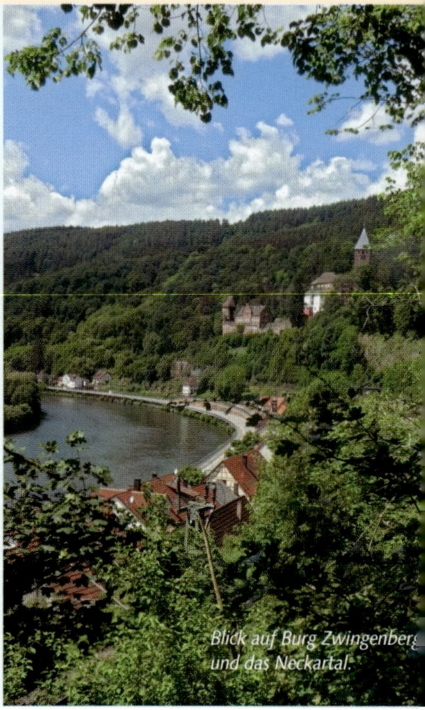

Blick auf Burg Zwingenberg und das Neckartal.

22 Von Mudau über Schloßau und Waldauerbach nach Kailbach

Ein einsames Forsthaus im Odenwald

(von Carsten Wasow)

In den ausgedehnten Wäldern des Fürsten von Leiningen liegt im badisch-hessischen Grenzgebiet das Forsthaus Eduardsthal, der Rest eines früheren Dorfes, das im 19. Jahrhundert von seinen Bewohnern aufgegeben wurde. Zuvor kommen wir durch Schloßau, dessen Geschichte bis in die Römerzeit zurückreicht; hier wurden ein Streifenhaus und ein Brennofen nachgebaut und können besichtigt werden. Bitte berücksichtigen Sie bei der Planung, dass sowohl die für die Anfahrt benötigte Buslinie 821 als auch die für die Rückfahrt benötigte Odenwaldbahn nur alle zwei Stunden verkehren; der parallel ab dem Zielort Kailbach verkehrende Bus 56, der die Zeitlücken füllt, fährt nur Mo–Fr, und eine Einkehrmöglichkeit, um die Wartezeit zu überbrücken, gibt es in Kailbach leider auch nicht mehr.

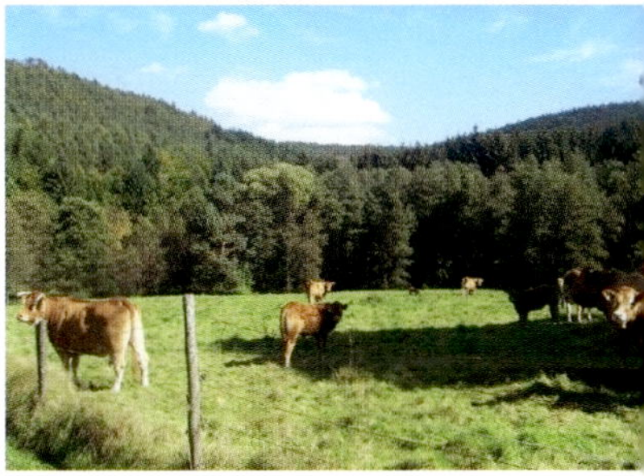

Beim Forsthaus Eduardsthal.

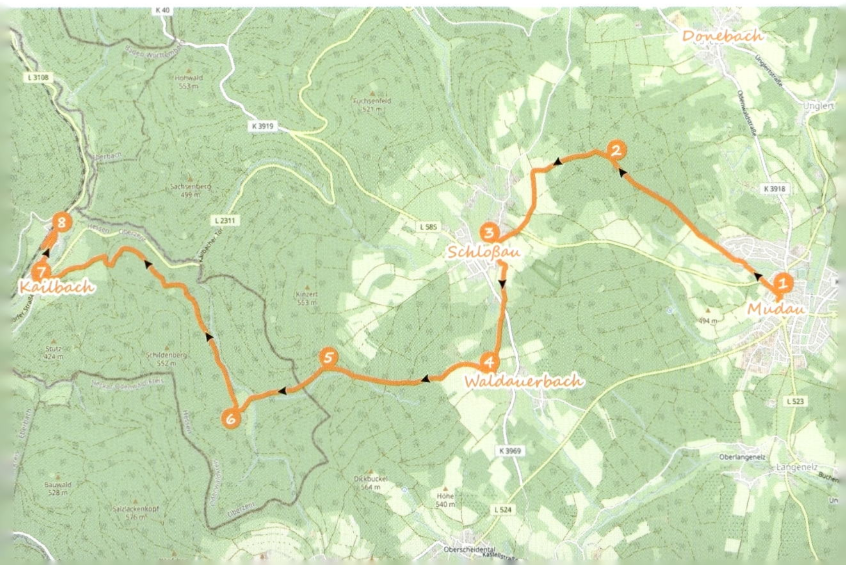

4 Std.
15 km
170 Hm

Von Mudau über Schloßau und Waldauerbach hinab ins Eduardsthal und weiter nach Kailbach.

Leichte Wanderung ohne steile Anstiege.

Bildstöcke, röm. Haus und Brennofen; Forsthaus Eduardsthal

Schloßau; Anni's Vesperhütte (Fr-So ab 15 Uhr) in Waldauerbach

Von der **Haltestelle Mudau** 1 gehen wir beim Rathaus links in die Schloßauer Straße. Als Markierungszeichen gilt für uns „M3". Uns fällt auf, dass viele der Häuser aus dem hier vorkommenden roten Sandstein gebaut sind. Nach etwa 300 Meter halten wir uns bei einem Wegkreuz unter einer Kastanie rechts und gehen weiter durch die Neutorstraße, halten uns bei einigen großen Pappeln rechts und steigen weiter an. Als Markierung leitet uns „M3" durch eine Allee aus dem Ort heraus. Wir ignorieren den Abzweig zum Grillplatz und gehen zunächst am Waldrand entlang. Dann endet der Teer, und wir wandern geradewegs in den Wald hinein. Nach knapp einer halben Stunde passieren wir die **Neulichhütte** 2. An der Wegkreuzung danach treffen wir auf die „rote Raute", der wir nun nach links folgen wollen. Es geht noch etwas bergauf, und bald verlassen wir den Wald und kommen auf die Hochfläche. Auf der Kuppe befindet sich links eine kleine Waldkapelle. Nun sehen wir Schloßau vor uns liegen, und wenn wir uns umdrehen, auch die nahen Gittermasten des Langwellensenders Donebach. Gleich danach folgen wir den roten Zeichen bei einem Bildstock nach links, wandern so oberhalb des Dorfes weiter und entdecken in einiger Entfernung den Funkturm bei Reisenbach. Nach etwa 10 Minuten erreichen wir beim Friedhof die Landstraße, auf der wir rechts nach **Schloßau** 3 hineingehen. Bei der Grundschule entdecken wir einen Ofen und eine Hütte. Hier wurden ein römisches Streifenhaus und ein Brennofen einer Töpferei nachgebaut, wie uns eine Tafel erklärt.

Neulichhütte mit Kreuzskulptur.

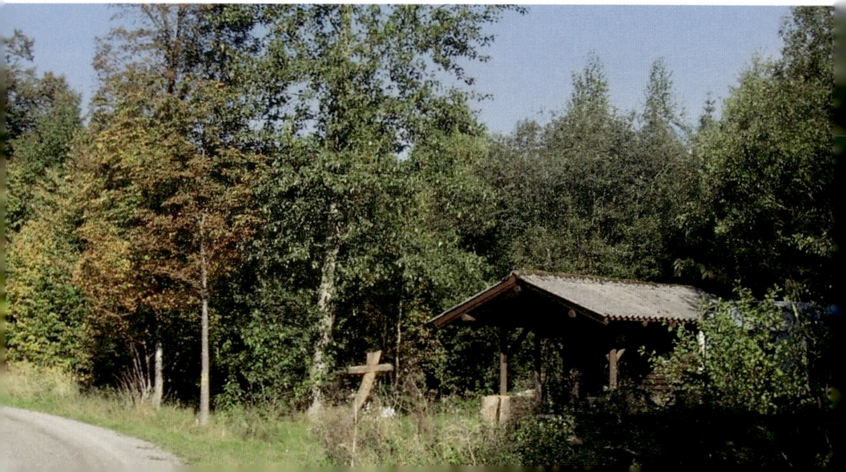

Schloßau

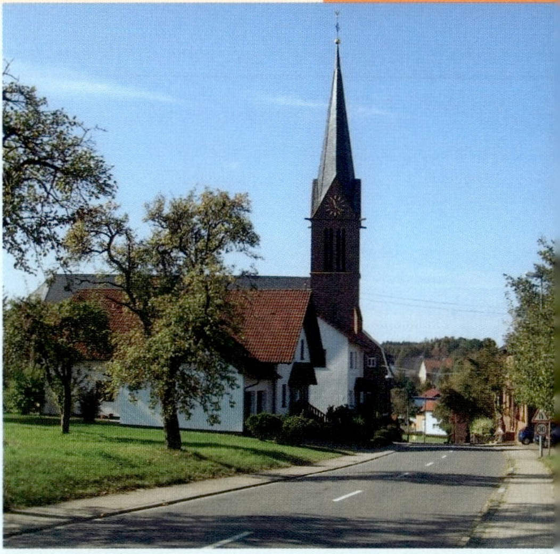

Kirche in Schloßau.

Schloßau gehört neben acht weiteren Ortsteilen zur Gemeinde Mudau im Neckar-Odenwald-Kreis an der Landesgrenze zu Hessen und Bayern. Die ersten Siedlungen soll es schon während der Römerzeit um 100 n. Chr. gegeben haben. Ganz in der Nähe des heutigen Dorfes wurde in dieser Zeit der Odenwaldlimes gelegt und mit ihm gemeinsam das Kastell Schloßau errichtet, welches der Namensgeber des Ortes war und auf dessen Wappen abgebildet ist. Etwa 150 Jahre später zogen die Römer wieder ab und die Siedlung wurde aufgegeben. Mit dem Verkauf der Burg Wildenberg 1271 durch die Herren von Dürn an das Erzstift Mainz, gemeinsam mit den angehörigen Dörfern wie auch Schloßau, kam es erstmals zur urkundlichen Erwähnung des heutigen Ortsteils.

Bei der Kirche und dem alten Schulhaus folgen wir der roten Markierung nach links in den Kirchweg, verlassen den Ort auch bald wieder und folgen dem Teerweg, bis wir eine Landstraße queren. Die Markierung „weißes L“ für den **Limesweg** zeigt uns an, dass wir uns in der Nähe der alten römischen Grenze befinden. Spuren davon entdecken wir hier aber nicht. Auf der anderen Straßenseite bringt uns bald ein Pfädchen nach links in den Wald, den wir geradewegs durchstreifen, um auf der anderen Seite rasch vor den Häusern von **Waldauerbach** zu stehen. An der Dorfstraße (4) gehen wir rechts und entdecken nach 100 m an der Laterne unsere neue Markierung, das „grüne Quadrat“. Nach wenigen Metern entdecken wir rechts „Annis Vesperhütte“, wo wir uns im Hof eines Bauernhauses für den Rest der Wanderung stärken können.

Nach dem Ortsende halten wir uns bei einer Verzweigung links und wandern bald am Waldrand entlang. Später dreht der Weg nach rechts ab, und schon bald sind wir ganz im

INFOS

Freizeitkarte 1:50 000 des LGL-BW, Blatt F514; Wanderkarte 1:25 000 des LGL-BW, Blatt W205; Wanderkarte 1:20 000 des MeKi-Verlages, Blätter 11 und 10

www.mudau.de; www.stadt-oberzent.de; www.efa-bw.de (Fahrplanauskunft)

Mit der S-Bahn nach Eberbach und weiter mit Bus 821 bis Mudau Rathaus; Rückfahrt ab Kailbach mit den Odenwaldbahn (Mo–Fr auch mit Bus 56) nach Eberbach.

Wald. Zunächst durch Mischwald, dann eine Weile durch Fichtenbestände folgen wir dem grünen Quadrat langsam bergab. Nach einiger Zeit wird das Gefälle immer stärker, und wir entdecken rechts im Wald die Mauerreste des **Richterhauses** (5) von Eduardsthal. Man erzählte sich, dass der Bewohner, ein Förster Richter, einmal einen Bildstock umgefahren hat und liegen ließ. Als Gottesstrafe waren bald darauf unzählige hässliche Schlangen im Haus, und die Familie fürchtete sich sehr davor. Daraufhin wandte sich Richter, ohne die Sache zu beichten, an den Pfarrer, der den umgefahrenen Bildstock gesehen hatte und dem Förster die Tat auf den Kopf zusagte. Richter bekannte seine Schuld und stellte den Bildstock wieder auf, aber ohne ihn mit Eisen zu schienen. So fiel er nach einem Sturm wieder um, und die Schlangen kamen wieder. Der Förster bat um seine Versetzung und das Haus verfiel, weil niemand mehr darin wohnen wollte.

Einige Minuten nach den Mauerresten gabelt sich der Weg, wir halten uns links und kommen im Talgrund an einen kleinen Teich. Auf einem Grasweg gehen wir über den Talgrund und drüben auf einem Schotterweg nach rechts zum **Forsthaus Eduardsthal** (6).

Wir folgen dem Fahrweg nach rechts und wandern unter alten Eichen in den Wald, neben uns plätschert der Galmbach dahin. Nach etwa 10 Minuten zeigt das grüne Quadrat nach links in einen ansteigenden Waldweg. Bald dreht er nach links ab und wir wandern eben am Hang entlang. Mehrmals erlauben Baumlücken Blicke in die umliegenden Waldtäler. An den Verkehrsgeräuschen hören wir, dass wir unweit einer Landstraße sind. Plötzlich schwenkt unser Weg nach links um und führt bergab zu einer Wegspinne, wo wir uns zunächst rechts halten, um nach 100 m bereits links weiter hinab zu wandern. Bald sehen wir rechts im Tal den Ort **Kailbach** vor uns liegen, dann dreht der Weg nach rechts ab. Wir verlassen ihn bald nach links und gelangen aus dem Wald heraus in den Ort und hinab zur Straßenkreuzung (7). Von hier haben wir Mo–Fr Busverbindung nach Eberbach. Wenn wir zum Bahnhof weiterwollen, gehen wir nach rechts in Richtung Beerfelden über den Bach auf der Siegfriedstraße. Die weiße Markierung verabschiedet sich bald nach links, während wir noch gute fünf Minuten weitergehen, bis wir über die Bahnhofstraße nach links zum Haltepunkt (8) der Züge der **Odenwaldbahn** (siehe auch Tour 16) gelangen. Das stattliche Bahnhofsgebäude befindet sich in Privatbesitz.

23 Von Neckargerach über den Schreckberg nach Mosbach

Von der Margaretenschlucht zum Heuschrecken-Eldorado

Das Naturschutzgebiet Schreckberg macht seinem Namen wahrlich alle Ehre: Unzählige, teilweise seltene Heuschreckenarten finden auf den Muschelkalkböden und Trockenrasen der Steilhänge über dem Neckartal ideale Lebensbedingungen. Der aussichtsreiche Pfad durch das Naturschutzgebiet zählt zu den Höhepunkten der Tour; ein weiteres Highlight ist die wildromantische Margaretenschlucht; der steile und teilweise ausgesetzte Steig mit vielen Bachdurchquerungen auf glitschigen Steinen sollte nicht unterschätzt werden, er erfordert ein gehöriges Maß an Trittsicherheit und setzt trockenes Wetter voraus. Im Bedarfsfalle - vor allem bei Hochwasser in der Schlucht - gibt es eine leichtere Wegvariante. Im Zielort Mosbach angekommen, sollte man unbedingt ein wenig Zeit für einen Bummel durch die schmucke Altstadt investieren.

Wir gehen vom Bahnsteig **Neckargerach** 1 aus über die Bahnbrücke, biegen rechts ab (Margaretenschlucht-Pfad) und nehmen das Zeichen blaues „N" des **Neckarsteigs** auf (siehe auch Tour 20), es wird uns bis auf den letzten Abschnitt der Tour den Weg weisen. Nun geht es eine Weile an den Gleisen entlang, dann etwas bergan auf aussichtsreichem Weg (gleichzeitig geologischer Lehr-

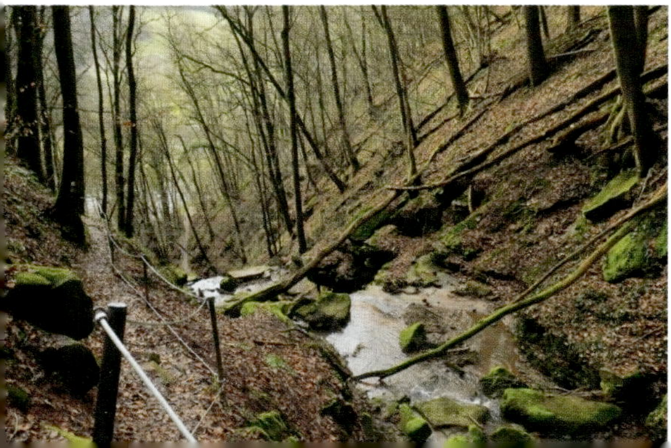

3 ¾ Std.
12 km
300 Hm

Von Neckargerach durch die Margaretenschlucht, über den Schreckberg und Hamberg nach Mosbach.

Anspruchsvolle Tour mit mehreren steilen und holprigen Passagen; insbesondere der Steig durch die Margarethenschlucht erfordert gute Trittsicherheit und festes wasserdichtes Schuhwerk.

Margaretenschlucht; Bismarckturm; Geopfad Schreckberg; herrliche Aussichtspunkte; Altstadt von Mosbach

Schreckhof (Mo/Do/Fr ab 17 Uhr, Sa/So ab 11 Uhr geöffnet); Mosbach

Margaretenschlucht.

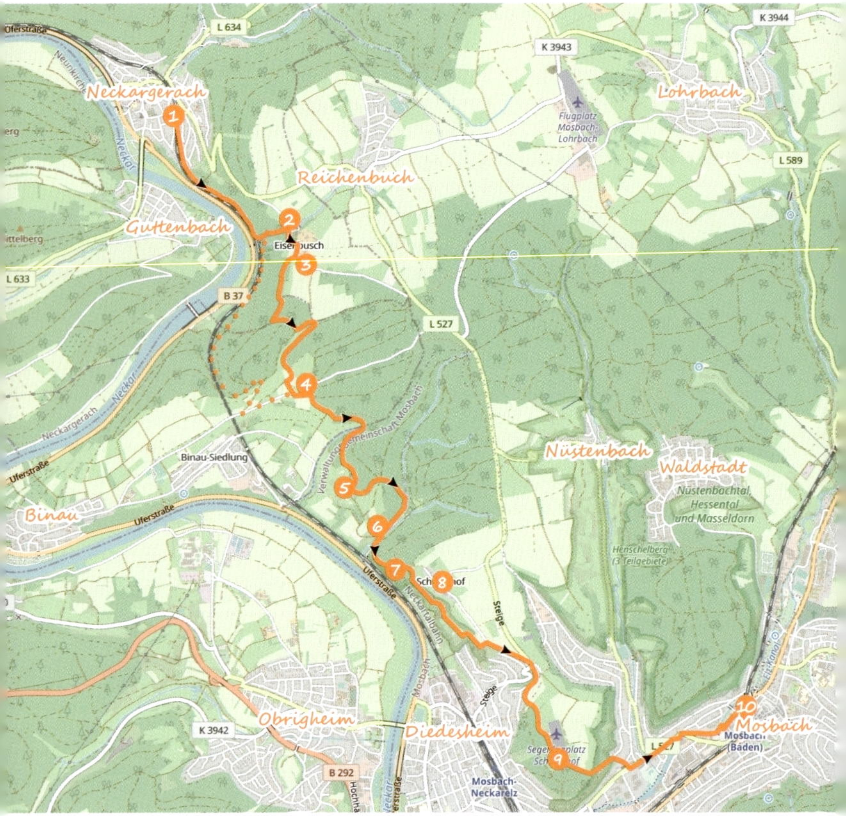

Margaretenschlucht

Die Margaretenschlucht ist eine Art Wasserfalltreppe bei Neckargerach, die über mehrere Stufen mehr als 100 m in die Tiefe führt. Damit ist sie nicht nur der höchste Wasserfall des Odenwaldes, sondern gehört auch zu den höchsten Wasserfällen Deutschlands. Sie ist Teil des Naturparks Neckartal-Odenwald und steht heute seit mehr als 80 Jahren unter Naturschutz. Wer sie besichtigen möchte, kann dies über einen langen, schmalen und zum größten Teil gesicherten Wanderweg tun.

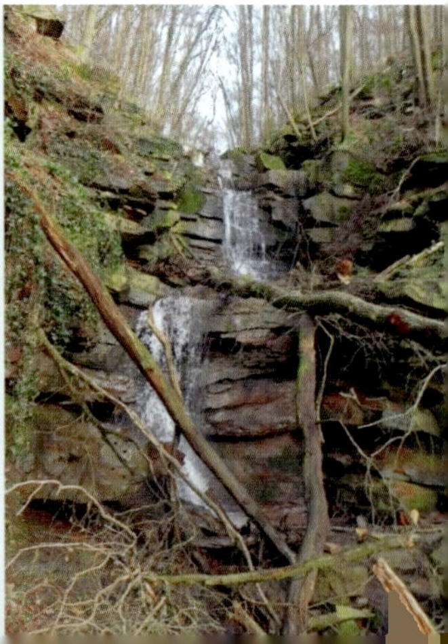

pfad) zu einer Schutzhütte. Ein paar Meter weiter erreichen wir die **Margaretenschlucht** 2 und müssen den Flursbach auf ein paar Steinen durchqueren.
Wenig später verzweigen sich die Markierungen. Wem es bei der Bachdurchquerung schon etwas mulmig zumute war, wähle nun lieber die einfachere Variante, folge dem roten „R" des Rhein-Neckar-Weges geradeaus und lese beim folgenden Absatz weiter. Trittsichere Wanderer, die sich einen alpin gewürzten Steig zutrauen, schwenken nach links und folgen dem „blauen N" steil bergan durch die wilde Schlucht. Vorsicht bei den Bachdurchquerungen, die Steine können glitschig sein! Der Steig mündet in einen Teerweg, auf ihm geht es nach rechts weiter („Schreckhof 6,5 km"). Wir streifen die Höhensiedlung **Eisenbusch** 3 und folgen der zuverlässigen Markierung an der Grünhütte vorbei durch ein Tal und über Wiesen zu einer Straße 4.

Hierher gelangt man auch, wenn man dem roten „R" gefolgt ist. Beide Zeichen begleiten uns nun auf schönen Forst- und Waldwegen zum Aussichtspunkt „Knoden" 5, ein hübscher Rastplatz lädt zur Vesperpause ein. Bald geht es durch die **Ludolfsklinge** 6 bergab. Bei einer Brücke wählen wir den mit dem roten „R" markierten Pfad, das blaue „N" gesellt sich wenig später wieder hinzu. Nun geht's bergan zum Schild **„Naturschutzgebiet Schreckberg"** 7, wo sich die Markierungen verzweigen. Wir bleiben dem blauen „N" treu und steigen steil bergan zum nächsten Wegweiser. Wir halten uns rechts und folgen dem einmalig schönen Geopfad Schreckberg hoch über dem Neckartal.

INFOS

Wanderkarte 1:20000 des MeKi-Verlages, Blatt 18 oder 21; Freizeitkarte 1:50000 des LGL-BW, Blatt F514; Wanderkarte 1:25000 des LGL-BW, Blatt W203; Kompass Kartenset 1:50000, Blatt 827

www.neckargerach.de; www.schreckhof.de; www.geo-naturpark.net; www.mosbach.de; www.efa-bw.de (Fahrplanauskunft)

Ab Heidelberg Hbf mit der S1/S2 bis Neckargerach; Rückfahrt ab Mosbach mit der S1/S2; mit dem Auto auf der B37 zum Bhf Neckargerach und weiter mit der S-Bahn zum Bhf Mosbach.

Der Geopfad Naturerlebnis Schreckberg

Dieser Pfad nahe dem Mosbacher Ortsteil Schreckhof bietet nicht nur eine herrliche Wanderung über Weinberge und Wiesen, er gibt einem auch einen wunderbaren Einblick in die seltene Tier- und Pflanzenwelt der Umgebung. Wer in die Landschaftsgeschichte eintauchen möchte, kann das am Unterhang des Schreckbergs tun. Dort findet man im Buntsandstein der ehemaligen Steinbrüche unterschiedlichste Spuren von Sauriern und Pflanzenwurzeln, die vor circa 240 Millionen Jahren entstanden sind. In den Muschelkalkstationen am Wegesrand findet man wiederum unzählige Fossilien von uralten Meeresbewohnern, wie Tintenfische und Fischsaurier. All diese Besonderheiten und auch weitere spannende Details zur Flora und Fauna des Gebiets sowie ihrer Geschichte werden nochmal näher auf mehreren Tafeln an den Wegen erläutert oder können bei Interesse auch im Informationszentrum „Milchhäusle" nachgelesen werden.

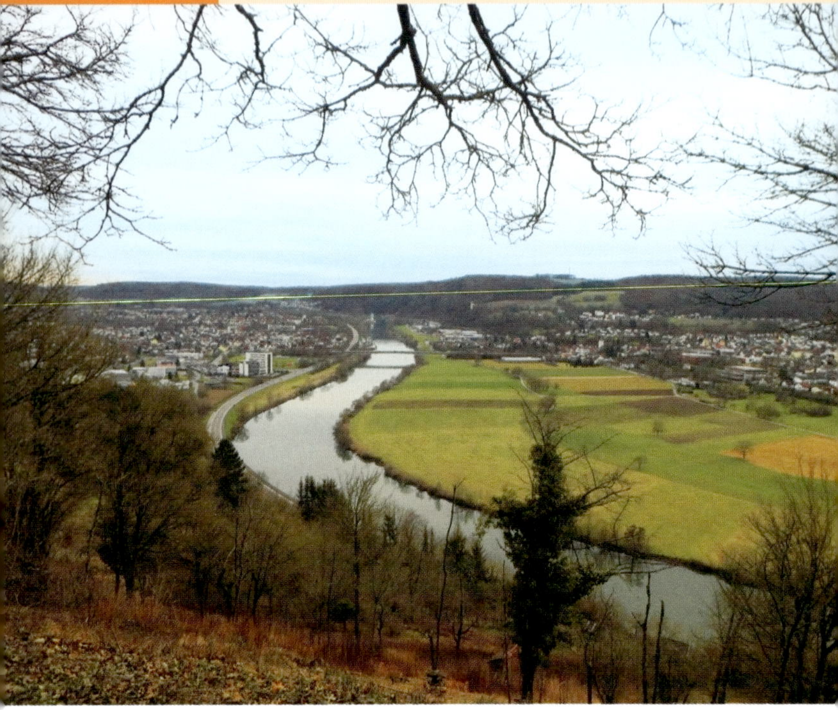

Ausblick vom Schreckberg ins Neckartal.

Nach etwa 600 m zweigt ein unmarkierter Pfad links ab. Wenn wir im **Schreckhof** 8 einkehren wollen, biegen wir links ab und gelangen nach 5 Minuten zum Gasthof. Wieder zurück auf dem Neckarsteig können wir uns anhand der Informationstafeln über die Geologie, Botanik und Fauna des Schreckberges informieren. Bald treffen wir auf einen Teerweg, folgen ihm nach rechts und weiter, immer der Markierung nach an einer Bushaltestelle vorbei über einen Waldparkplatz („Mosbach Altstadt 4,5 km"). Nach 500 m zweigt das blaue „N" nach rechts ab, wir bleiben aber geradeaus und folgen nun dem Zeichen „M6" am Mosbacher **Segelflugplatz** entlang, am **Bismarckturm** 9 vorbei und steil bergab an einem Pavillon vorbei, nun wieder vereint mit dem blauen „N", nach **Mosbach**. Nach der Kirche geht es links ab neben der Straße zu einem Kreisel. Das blaue „N" zweigt hier nach links ab, wir bleiben geradeaus und folgen der Markierung „M6", wenig später auch der roten Raute, über zwei Brücken, an der Elz entlang und durch ein kleines Industriegebiet zum **Bahnhof Mosbach** 10.

Mosbach

Die Große Kreisstadt Mosbach, zwischen Heilbronn und Heidelberg, ist die größte Stadt des Neckar-Odenwald-Kreises. Sie wird erstmalig 825/26 schriftlich erwähnt und erhielt 1290 das Stadtrecht, weswegen sie auch „Oppidum Mosebacensis" genannt wurde. Übersetzt heißt das eine „mit Türmen und Mauern bewehrte Stadt" und ist als Abkürzung „OM" auf dem Wappen zu finden. Mosbach besticht vor allem durch seine historische Altstadt, die eine wunderschöne Kulisse mit vielen besonderen Fachwerkhäusern, wie dem Rathaus, dem Palm´schen Haus und dem Haus Kickelhain bietet. Für einen Tagesausflug gibt es dort zudem viele interessante Geschäfte, Cafés und moderne Restaurants, sowie vielfältige Unterhaltungsangebote.

Abendstimmung in der Mosbacher Altstadt.

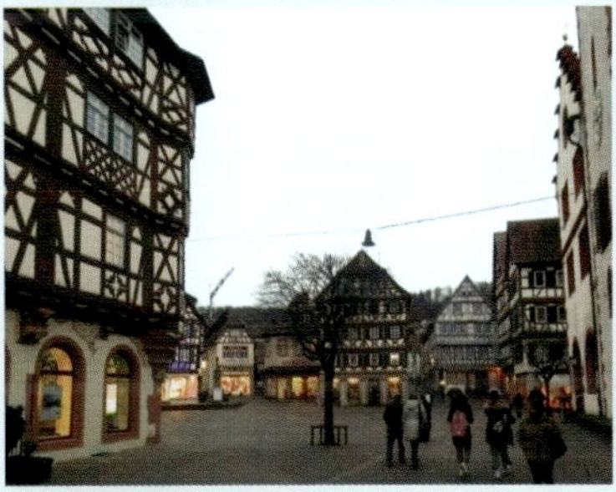

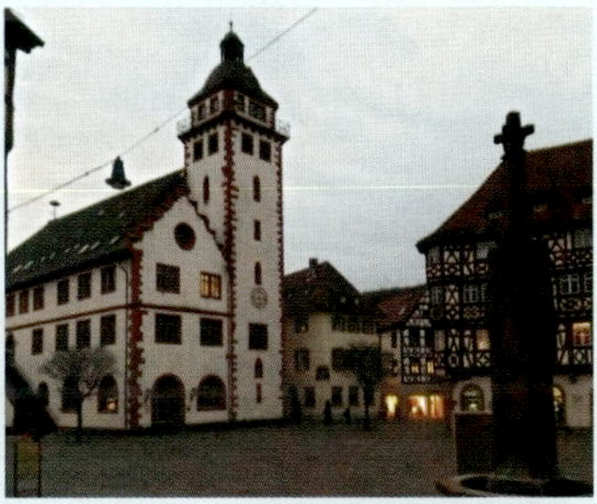

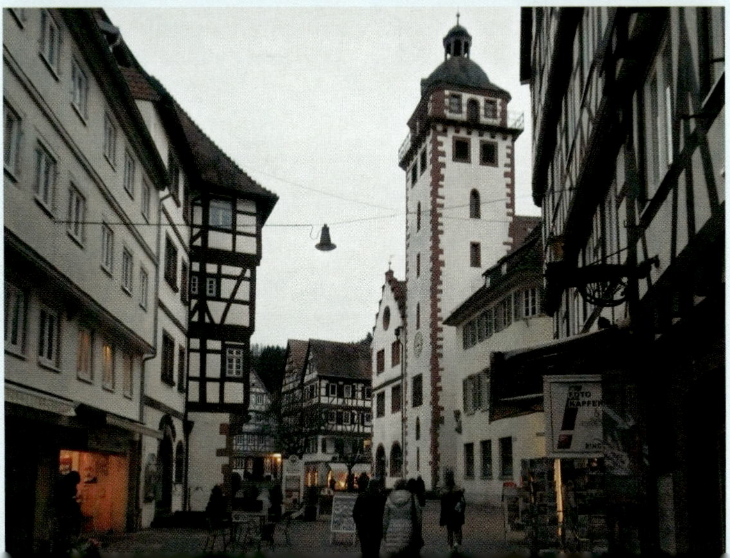

Von Neckarburken über Römerstraße, Sattelbach und Elztal nach Dallau bzw. Auerbach

24

Auf Göttin Minervas Spuren zum Wasserschloss

3 ¾–4 ½ Std. (Abkürzung möglich)

14–17 km

520 Hm

Von Elztal-Neckarburken auf dem Limes-Wanderweg über Sattelbach und durch das Elztal nach Dallau oder Auerbach.

Recht lange, aber wenig schwierige Wanderung ohne steile Anstiege.

Kastelltor und Römerbad in Neckarburken; Odenwaldlimes mit Wachtürmen; Elztal; Schloss Dallau

Erst in Dallau bzw. Auerbach, deshalb ausreichend Proviant mitnehmen!

Im Frühjahr 2022 wurde der Römerpfad zwischen Neckarburken und Dallau eröffnet. Der nach der römischen Göttin Minerva – der Göttin des Handwerks, der Weisheit und der schönen Künste – benannte Weg ist gleichzeitig das Herzstück dieser Wanderung hoch über dem Elztal. Schöne Waldpfade, Forstwege und asphaltierte Wege und wenig befahrene Straßen wechseln sich auf dieser Tour ab. Sie ist zwar wenig anstrengend, aber mit 17 km doch recht lang, lässt sich aber um 3 km abkürzen, wenn man auf den letzten Wegabschnitt im Elztal verzichtet und Auerbach als Ziel ansteuert. Da es erst in den Zielorten Einkehrmöglichkeiten gibt, vergesse man nicht, genügend Proviant für unterwegs mitzunehmen.

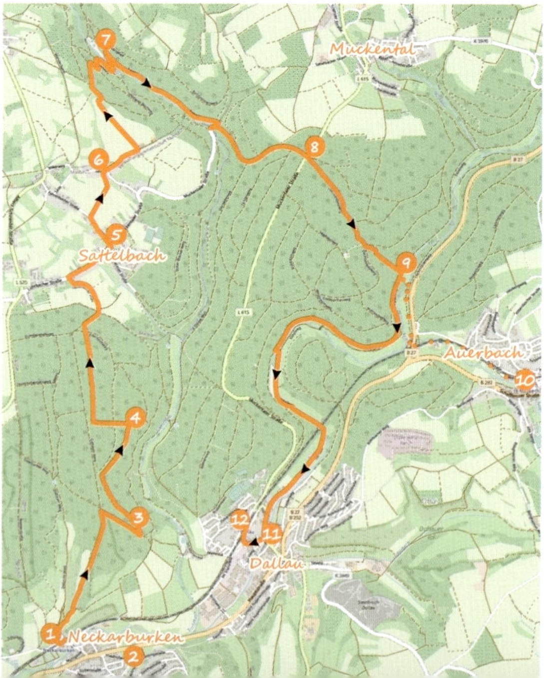

Neckarburken

Der Ortsteil Neckarburken der Gemeinde Elztal wurde erstmalig 774 als „Villa Borchheim" schriftlich erwähnt. Doch schon davor zu Zeiten der Römer sollen sich dort zwei Kastelle, Ost- und Westkastell, des Neckar-Odenwald-Limes befunden haben. Daher kann man auch auf dem heutigen Wappen der Gemeinde eine Burg erkennen, die ein solches Kastell darstellen soll. Von dem damaligen Westkastell ist heute nichts mehr zu sehen, vor allem da es in großen Teilen überbaut wurde, nur das zugehörige Bad wurde im südlichen Bereich restauriert und kann unweit vom damaligen Kastell besichtigt werden. Vom Ostkastell ist heute noch das Westtor zu sehen. In den 1980er Jahren wurde zudem auch dort in der Nähe ein Römerbad entdeckt.

Wir laufen vom Bahnsteig 1 zum Bahnübergang. Wenn wir zunächst die römischen Ausgrabungen – ein Kastelltor 2 und ein Römerbad – in Neckarburken besichtigen wollen, gehen wir links in den Ort. Ansonsten halten wir uns rechts und folgen nun den Markierungen des **westlichen Limesweges** (grünes „L") sowie des Römerpfades (rotes „R") auf der Waldsteige bergan. Beim Ortsende verzweigen sich die Zeichen, wir gehen dem roten „R" nach auf urigem Wald- und Wiesenpfad, dann bald wieder mit dem grünen „L" vereint, auf bequemem Forstweg in den Wald, biegen bei einem Hochstand rechts und nach 400 m scharf links auf einen urigen Fußpfad ab. Nun geht es, immer den Markierungen nach, an zwei ehemaligen **Wachtürmen** 3 und 4 des Odenwaldlimes vorbei und nach einem Links- & Rechtsknick auf der alten Römerstraße parallel zum links vom Weg liegenden und teilweise noch erkennbaren Grenzwall zu einem Querweg.

INFOS

Wanderkarte 1:20 000 des MeKi-Verlages, Blatt 18; Wanderkarte 1:25 000 des LGL-BW, Blatt W206; Freizeitkarte 1:50 000 des LGL-BW, Blatt F514; Kompass Kartenset 1:50 000, Blatt 827

www.elztal.de; www.gasthof-pfalz.de; www.efa-bw.de (Fahrplanauskunft)

Odenwald-Limes

Der Neckar-Odenwald-Limes besteht aus zwei Limeslinien. Die ältere der beiden ist der sogenannte Odenwaldlimes, der vom Main ca. 70 km bis nach Bad Wimpfen am Neckar verläuft. Er wurde um 100 n. Chr. als Schutz vor den Germanen mit einem Wall, etwa 80 Holztürmen und 20 Kastellen, errichtet. Später folgten auch noch Palisaden aus Holz. In jedem Kastell hatten rund 150 Mann Platz. Durch den Ersatz der Holzbauten durch Stein sind heute noch einige Überreste aufzufinden, der Rest ist über die Jahrhunderte hinweg, nachdem die Besatzung 159 n. Chr. abgerückt war, verfallen.

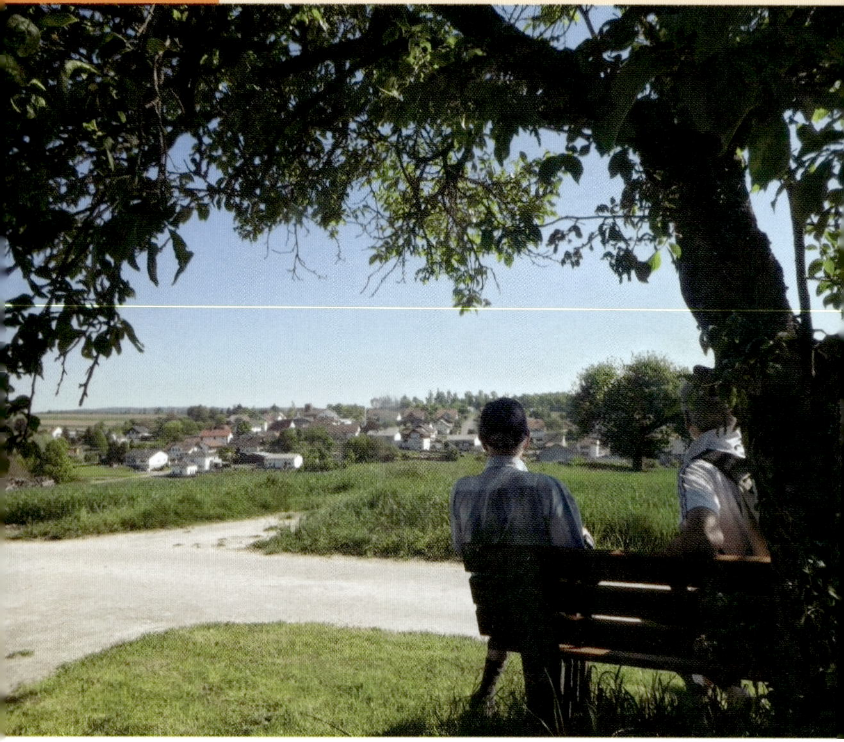

Auf dem Weg nach Sattelbach.

Ab Heidelberg Hbf mit der S1 über Mosbach nach Neckarburken; Rückfahrt ab Dallau bzw. Auerbach mit der S1; mit dem Auto nach Mosbach und weiter auf der B292 zum Zielort Dallau bzw. Auerbach und mit der S-Bahn nach Neckarburken.

Wir bleiben geradeaus und folgen dem grünen „L" zum Waldrand und über Wiesen zur Höhensiedlung **Sattelbach**. Hier schwenken wir rechts in die Lohrbacher Straße und beim Dorfbrunnen 5 links in die Fahrenbacher Straße (Kürzungsmöglichkeit: mit Bus 832 oder 834 nach Mosbach, Sa/So auch mit Ruftaxi, mind. 1 Std. vorher unter 0621/1077077 anmelden). Immer dem grünen „L" nach biegen wir 300 m weiter rechts, bei der kleinen Siedlung Wengerswald 6 rechts und gleich wieder links, nach weiteren 300 m nochmals links ab und erreichen den Wald. Nun geht es im Zickzack hinab ins **Trienzbachtal** und über ein Brückchen 7 zu einem breiten mit grünem kopfstehenden „T" markierten Querweg. Wir folgen der neuen Markierung nach rechts, zunächst auf breitem Waldweg, dann etwas bergan auf wenig befahrener Straße, kreuzen eine Landstraße 8 und marschieren, immer dem umgekehrten „T" nach, etwa 1 km auf breitem Forstweg, dann links ab auf schönem Waldpfad bergab ins **Elztal** 9.

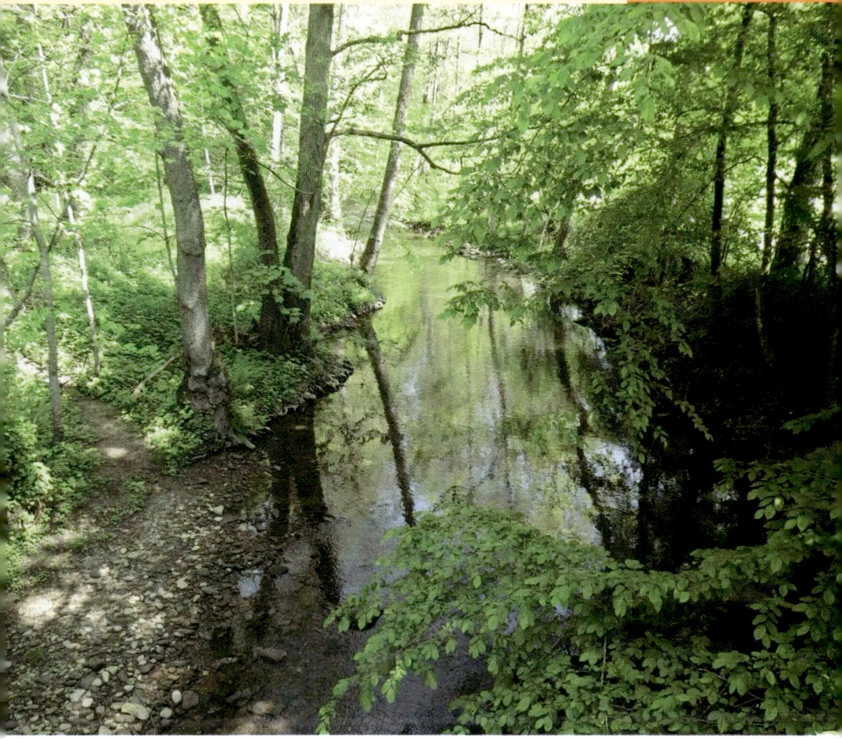

Im Elztal.

Wählen wir die kürzere Variante, bleiben wir geradeaus und folgen dem umgekehrten grünen „T“ über die Elzbrücke und unter der Bundesstraßenbrücke hindurch nach **Auerbach** zur S-Bahn-Station 10. Für die längere Variante halten wir uns rechts („Elztalweg“) und folgen nun dem „blauen Dreieck“, unserer Markierung bis zum Ziel, auf breitem Weg hoch über dem Tal. Nach 2 km bei einem Brunnen schickt uns unser Zeichen links hinab über ein Brückchen und nun auf breitem Betonweg an der Elz entlang, nach einer weiteren Brücke über Wiesen nach **Dallau** bis zur Elzbrücke. Bevor wir rechts abzweigen („S-Bahnhof 0,4 km“), gönnen wir uns einen Abstecher nach links zum 100 m entfernten **Wasserschloss Dallau** 11, einem markanten Wahrzeichen der Gemeinde. Zurück zur Kreuzung folgen wir den Radwegweisern zum **S-Bahnhof Dallau** 12.

Wasserschloss in Dallau.

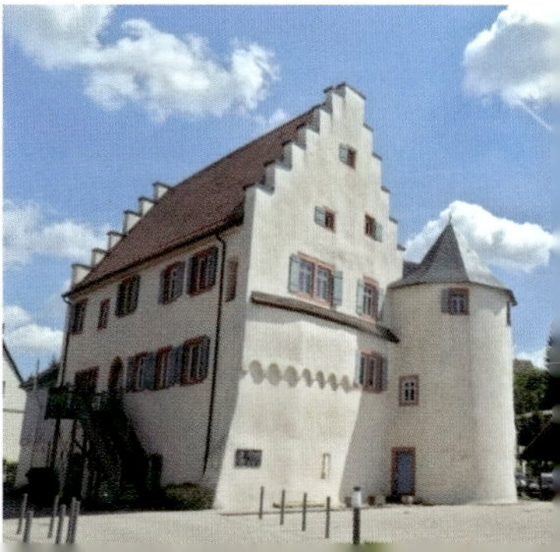

Von Neckarelz über Neckarzimmern nach Gundelsheim 25

Wo der Ritter mit der eisernen Hand residierte

2 ¼–3 ¾ Std.
8–13,5 km
200–270 Hm

Von Neckarelz über Auweinberge-Fuchsenloch, Neckarzimmern, Hornberg und Michaelsberg nach Gundelsheim.

Bis auf einen kürzeren mittelsteilen Anstieg wenig anstrengende Wanderung; der steile Abstieg nach Gundelsheim erfordert etwas Trittsicherheit.

NSG Auweinberge-Fuchsenloch; Michaelskapelle; Burgen Hornberg und Horneck; Altstadt von Gundelsheim

Burg Hornberg Hotel-Restaurant (Mo/Di Ruhetage); Gundelsheim

Die Wanderung hoch über dem Neckartal folgt weitgehend dem roten „R" des rechten Neckartalweges. Viele Sehenswürdigkeiten wie die Burgen Horneck und Hornberg, auf der Götz von Berlichingen bis zu seinem Tode lebte, die Michaelskapelle auf dem Michaelsberg oder die schmucke Altstadt von Gundelsheim sorgen für viel Abwechslung. Wenn man mit Kindern unterwegs ist und die Tour abkürzen will, empfehle ich, die ersten 5 km auszulassen und Neckarzimmern als Ausgangspunkt zu wählen. In diesem Falle läuft man vor dem Bahnhof 3 nach rechts auf der Bahnhof- und Hauptstraße, dann nach rechts auf der Steige durch die Bahnunterführung bergan, bis man auf die rote Raute trifft, und überspringt den ersten Absatz der Wegbeschreibung.

Vor dem **Bahnhof Neckarelz** 1 halten wir uns links und nehmen die Markierung rotes „R" auf, sie wird uns bis zum Ziel den Weg weisen. Wir laufen ein Stück parallel zu den Gleisen, dann nach rechts (Im Stadion), geradeaus über die Elzbrücke und immer auf das „R" achtend durch Neckarelz, queren die Mosbacher Straße etwas rechts versetzt und wandern aus dem Ort auf dem „Weißen Feldweg" über die Bahn- und B27-Brücke. Bei der nächsten Kreuzung geht's links Richtung Waldhütte, wir streifen den Ortsteil Waldsteige und folgen unserem Zeichen durch Wiesen und Felder zum Aussichtspunkt **Guckstein** 2. Wir schwenken

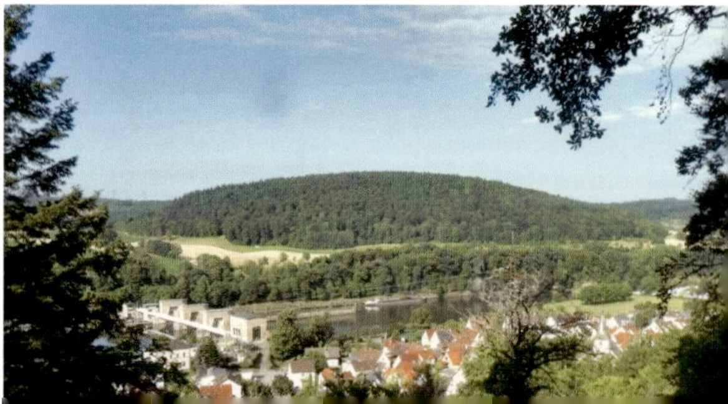

Ausblick auf Neckarzimmern.

nach links und marschieren auf aussichtsreichem Höhenweg durch das Naturschutzgebiet Auenweinberge-Fuchsenloch mit alten Trockenmauern und Weinterrassen nach **Neckarzimmern**. Nun laufen wir hinab zur Luttenbachtalstraße, auf ihr 250 m nach links oberhalb des Friedhofs, biegen rechts ab (Am Luttenbachstollen) und schwenken nach weiteren 250 m scharf links in die Steige 4.

Weiter geht es auf der „Steige", immer dem roten „R" nach, noch 130 m geradeaus, dann scharf rechts ab und auf steinigem Weg, wenig später mit dem blauen „N" des **Neckarsteigs** (siehe auch Tour 20) vereint, ein Stück bergan. Nach dem Anstieg verzweigt sich der Weg, wir wählen den rechten, etwas breiteren, und wandern auf schönem Höhenweg mit Ausblicken auf das Neckartal, die Neckarschleuse und Haßmersheim zur mächtigen **Burg Hornberg** 5.

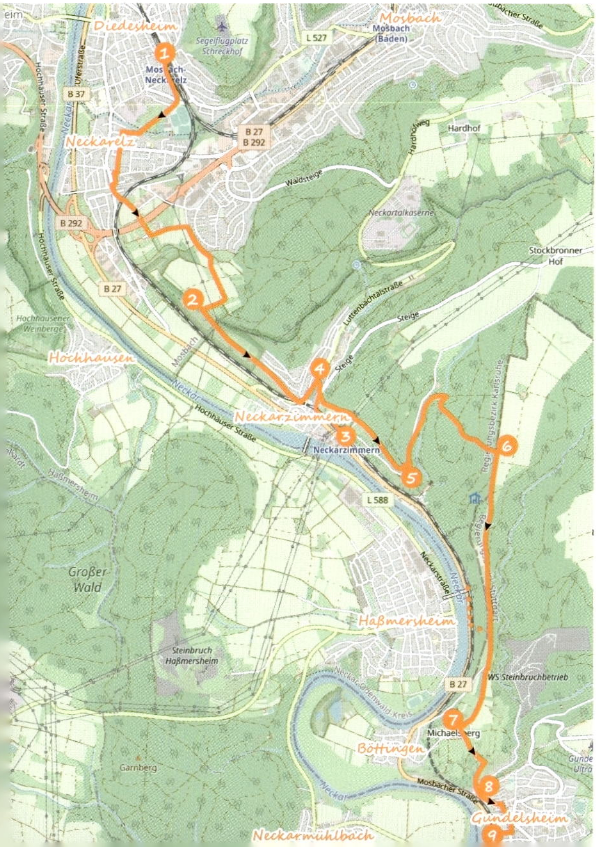

INFOS

Wanderkarte 1:20 000 des MeKi-Verlages, Blatt 18 oder 21; Freizeitkarte 1:50 000 des LGL-BW, Blatt F514; Wanderkarte 1:25 000 des LGL-BW, Blatt W203; Kompass Kartenset 1:50 000, Blatt 827

www.mosbach.de; www.burg-hornberg.de; www.burghotel-hornberg.de; www.neckarzimmern.de; www.gundelsheim.de; www.efa-bw.de (Fahrplanauskunft)

Ab Heidelberg Hbf mit der S1 oder S2 bis Neckarelz; Rückfahrt ab Gundelsheim mit der S41 bis Neckarelz und weiter mit der S1 nach Heidelberg; mit dem Auto auf der B27 nach Gundelsheim (Parkmöglichkeit beim Bhf) und mit der S-Bahn zum Startpunkt Neckarelz bzw. Neckarzimmern.

Burg Hornberg

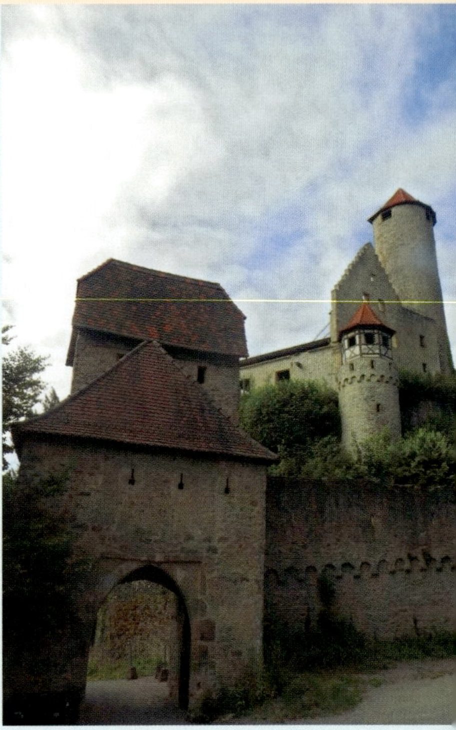

Burg Hornberg, auf einem Felsvorsprung oberhalb der Gemeinde Neckarzimmern, ist eine der ältesten Ritterburgen Deutschlands. Erstmalig urkundlich erwähnt wurde sie 1184. Dabei wurden die Grafen von Lauffen als Besitzer genannt. Nach dem Aussterben dieses Geschlechts wechselten die Eigentümer stetig. Anfang des 16. Jahrhunderts kaufte Götz von Berlichingen die Burg und lebte dort 45 Jahre bis zu seinem Tod 1562. Der sogenannte Ritter mit der eisernen Hand gehört zu den berühmtesten Reichsrittern des Spätmittelalters, vor allem da er später zur Titelfigur des nach ihm benannten Geschichtsdramas von Johann Wolfgang von Goethe wurde. 1612 wurde Reinhard „der Gelehrte" von Gemmingen zum neuen Eigentümer der Burg, die bis heute im Besitz von dessen Familie blieb. Nach zwischenzeitlichen Plünderungen und Zerstörungen wurde sie im 20. Jahrhundert restauriert und ist heute die besterhaltene Burgruine am Neckar. Seit gut 70 Jahren befindet sich außerdem ein Hotel auf der Anlage.

Weiter geht es dem roten „R" und dem blauen „N" nach („Gundelsheim 5,3 km") auf einem urigen Waldpfad hoch über der Steinbachschlucht, bei ihrem Ende scharf rechts und gleich wieder links, nun nur noch dem roten „R" nach einem kurzen Anstieg auf Forstwegen zum Waldrand 6. Hier biegen wir nun rechts ab, laufen dann auf einem asphaltierten Weg an einem Feld entlang, halten uns, wenn er sich verzweigt, schwach links und marschieren, bald wieder vereint mit dem blauen „N", immer geradeaus zum **Michaelsberg** mit der **Michaelskapelle** 7.

Michaelskapelle

Die Michaelskapelle ist eine der ältesten Kapellen in der Region und wurde schon 771 als „Basilica" erwähnt. Die christlichen Missionare haben zumeist dem Erzengel Michael und Teufelsbezwinger geweihte Bergkirchen errichtet. Jener Ursprung wird auch hier vermutet. Kirche und Turm sind romanisch (11./12. Jahrhundert), später folgten gotische Umbauten (Kreuzgewölbe des Altarraums, Ostfenster, steinerner Aufbau am rechten Seitenaltar) und noch barocke Zusätze (Westportal, weitere Fenster). Sehenswert sind der Hauptaltar mit dem Erzengel im Kampf mit dem Satan, Dreikönigsaltar sowie Marien- und Nothelferaltar.

(Infotafel bei der Kapelle)

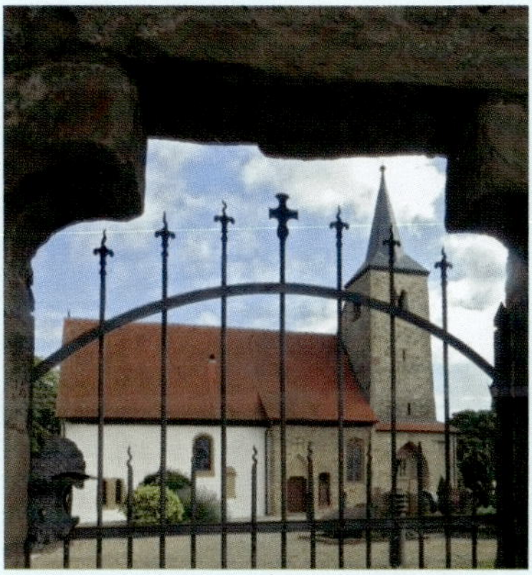

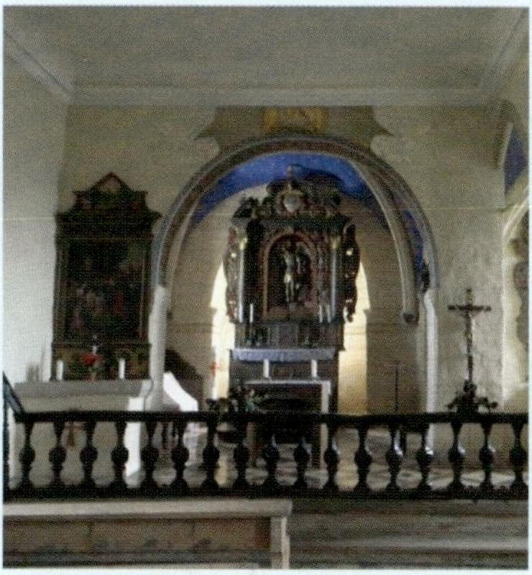

Außen- und Innenansicht der Michaelskapelle.

Wir umrunden die Kapelle in einem Linksbogen ungefähr zur Hälfte, biegen beim zweiten Friedhofstor rechts ab und folgen nun nur noch dem blauen „N" ein Stück auf einem Feldweg, dann auf steinigem Steig über viele Treppen steil hinab mit schönem Blick auf **Schloss Horneck** 8 nach **Gundelsheim** zu einer Straße und auf ihr nach rechts bis kurz vor dem Bahnübergang. Hier verlassen wir das blaue „N", biegen links ab Richtung „Altstadt", schwenken beim Rathaus rechts in die Schloßstraße, bleiben beim Kreisel geradeaus, biegen rechts in die Bahnhofstraße und gelangen zum **Bahnhof Gundelsheim** 9.

Gundelsheim und Schloss Horneck

Gundelsheim im Landkreis Heilbronn-Franken wurde erstmalig 766 n. Chr. schriftlich erwähnt, dennoch kann man davon ausgehen, dass es schon einige Epochen zuvor Siedlungen in dieser Gegend gegeben hat. Das Stadtrecht erhielt die Gemeinde 1378 durch Kaiser Karl IV. und 20 Jahre später verlieh König Wenzel Gundelsheim auch noch das Marktrecht. Die Kleinstadt mit ihren vielen hübschen Fachwerkhäusern liegt direkt am Neckar, umgeben von malerischen Weinbergen. Das Schloss Horneck oberhalb der Stadt entstand etwa um 1200 und war zu dieser Zeit wahrscheinlich im Besitz der Herren von Horneck, die es Mitte des 13. Jahrhunderts an den Deutschen Orden weitergaben. Später mehrfach umgebaut dient es heute als Hotel sowie auch als Siebenbürgisches Kulturzentrum. Hier befindet sich neben einer umfangreichen Bibliothek das Siebenbürgische Museum. Es führt seine Besucher in die Kultur und Geschichte der im Karpatenbogen gelegenen historischen Region Siebenbürgen, das sagenumwobene Transsilvanien, im heutigen Rumänien ein. Als Landesmuseum für Siebenbürgen zeigt es eine vielfältige Auswahl kunst- und kulturgeschichtlicher Ausstellungsobjekte aus acht Jahrhunderten, darunter Volkstrachten, Erzeugnisse der Goldschmiede- und Zinngießerkunst, Glas, Keramiken und Objekte der Alltagskultur. Das Museum besitzt außerdem eine umfangreiche Kunstsammlung. Mehrmals im Jahr werden Sonderausstellungen präsentiert.

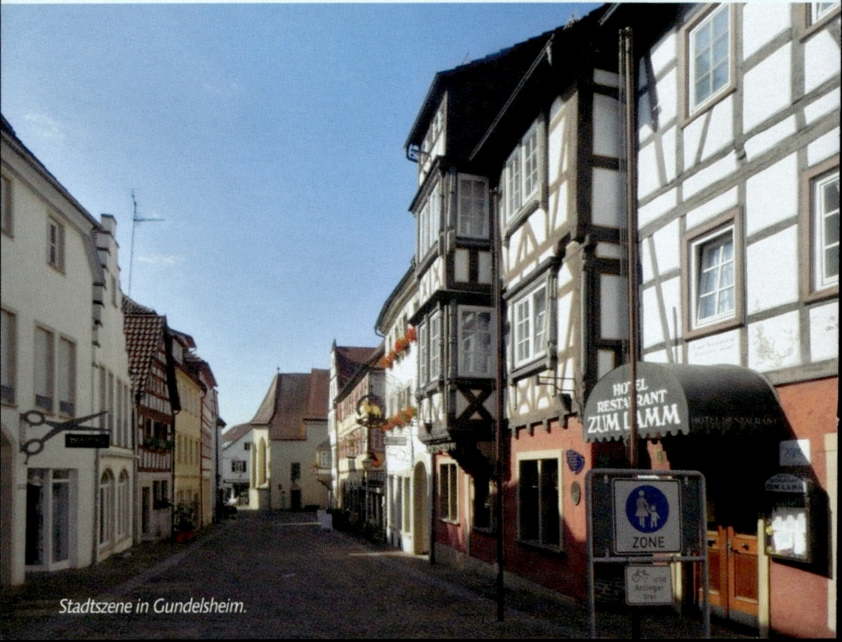

Stadtszene in Gundelsheim.

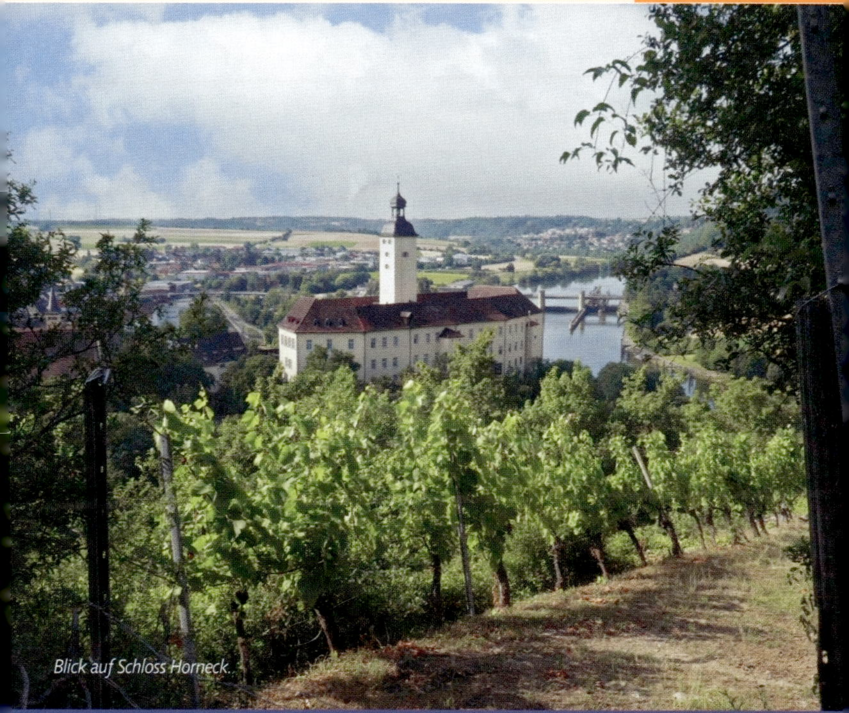

Blick auf Schloss Horneck.

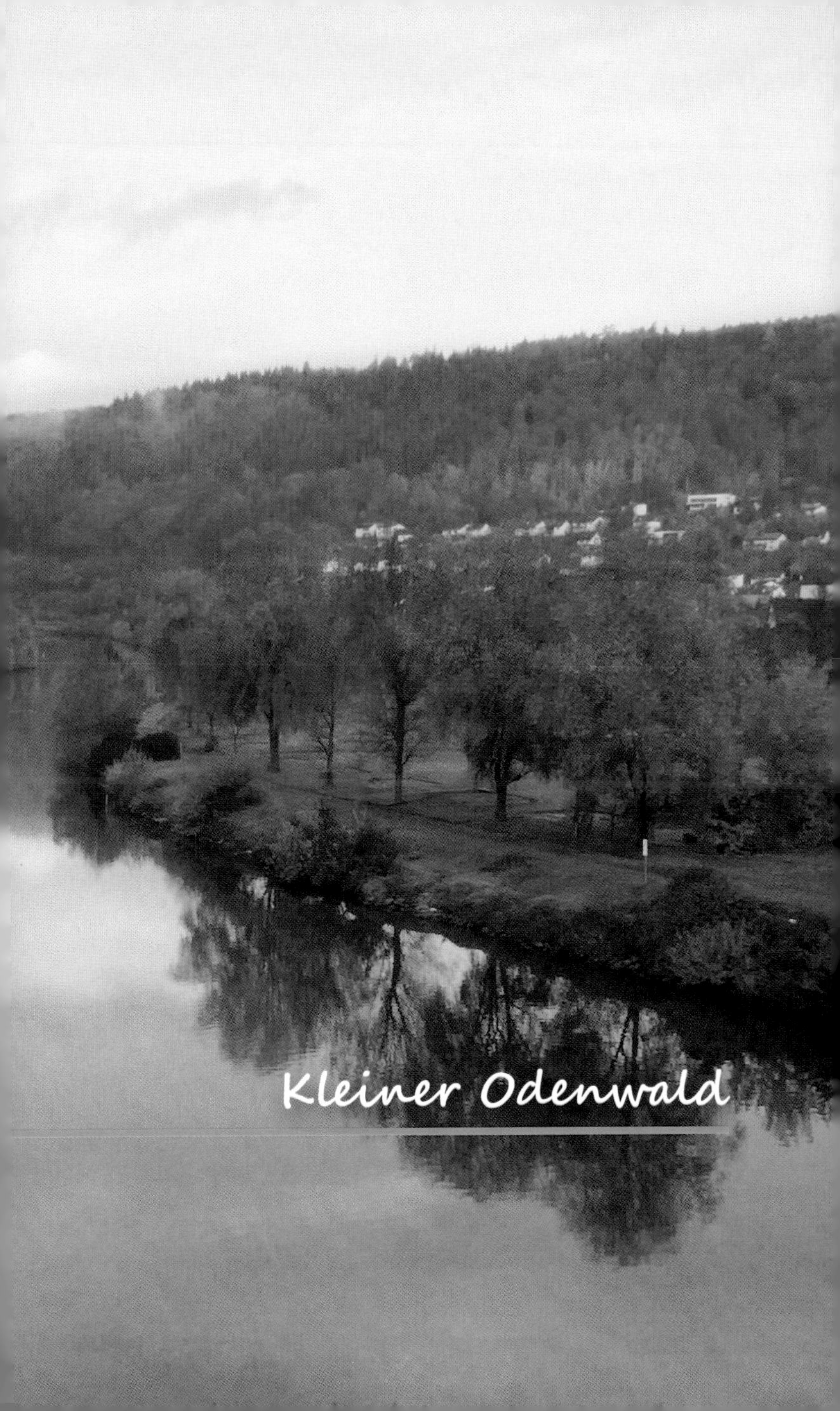
Kleiner Odenwald

Von Heidelberg über den Königstuhl und das Felsenmeer nach Neckargemünd 26

Vom Heidelberger Hausberg ins Neckartal

2 ½–4 ¾ Std.
9–15 km
120–600 Hm

Von Heidelberg über Molkenkur, Gaisberg, Königstuhl, Felsenmeer und Neckarriedkopf nach Neckargemünd.

Bis zum Königstuhl anspruchsvolle Wanderung mit ca. 500 HM mit teilweise steilem Anstieg; ab Königstuhl unschwierige Wanderung mit ca. 120 HM Anstieg; einige holprige Wegstücke erfordern etwas Trittsicherheit und festes Schuhwerk.

Es gibt viele Möglichkeiten auf den Königstuhl, mit 568 m den höchsten Gipfel des Kleinen Odenwaldes, zu gelangen: Auf dem mit rotem Strich markierten Normalweg, über die mehr als 1200 Sandsteinstufen der Himmelsleiter, etwas umständlicher, aber landschaftlich besonders schön über den Gaisberg oder – besonders bequem – mit der Bergbahn. Die ab dem Königstuhlgipfel wenig anstrengende Wanderung eignet sich auch hervorragend als Familienausflug mit Kindern, die an der Anfahrt mit der Bergbahn, dem liebevoll angelegten Märchenparadies im Gipfelbereich und dem urigen Steig durch das Schlierbacher Felsenmeer ihre helle Freude haben werden. Mit den Zwischenstationen Schloss und Molkenkur kann man auch Teiletappen des Anstiegs der Bahn überlassen. Alternativ besteht ab Heidelberg Bismarckplatz eine stündliche Busverbindung (Linie 39) zum Königstuhl.

Wir laufen vom S-Bahn-Haltepunkt **Heidelberg Altstadt** 1 aus durch das Karlstor und auf der Hauptstraße bis zum Kornmarkt, biegen links ab und gelangen zur **Talstation der Bergbahn** 2. Wenn wir bis zum Königstuhl hinauffahren wollen, überspringen wir die nächsten Absätze. Zum **Schloss** 3 gelangen wir entweder mit der Bahn oder der Markierung „roter Strich" (Weitwanderweg Odenwald-Vogesen) nach über 303 Stufen zur Schloßstraße. Wir folgen weiter dem roten Strich auf einem Pflasterweg, dann 200 m auf der Straße, biegen dann bei einem Markierungsstein rechts ab, steigen auf einem holprigen Pfad bergan bis zur Straße und auf ihr zur **Bergbahnstation Molkenkur** 4. Nun müssen wir uns für eine von vier Varianten entscheiden:

Die bequemste Variante: mit der Bergbahn zum Königstuhlgipfel.

Die Normalwegvariante: links abbiegen und immer dem roten Strich nach hinauf zum Gipfel.

Die Kreislauftrainingsvariante: links dem „roten Strich" nach, bis man nach gut 500 m auf die Himmelsleiter trifft, und auf ihr steil hinauf (Neckarsteig-Markierung) zum Gipfel. **Die weiteste, aber schönste Variante:** immer dem gelben „R" nach weiter auf der Straße, nach 250 m links ab in den Tiergartenweg. Bei der übernächsten Verzweigung nach gut 1 km biegen wir links ab („Gaisberg 0,6 km") und folgen der „1" auf schönem Waldpfad hinauf zum kleinen Aussichtsturm auf dem **Gaisberg** 5. Weiter geht es der „1" nach zu einer Schutzhütte beim **Arboretum I** 6 mit mächtigen Mammutbäumen und weiteren exotischen Bäumen.

Wir wählen den unmarkierten holprigen Fußweg geradeaus, gelangen zum Waldparkplatz **Sprunghöhe** und marschieren etwas rechts versetzt weiter, nun dem auf der Spitze stehenden grünen Dreieck folgend und zum Schluss wieder mit dem roten Strich vereint, auf steinigem Fußweg zur Bergstation auf dem **Königstuhl** 7 – damit ist der schweißtreibende Anstieg geschafft!

Altstädte von Heidelberg und Neckargemünd; Bergbahn Heidelberg; Heidelberger Schloss; Gaisbergturm; Arboretum I; Königstuhl mit Aussichtsturm und Märchenparadies; Felsenmeer

Königstuhl; Neckargemünd

Königstuhl

Der Königstuhl bei Heidelberg besitzt eine Höhe von etwa 570 m und ist damit der höchste Berg des Kleinen Odenwaldes und der Bergstraße. Zu Erreichen ist er zu Fuß über eine steile Treppe mit mehr als 1200 Stufen, der sogenannten Himmelsleiter, mit dem Bus der Linie 39 oder mit der Bergbahn ab Station Kornmarkt. Zu den Zwischenstationen bis zum Gipfel zählen das Heidelberger Schloss sowie die ehemalige Kuranlage Molkenkur. Oben auf dem Gipfel angekommen, kann man einen herrlichen Ausblick auf Heidelberg genießen. Als Unterhaltungsprogramm für die Familie gibt es in der Nähe außerdem den Freizeitpark Märchenparadies, geöffnet von Mitte März bis Mitte November, die Falknerei Tinnuculus mit täglichen Flugvorführungen und die Landessternwarte.

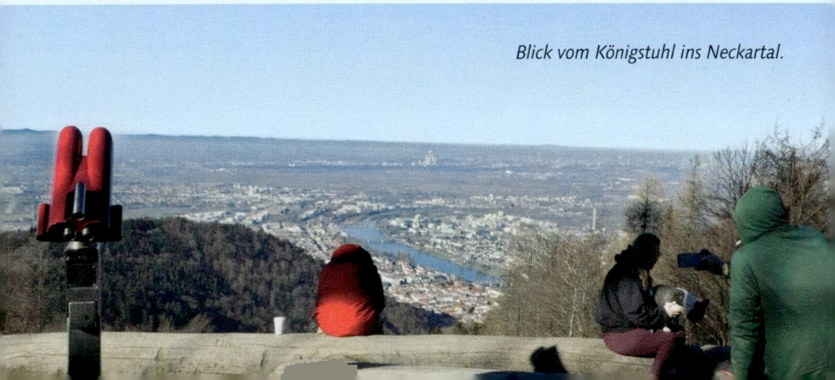

Blick vom Königstuhl ins Neckartal.

INFOS

Wanderkarte 1:20 000 des MeKi-Verlages, Blatt 12; Freizeitkarte 1:50 000 des LGL-BW, Blatt F513; Wanderkarte 1:25 000 des LGL-BW, Blatt W202; Kompass Kartenset 1:50 000, Blatt 827

www.heidelberg.de; www.bergbahn-heidelberg.de; www.gasthof-koenigstuhl.de; www.maerchenparadies.de, www.efa-bw.de (Fahrplanauskunft)

Mit der S-Bahn bis Heidelberg Altstadt; Rückfahrt ab Neckargemünd mit der S-Bahn.

Weiter geht es dem grünen Dreieck nach an einem Startpunkt für Gleitschirmflieger und einem Aussichtsturm vorbei zur nächsten Verzweigung. Rechter Hand kann man dem **Märchenparadies** 8 einen Besuch abstatten, ansonsten bleiben wir geradeaus und biegen nach 300 m links ab und folgen den Markierungssteinen „Felsenmeer" auf holprigem Weg hinab, bis er bei einer Hütte in einem Querweg endet. Bevor wir dem Radwegweiser rechts Richtung Neckargemünd folgen, sollten wir uns zuerst einen Abstecher ins **Felsenmeer** 9 gönnen: Ein beim Schild „Naturschutzgebiet" beginnender Steig erschließt das sehenswerte Naturdenkmal. Anschließend geht es auf dem breiten Weg weiter zur Wegspinne **Hohler Kastenbaum** 10. Wer abkürzen will, folgt dem „weißen Andreaskreuz" links zum S-Bahn-Haltepunkt Schlierbach 11.

Wenn wir noch weiterwollen, folgen wir dem Andreaskreuz halbrechts, bleiben, wenn es nach 200 m rechts abzweigt geradeaus, 50 m weiter halblinks und wandern auf dem Naturlehrpfad **„Via naturae"** (markiert mit gelbem N) erst eben, dann rechts bergab zum **Linsenteicheck** (hübscher Rastplatz) 12, 300 m geradeaus auf dem Alten Kohlhöferweg und folgen links den Radwegmarkierungen Richtung Neckargemünd zum **Melopass**. Nun geht es bis zum Ziel dem blauen „N" des **Neckarsteiges** („Neckargemünd 2,8 km") nach über den Neckarriedkopf 13 mit Sendeturm, dann steil bergab nach **Neckargemünd**, über die Elsenzbrücke, rechts und gleich wieder links über Treppen hinauf zur Altstadt und am Stadttor vorbei zum S-Bahn-Haltepunkt **Altstadt** 14.

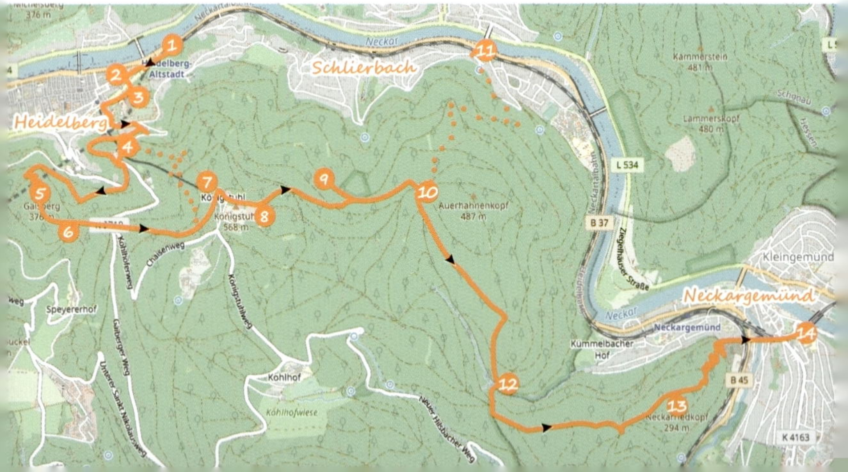

Neckargemünd

Die kleine Stadt am Neckar, unweit von Heidelberg gelegen, wurde erstmals 988, damals noch unter dem Namen „Gmundi", schriftlich erwähnt. Im 13. Jahrhundert wurde sie durch König Heinrich VII. zur freien Reichsstadt ernannt. Dies zeichnet sich auch im Wappen ab, das einen schwarzen Adler mit einem blauen Reichsapfel auf dem Brustschild zeigt. Im 14. Jahrhundert wurde Neckargemünd dieser Status wieder aberkannt, da der Kaiser die Stadt, aufgrund finanzieller Schwierigkeiten, an den Pfalzgrafen bei Rhein abtrat und sie damit später in das pfälzische Territorium eingegliedert wurde. Die lange Geschichte der Stadt spiegelt sich auch in ihrer historischen Altstadt wieder mit vielen hübschen Fachwerkhäusern und kleinen verwinkelten Gässchen. Neben Neckarsteinach, Hirschhorn und Eberbach ist auch Neckargemünd eine der sogenannten „Romantischen Vier", die sich zusammengeschlossen haben, um den Besuchern Heidelbergs und seiner Umgebung, das Neckartal in seiner Schönheit und Vielfalt näherzubringen.

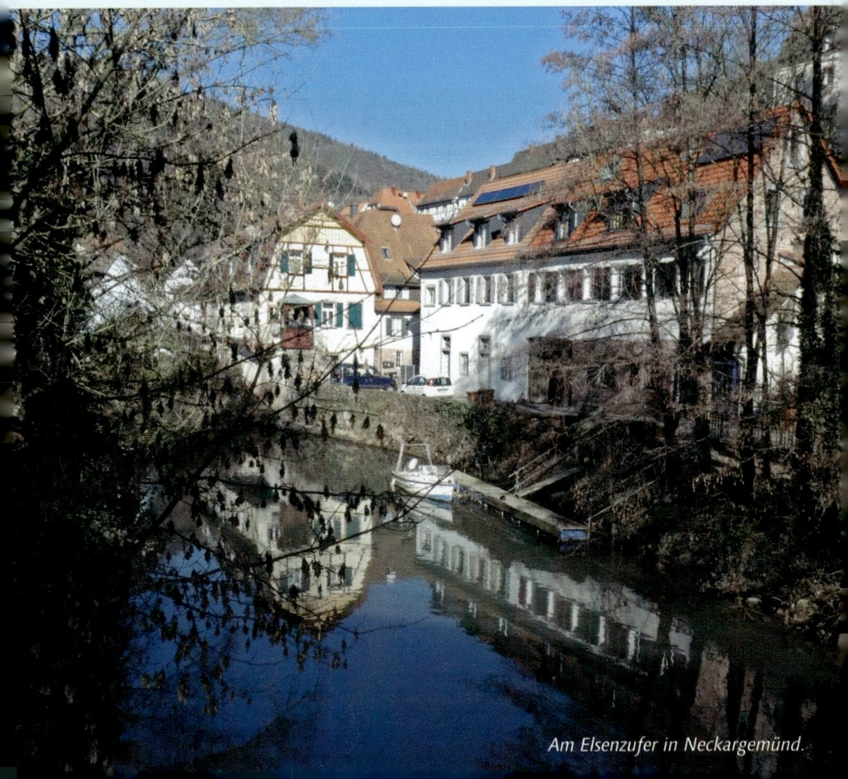

Am Elsenzufer in Neckargemünd.

Von Bammental-Reilsheim über Kohlhof nach Heidelberg-Rohrbach 27

Eichendorff und das Käthchen von Rohrbach

3 ¾ Std.

13–14 km

400 Hm

Von Bammental-Reilsheim über Krebsbachtal, Kohlhof, Drei Eichen und Boxberg nach Rohrbach.

Mittelschwere Wanderung mit langem, aber wenig steilem Anstieg und teilweise steilem Abstieg auf holprigen Wegen, für den man eine Portion Trittsicherheit mitbringen sollte.

Fachwerkhaus und alter Turm mit Kräutergarten in Reilsheim; Posseltslustturm; Bildstock St. Nikolaus; Johanneskirche und Rathaus in Rohrbach

Restaurant „oben" auf dem Kohlhof (Mi.–Sa. ab 18 Uhr); ansonsten erst in Rohrbach

Reilsheim feierte 2019 sein 1250-jähriges Jubiläum und ist damit älter als der gut 1000 Jahre alte Ortsteil Bammental. Der Ort bietet einige Sehenswürdigkeiten, denen wir beim Beginn der Wanderung unsere Aufmerksamkeit schenken sollten, so das historische Fachwerkhaus von 1592 oder den alten Kirchturm mit einem Heil- und Kräutergarten. Aber auch unterwegs auf der Wanderung durch den kleinen Odenwald gibt es einige Sehenswürdigkeiten zu bestaunen wie die ehemalige Künstlerkolonie auf dem Kohlhof oder den St.-Nikolaus-Bildstock.

Wir laufen vom Haltepunkt **Bammental-Reilsheim** 1 ein paar Meter parallel zu den Gleisen, über Treppen hinab zum Kreisel, geradeaus Richtung Gauangelloch bis zu einem historischen **Fachwerkhaus** 2 (es wurde 1592 erbaut und beherbergte zeitweise eine Gaststube) und schwenken scharf rechts in den Bachweg. Bald treffen wir auf die Elsenz, biegen links ab und wandern auf schönem Fußweg an dem Fluss entlang, dann über einen Parkplatz zu einer Straße und auf ihr rechts am Waldschwimmbad vorbei zu einem Wanderwegweiser. Wir folgen nun für eine Weile dem Zeichen „V" nach rechts zum **alten Turm** 3, dem Wahrzeichen von Reilsheim mit einem Heil- und Kräutergarten, dann scharf links („Eselsbrücke 1 km") auf einem Forstweg stetig bergan, bleiben beim nächsten Wegweiser geradeaus und folgen nun dem Zeichen „G1" („Totenweghütte 1,6 km") zum Waldrand, dann rechts auf schönem Weg zwischen Waldrand und Streuobstwiesen und nach Querung einer Straße auf dem Totenweg bergab zur **Totenweghütte** 4. Hier treffen wir auf die Markierung „grünes Kreuz" (Kohlhof 3,9 km"), sie wird uns bis zum Ziel den Weg weisen.

Wir marschieren durch das **Krebsbachtal** auf breitem Weg sanft bergan, schwenken kurz nach einem Markierungsstein links auf einen Waldpfad und wandern an der

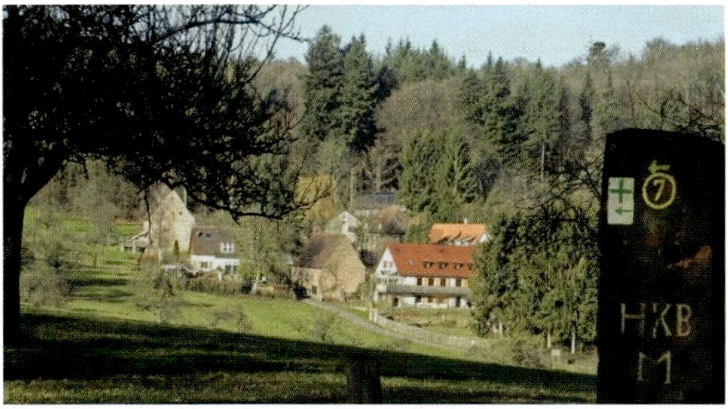

Blick auf den Kohlhof.

Stefanshütte vorbei, immer unserem Zeichen nach, zum Waldrand mit Blick auf die Höhensiedlung **Kohlhof** 5 und den Sendetürmen des Königstuhls, dann über eine Wiese zur Bushaltestelle **Posseltslust** 6. Hier hat man die Möglichkeit abzukürzen und mit dem Bus 39 nach Heidelberg zu fahren. Will man die **Kohlhof- Siedlung** besuchen, erreicht man sie auf einem Fußweg mit einem kurzen Abstecher nach rechts. Der Name rührt von der im nahen Kohlwald betriebenen Köhlerei her. Im Busenbrunner Hof befand sich seit dem 19. Jahrhundert eine Gaststätte, seit Januar 2017 befindet sich in den Räumlichkeiten das **Restaurant „oben"** des Kochs Robert Rädel, der dort 2019 mit einem Stern des Guide Michelin ausgezeichnet wurde.

Weiter geht es dem grünen Kreuz nach am Posseltslustturm (mit einer schönen Rundumsicht) vorbei auf breitem Weg zur Bushaltestelle **Drei Eichen** 7. Bevor wir weiter dem grünen Kreuz folgen, gönnen wir uns einen Abstecher zum **St.-Nikolaus-Bildstock** 8 (scharf rechts, mit rotem Strich markiert).

INFOS

Wanderkarte 1:20 000 des MeKi-Verlages, Blatt 12; Freizeitkarte 1:50 000 des LGL-BW, Blatt F513; Wanderkarte 1:25 000 des LGL-BW, Blatt W202; Kompass Kartenset 1:50 000, Blatt 827

www.bammental.de; www.heidelberg.de; www.efa-bw.de (Fahrplanauskunft)

Ab Heidelberg Hbf mit der S-Bahn S5 bis Bammental-Reilsheim; Rückfahrt ab Rohrbach Mitte mit der Straßenbahn oder ab Bhf. Kirchheim-Rohrbach mit der S-Bahn S3.

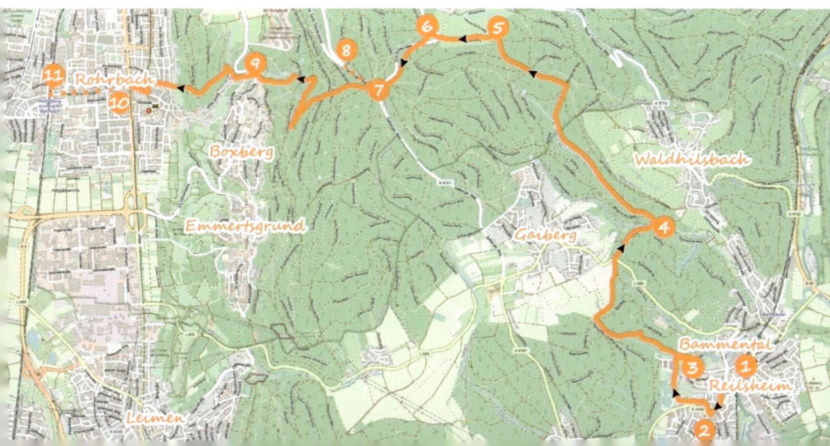

St.-Nikolaus-Bildstock

Der St.-Nikolaus-Bildstock ist ein religiöses, dem Heiligen Nikolaus geweihtes Denkmal. Darauf ist folgende Inschrift zu lesen: „O heiliger St. Nicolaus, bitt' für uns. Aufgebaut von Leonardo Schreiber zu der Zeit Stattforstmeister im Jahr 1747." Laut Überlieferung gründet diese auf folgender Geschichte: „Der Stadtforstmeister Schreiber war dienstlich im Walde, als ein heftiges Gewitter aufzog. Der Regen rauschte im Blätterdach. Blitze zuckten über den Himmel und der Donner grollte gewaltig. Schreiber betete und flehte zum Heiligen Nikolaus, er möge ihm beistehen. Plötzlich schlug der Blitz ganz in der Nähe des Baumes ein, unter dem er Schutz gesucht hatte. Schreiber blieb unversehrt und konnte gesund nach Hause gehen. In tiefer Dankbarkeit für die Errettung aus großer Gefahr ließ er zu Ehren des Heiligen Nikolaus einen Bildstock errichten. Der steht nun fast 250 Jahre lang an dieser Stelle." (Aus: „Wanderungen durch Heidelberger Wälder")
Etwa 50 Jahre nach ihrer Errichtung beschädigten einige Jugendliche die Steinfigur. Daraufhin musste St. Nikolaus ganze 150 Jahre kopflos verharren, bis während des Zweiten Weltkrieges ein Soldat in russischer Gefangenschaft schwor, wenn er dies überleben sollte, die Heiligenfigur wieder zu vervollständigen. Dieses Versprechen hielt er und gab bei seiner Rückkehr nach Heidelberg einen neuen Kopf bei einem Bildhauer in Auftrag.

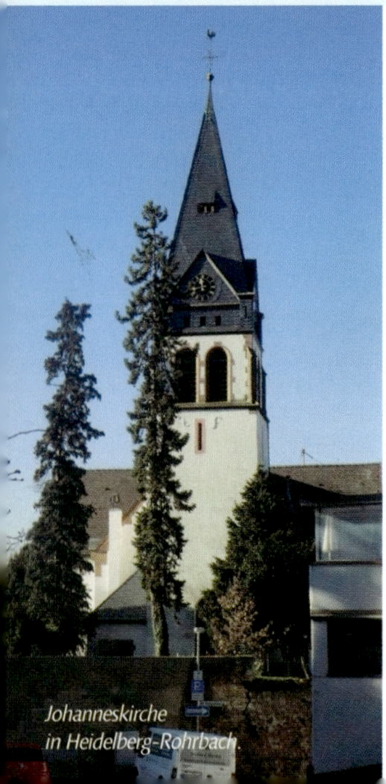

Johanneskirche in Heidelberg-Rohrbach.

Anschließend geht es auf holprigem Waldpfad steil bergab, nach 1 km scharf rechts (Achtung, ab hier neue Wegführung der Markierung!) und immer dem grünen Kreuz nach 600 m links ab auf Waldpfaden am Rand der Höhensiedlung **Boxberg** 9 entlang. Wenig später schwenken wir nach links auf einen leicht ansteigenden Forstweg. Er führt bald wieder bergab und beschreibt einen Rechtsbogen. Nach ihm biegen wir links ab auf einen Treppenabgang (Achtung, hier fehlt zunächst die Markierung!). Über unzählige Stufen gelangen wir zum Heidelberger Ortsteil **Rohrbach**, laufen geradeaus auf der Achim-von-Arnim-Straße zur Kirche, biegen links in die Herrenwiesenstraße, rechts in die Rathausstraße und gelangen zur **Straßenbahnhaltestelle Rohrbach Markt** 10. Nun können wir entweder mit der Straßenbahn nach Heidelberg fahren, oder wir folgen weiter dem grünen Kreuz schwach links bis zum **S-Bahn-Haltepunkt** 11 und fahren mit der S-Bahn zurück.

Rohrbach

Rohrbach ist ein Stadtteil Heidelbergs Nahe des Stadtzentrums. Es wurde als ehemaliges Winzerdorf zuerst 766 urkundlich erwähnt, man kann jedoch davon ausgehen, dass dort schon viele Jahrhunderte zuvor, wahrscheinlich schon in der Steinzeit, Siedlungen existiert haben. Im Dreißigjährigen Krieg und im Pfälzischen Erbfolgekrieg wurde Rohrbach mehrfach großflächig zerstört.

Joseph von Eichendorff

In den Jahren 1807/08 weilte der Dichter Joseph von Eichendorff mit einem literarischen Freundeskreis in Rohrbach. Der Wirt des Gasthauses „Zum Ochsen" hatte ihnen dazu ein Stübchen eingerichtet, wo sie nach Herzenslust tagen, essen, trinken und rauchen, jedoch auch mit örtlichen „Minken" (Mädchen) schäkern konnten. Im Herbst 1807 entspann sich zwischen Eichendorff und einer im Tagebuch nur „K." genannten Minke eine Liebesaffäre, die bis zum Frühjahr 1808 andauerte und durch Eichendorffs Abreise jäh beendet wurde. Der Dichter hat seinen Erinnerungen an das Käthchen von Rohrau in unzähligen Balladen und Weisen Ausdruck verliehen, eines der schönsten davon „Das zerbrochene Ringlein".

(Infotafel in Rohrau)

Das zerbrochene Ringlein

Text: Joseph von Eichendorff (1809)
Melodie: Friedrich Glück (1814)

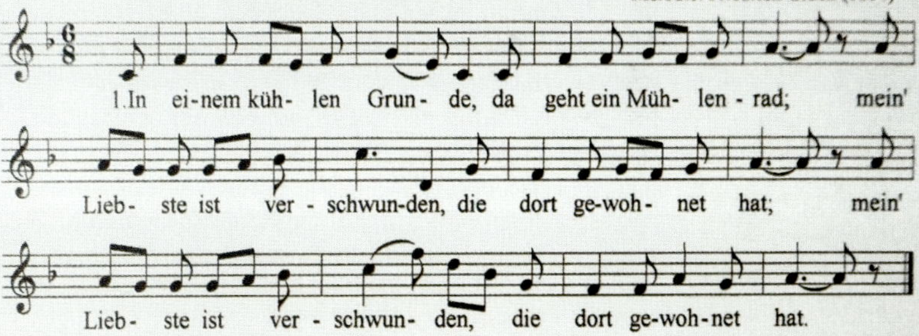

2.Sie hat mir Treu' versprochen, gab mir ein'n Ring dabei;
sie hat die Treu' gebrochen, mein Ringlein sprang entzwei.

3.Ich möcht' als Spielmann reisen weit in die Welt hinaus,
und singen meine Weisen und gehn von Haus zu Haus.

4.Ich möcht' als Reiter fliegen wohl in die blut'ge Schlacht,
um stille Feuer liegen im Feld bei dunkler Nacht.

5.Hör ich das Mühlrad gehen: Ich weiß nicht, was ich will -
ich möcht' am liebsten sterben, da wär's auf einmal still.

Odenwaldrundwanderung von Neckargemünd nach Neckarsteinach 28

Eine Bergfeste und sechs Burgen

3 ½–4 Std.
12–14 km
400–480 Hm

Von Neckargemünd über Dilsberg, Neckarsteinach und Kleingemünd zurück nach Neckargemünd.

Anspruchsvolle Wanderung mit mehreren kurzen Steilpassagen.

Burg Reichenstein; Neckartal; Feste Dilsberg; Neckarschleuse; Neckarsteinach mit Altstadt und vier Burgen; Teufelstein; Altstadt von Neckargemünd

Dilsberg; Neckargemünd; Neckarsteinach

Die Glanzpunkte unserer heutigen Wanderung hoch über dem Neckartal sind die vier Burgen von Neckarsteinach, die historischen Stadtkerne von Neckargemünd und Neckarsteinach sowie die auf einem Bergkegel gelegene mittelalterliche Bergfeste Dilsberg. Sie ist ein gelungenes Beispiel für die Restauration einer ganzen Burgsiedlung. Die Burg wurde um 1150 errichtet und war ab dem 14. Jahrhundert kurpfälzische Festung. Nach einer wechselvollen Geschichte wurde 1827 ihr Abbruch verfügt. Im 19. Jahrhundert entdeckten Künstler wie Mark Twain und William Turner den romantischen Flecken neu, seitdem sichern Bau- und Restaurierungsmaßnahmen den Erhalt dieser einzigartigen Anlage.

Wenn wir mit dem Auto anreisen, laufen wir auf der **Bahnhofstraße** 1 und Hauptstraße zum Haltepunkt Altstadt und über die Bahnbrücke zum Wanderwegweiser, wenn wir mit der S-Bahn ankommen, laufen wir vom Haltepunkt **Altstadt** 2 die Treppe zum Wegweiser hinauf. Bevor wir nun dem blauen „N" des **Neckarsteigs** folgen, können wir einen kurzen Abstecher nach rechts (Markierung gelbes R, dann blauer Strich) zu **Ruine Reichenstein** 3 machen. Die um 1220 erbaute Burg diente als Reichsburg und verfiel seit dem 15. Jahrhundert.

Nun folgen wir zunächst dem blauen „N" Richtung Dilsberg auf einer Straße bergan und links über einen Treppenaufgang, dann steil bergan, bis das Zeichen rechts abknickt. Wir laufen links zur **Bockfelsenhütte** 4, genießen die schöne Aussicht auf das Neckartal und folgen nun dem gelben „R" und roten Kreuz auf gemütlichem Höhenweg, dann links im Zickzack bergab zur Talstraße, auf ihr rechts zum Ortseingang von **Rainbach** 5 und nochmals rechts („Dilsberg 1,6 km"). Nun geht's stetig bergan an der Lochmühle 6 vorbei, über eine Straße, nach 150 m rechts ab und nun etwas steiler zum nächsten Wegweiser 7. Einfacher und kürzer ist es nun, dem gelben „R“ nach links zu folgen (Fortsetzung siehe nächster Testabsatz), anstrengender, aber viel schöner, dem roten Kreuz geradeaus hinauf zur **Feste Dilsberg** 8 zu folgen.

Dilsberg

Der Neckargemünder Ortsteil Dilsberg befindet sich über dem Neckartal auf einer Bergkuppe. Es wird davon ausgegangen, dass er zur Römerzeit als Signalstation genutzt wurde. Gegen 988 wurde er Eigentum des Bistum Worms, das einen Teil des Waldes roden ließ, um dort später die Bergfeste Dilsberg zu errichten. Diese war zunächst Sitz der Grafen von Lauffen und ging später über in den Besitz der Kurpfalz. Trotz der Masse an Belagerungen und Kämpfen um die Burg während des Dreißigjährigen Krieges blieb sie weitestgehend von Zerstörungen verschont. Anfang des 19. Jahrhunderts wurde die Bergfeste als Staatsgefängnis und Arrestzelle für Studenten, auch Karzer genannt, genutzt. Heute ist der Dilsberg eine äußerst beliebte Wohngegend und Zentrum für Kunst und Kultur. Regelmäßig finden vor allem auf der Burganlage Konzerte und Aufführungen statt. Die Bergfeste ist ganzjährig für Besichtigungen geöffnet. Außerdem werden Führungen angeboten, die die Besucher durch die lange Historie der Burg begleiten.

Auf dem Dilsberg bei der Friedenslinde.

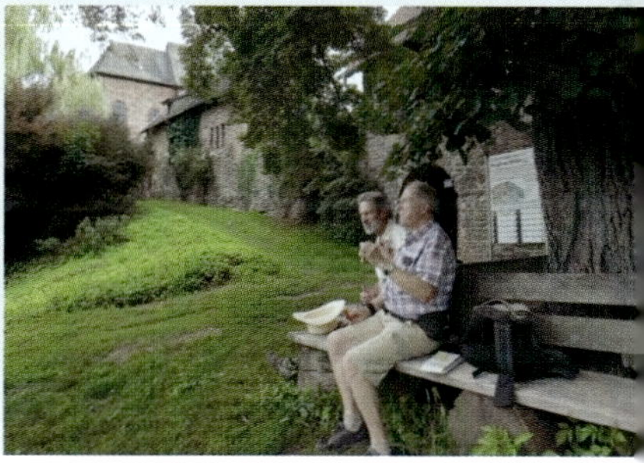

Vor der Stadtmauer halten wir uns rechts, beim nächsten Wegweiser links und folgen nun dem roten Quadrat („Neckarsteinach 2,5 km“) durch das Stadttor auf der oberen Straße durch den Ort (nach rechts lohnt sich ein kleiner Abstecher zur Burgruine und dem begehbaren Brunnenstollen), nach der Kirche links über Treppen hinab und rechts durch ein schmiedeeisernes Tor zum Rastplatz bei der **Friedenslinde**. Immer dem roten Quadrat und nun auch wieder dem blauen „N“ des **Neckarsteigs** nach wandern wir in vielen Kehren, bald auch wieder mit dem gelben „R“ vereint, hinab zum Neckarufer, überqueren den Fluss auf der **Schleusenbrücke** 9, gehen geradeaus zur Hauptstraße und laufen links neben der Straße zum Bahnhof **Neckarsteinach** 10.

Ein Rätsel

Die ersten Silben
nennen dir den Fluss,
nach dessen schönem Strande
aus fernem, fernem Lande
ertönen wird
mein sehnsuchtsvoller Gruß.

Der Hauch der letzten
ist dem Herzen eigen,
wenn ihm das Wort gebricht,
doch tief die Liebe spricht
in ihrer Sehnsucht
selig bangem Schweigen.

Die dritte bildet dir
dein Haus im Leben
und wird, bist du geschieden
zum ewig stillen Frieden,
auf deinem Hügel
ehrend sich erheben.

Das Ganze zeigt
ehrwürdiges Gemäuer
vier alternder Ruinen
mit schwesterlichen Mienen,
die meiner Seele
als Erinnerung teuer.

Nikolaus Lenau, 1832

Wer schon genug hat, kann von hieraus mit der Bahn zurückfahren. Ansonsten verlassen wir hier die nach rechts führende Markierung, gehen geradeaus auf der Hauptstraße weiter, bei der nächsten großen Straßenkreuzung links („4 Burgen") über die Steinachbrücke und rechts in

Ruine Schwalbennest mit Blick auf Neckartal, Neckarsteinach und Dilsberg.

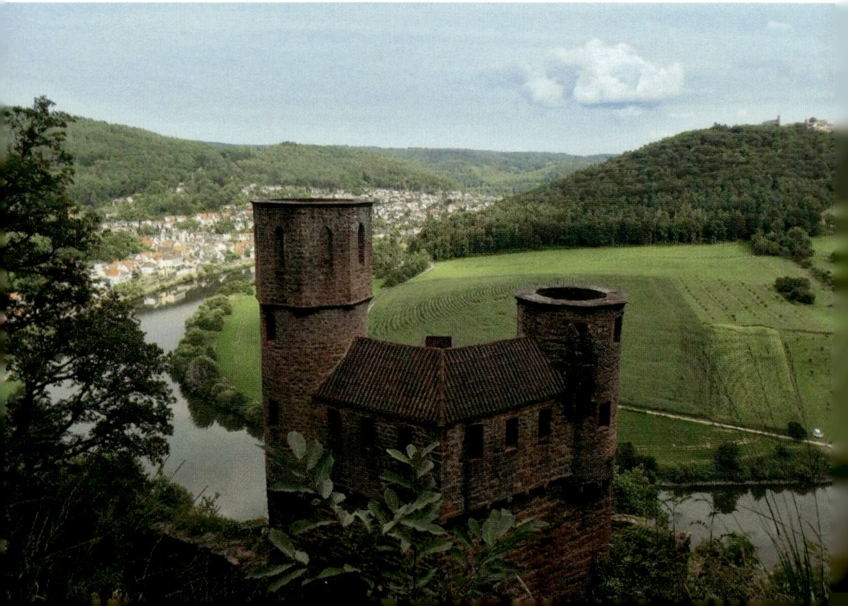

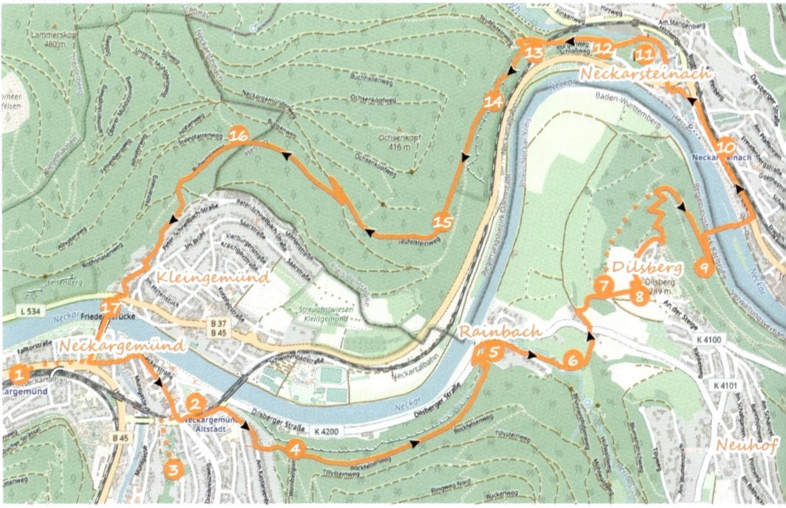

die Kirchenstraße. Auf Kopfsteinpflaster bummeln wir, immer geradeaus bleibend, durch die schmucke **Altstadt von Neckarsteinach** 11 (weitere Infos siehe Tour 14). Bald gesellt sich die Markierung rotes „R“ zu uns, sie wird uns den Weg für die nächste Zeit weisen. Bei der Steinachbrücke geht's links ab und hinauf zur **Mittelburg** 12. Sie ist wie die Vorderburg in Privatbesitz und nicht zu besichtigen. Immer dem roten „R“ nach kommen wir zur imposanten Ruine der **Hinterburg** 13 (auf ihr lebte im 12. Jahrhundert der mittelalterliche Dichter Bligger II.) und schließlich auf schönem Höhenweg zur Ruine **Schadeck** 14 (auch Schwalbennest genannt). Beide Ruinen sind restauriert und frei zugänglich. Wir folgen noch dem roten „R“ am **Teufelstein** 15 vorbei und einem Links- & Rechtsknick bis zur nächsten Verzweigung bei einer Bank 16, verlassen hier die Markierung und laufen den breiten Waldweg halblinks ziemlich steil bergab, überqueren einen breiten Weg und folgen nun dem Zeichen „blauer Strich“ auf einem Waldpfad hinab nach und durch Kleingemünd und, immer dem Zeichen nach, über die Neckarbrücke 17 nach **Neckargemünd** (Weitere Info siehe Tour 26). Bei der nächsten Ampel laufen wir entweder nach rechts zum Bahnhof oder, wenn wir der schönen Altstadt noch einen Besuch abstatten wollen, links dem umgekehrten grünen Dreieck nach auf der Hauptstraße durch das Stadttor zum S-Bahn-Haltepunkt Altstadt 2.

INFOS

Wanderkarte 1:20 000 des MeKi-Verlages, Blatt 12; Freizeitkarte 1:50 000 des LGL-BW, Blatt F513; Wanderkarte 1:25 000 des LGL-BW, Blatt W202; Kompass Kartenset 1:50 000, Blatt 827

www.neckargemuend.de; www.dilsberg.de; www.neckarsteinach.de; www.efa-bw.de (Fahrplanauskunft)

Ab Heidelberg Hbf oder Eberbach mit der S2 nach Neckargemünd Altstadt; Mit dem Auto: auf der B37 nach Neckargemünd, Parkmöglichkeit in Bahnhofsnähe.

Von Neckargemünd durch den Kleinen Odenwald nach Neckarhausen

29

Vom Nonnenbrunnen nach Mückenloch

4 ¼ Std.

15,5 km

370 Hm

Von Neckargemünd Altstadt über Nonnenbrunnen, Mückenloch, Steinernen Tisch und Neckarhäuserhof nach Neckarhausen.

Leichte Wanderung mit nur wenig steilen Anstiegen, meist auf breiten Forst- und Waldwegen.

Altstadt von Neckargemünd; Nonnenbrunnen; römischer Gutshof; aussichtsreiche Wege; Naturschutzgebiet Sotten; Neckartal; Neckarfähre

Mückenlocher Schützenhaus (nur sonntags); Mückenloch; Neckarhäuserhof; Neckarhausen

Keine Angst, im schön gelegenen Höhendorf Mückenloch gibt es vermutlich auch nicht mehr Mücken als an anderen Orten; der ungewöhnliche Ortsname hat ursprünglich nichts mit Mücken zu tun, je nach Deutung soll er sich von „Aufmuckloch" oder von niederländisch „mück en Loch" (mach ein Loch) herleiten. Die im Vergleich zum sonstigen Odenwald viel sanfteren Berghänge des kleinen Odenwaldes ersparen dem Wanderer zumeist längere steile Passagen, so auch bei dieser Tour: Bis auf einen ganz kurzen steilen Abstieg überwiegen bequeme und wenig anstrengende Wege. Unterwegs gibt es einiges Sehenswertes zu entdecken: den Nonnenbrunnen, die Mauern eines römischen Gutshofes oder das Naturschutzgebiet Sotten. Ein Schmankerl zum Abschluss ist die Fährüberfahrt über den Neckar, bei Hochwasser sogar, wie ich es erlebt habe, per Muskelkraft im Ruderboot! Da die Zwischenstation Mückenloch über eine gute Busanbindung verfügt, kann man die Tour auch abkürzen oder in zwei Teiletappen zerlegen.

Über dem Bahnsteig des Haltepunktes Altstadt 1 sehen wir schon den ersten Wanderwegweiser und folgen für die nächsten eineinhalb Stunden der immer zuverlässigen Markierung umgedrehtes grünes Dreieck („Mückenloch 6,8 km"): auf einer Straße bergan und links über einen Treppenaufgang zum nächsten Wegweiser. Hier halten wir uns rechts („Dilsberger Hof 3,6 km"), marschieren auf Forstwegen sanft bergan, biegen beim übernächsten Wegweiser scharf rechts ab („Römischer Gutshof 1,7 km") und folgen unserem Zeichen durch schönen Buchenwald zum **Nonnenbrunnen** mit hübschem kleinen Rastplatz. Hier sollte man nicht versäumen, mit einem kurzen Abstecher nach links die Mauern eines mitten im Wald liegenden **römischen Gutshofs** 2 zu besichtigen.

Villa Rustica

Die „Villa Rustica" ist ein Bodendenkmal in der Nähe von Wiesenbach. Der Name bezeichnet Gutshöfe des römischen Reichs, die für die damalige Landwirtschaft zuständig waren. Die im „Herrenwald" gelegene Villa Rustica wurde vor ca. 50 Jahren zufällig entdeckt. Anhand der archäologischen Funde wird ihre Entstehung auf etwa 130 n. Chr. geschätzt. Durch den Vorstoß der Alemannen musste sie jedoch um 260 n. Chr. aufgegeben werden. Heute sind von dem ehemaligen römischen Gutshof vor allem noch die Grund- und Umfassungsmauern erkennbar sowie der Kellerraum, der in großen Teilen wiederhergestellt werden konnte. Das Denkmal ist für Besucher frei zugänglich und kann jederzeit besichtigt werden. Die Infotafeln auf dem Gelände geben zudem weitere Informationen zur Geschichte des Ortes.

Wieder zurück auf dem markierten Weg gelangen wir auf der ehemaligen Römerstraße zum Waldparkplatz **Heidenfronwald** 3, queren die Straße und wandern am Pavillon Lehenwald vorbei zum nächsten Wegweiser 4. Hier bleiben wir geradeaus und folgen nun dem roten Quadrat („Mückenloch 2,7 km") bis zu einer Hochspannungsleitung, dann einem Pfad nach rechts zum nächsten Wegweiser beim **Sühnekreuz** 5, schwenken nach rechts und nehmen das Zeichen „rotes Kreuz" auf („Steinerner Tisch 4 km"). Ein paar Meter weiter passieren wir das Schützenhaus (sonntags Einkehrmöglichkeit), marschieren auf einem Waldweg und genießen wenig später die herrliche Aussicht auf die Höhenzüge des Odenwaldes und auf die Höhensiedlung Mückenloch. Beim nächsten Wegweiser können wir, wenn wir einkehren oder die Wanderung schon beenden wollen, nach links in wenigen Minuten hinab nach **Mückenloch** 6 gelangen.

Blick auf Mückenloch.

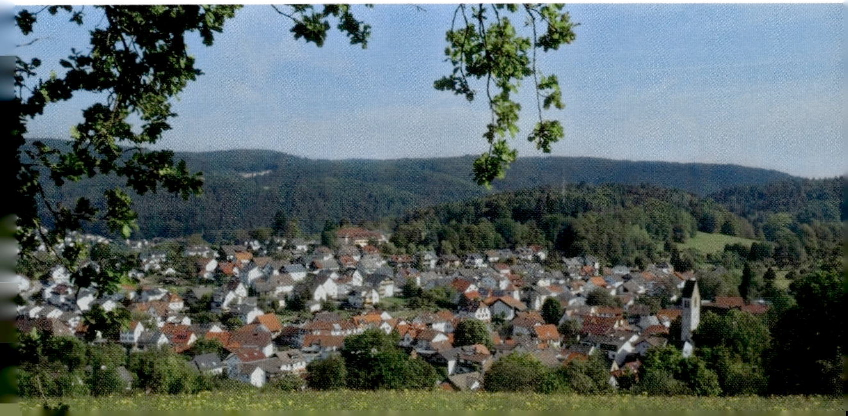

Mückenloch

„Saß damalen an den badischen Ufern des Neckar ein Seifensieder und Tuchfärber so sich ein Loch nannte. War ein unwilliger und hochfahrener Geselle, dabei kühn und unerschrocken, saß ihm auch die Faust locker. Kam einstmalen der Graf Greinsberg an die Neckarstaden geritten zum Fischen in bunter Gesellschaft. Da vertrat ihm der Loch den Weg sagend, er der Loch benötige das Ufer für Seife und Tuch und noch so fürstlichen Füßen sei von ihm, dem Loch nicht verstattet dieselben dorthin zu setzen. Fuhr der Greinsberg mit der Hand ans Schwert, er, der Loch, solle nimmermehr aufmucken. Weshalb man den Loch dann den Aufmuckloch hieß; später aber den Flecken da dies Geschehen danach benannte. Wurde dann Muckloch daraus, später in der Franzosenzeit Mückeloch und endlich Mückenloch; finden sich in dieser Gegend auch bis heute Mücken die Menge. (...) Andere leiten den Namen Mückenloch von einem damaligen Brunnenbohrer und Wasserfinder niederländscher Abkunft her. Sei jener durch die Lande gezogen, allenthalben auf den Boden deutend und befehlend: ‚Mück en Loch', was soviel bedeutet wie: ‚mach ein Loch'. Habe dieser nicht gemerkt, daß seine Absichten an den Ufern des überreichlich Wasser führenden Neckar unnötig und unwillkommen gewesen seien; sei auch mit Schimpf davongejagt worden. Sei aber sein stete Rede: ‚Mücken Loch' erhalten geblieben."

aus „Begebenheiten, Sagen und Gedichte von Mückenloch"

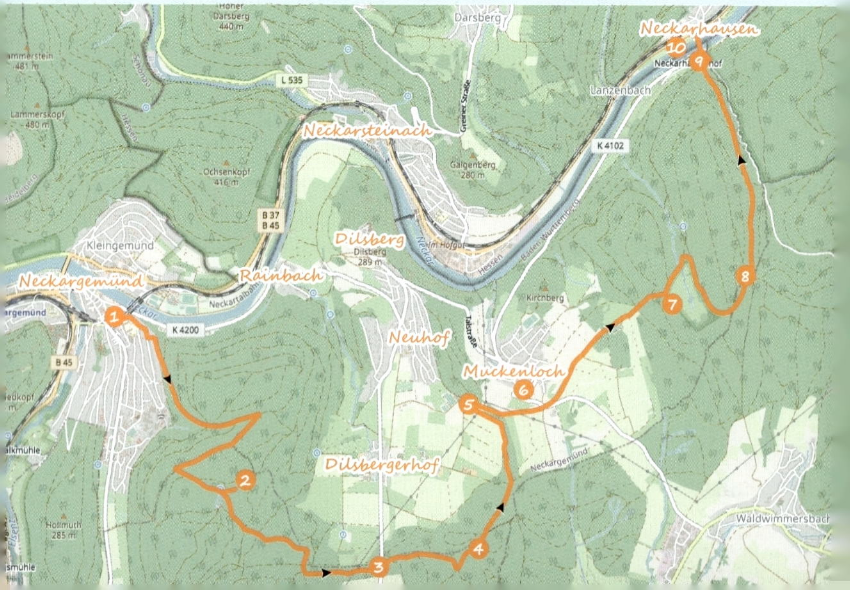

Wenn wir noch weiterwollen, folgen wir nun weiter dem roten Kreuz („Steinerner Tisch"), biegen dann nach 50 Metern schwach links ab und wandern auf einem Wirtschaftsweg durch Felder und Streuobstwiesen mit einem schönen Blick auf den Dilsberg zum Waldrand und weiter durch ein hübsches Wäldchen zum **Naturschutzgebiet Sotten** 7. Hier schickt uns unsere Markierung nach links und in einem Rechtsbogen um das Naturschutzgebiet herum und weiter zur Wegspinne beim **Steinernen Tisch** 8 mit einer Schutzhütte und einem kleinen Rastplatz. Wir schwenken nach links und nehmen das Zeichen umgedrehtes blaues Dreieck auf („Neckarhausen 2,7 km"), es wird uns von jetzt an durchgehend bis zum Ziel begleiten. Auf gemütlichen Waldwegen geht es nun immer sanft bergab zum nächsten Wegweiser. Hier halten wir uns rechts und dann gleich wieder links, steigen einen steilen Pfad hinab zur Straße und laufen auf ihr durch **Neckarhäuserhof** zur Fähranlegestelle 9. Nachdem wir dem Fährmann in seinem Häuschen Bescheid gegeben haben, wird er uns gegen einen kleinen Obulus nach **Neckarhausen** übersetzen. Nach einer Straßenunterführung gelangen wir wenig später zum **S-Bahnhof** 10.

INFOS

Wanderkarte 1:20 000 des MeKi-Verlages, Blatt 17; Freizeitkarte 1:50 000 des LGL-BW, Blatt F513; Wanderkarte 1:25 000 des LGL-BW, Blatt W202; Kompass Kartenset 1:50 000, Blatt 827

www.neckargemuend.de; www.ffnn.de/die-fähre/fahrplan/; www.mueckenloch.de; www.neckarsteinach.de; www.efa-bw.de (Fahrplanauskunft)

Ab Mannheim/Heidelberg mit der S-Bahn bis Neckargemünd Altstadt; Rückfahrt ab Neckarhausen bei Neckarsteinach mit der S-Bahn.

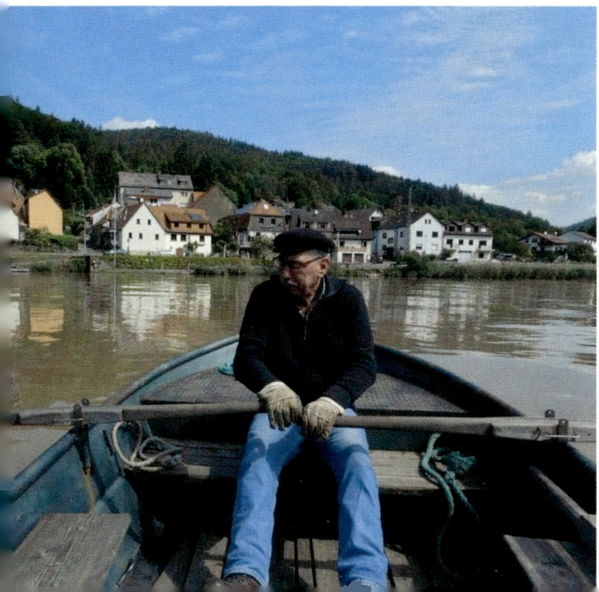

Fährbetrieb mit Muskelkraft bei Hochwasser.

Von Neckarhausen über Pleutersbach und Neckarwimmersbach nach Eberbach 30

Immer am Neckar entlang

4 Std.
15,5 km
50 Hm

Von Neckarhausen über Neckerhäuserhof, Ersheim, Pleutersbach und Neckarwimmersbach nach Eberbach.

Leichte Wanderung ohne nennenswerte Steigungen.

Neckartal; Neckarfähre; Einsheimer Kapelle; Naturschutzgebiet Moosklingen mit ehemaligen Steinbrüchen; Eberbach (Altstadt, Kräutergarten)

Einsheim; Pleutersbach; Eberbach

Die Wanderung beginnt mit der Fährüberfahrt von Neckarhausen zum Neckarhäuser Hof, entweder mit einem motorbetriebenen Fährschiff, oder bei Hochwasser manchmal mit Muskelkraft im Ruderboot. Die darauffolgende Wanderung auf dem Neckartalweg zählt zu den leichtesten des Buches: Sie weist kaum merkliche Höhenunterschiede auf und verläuft auf breiten Forst- und Wirtschaftswegen, so dass sie sich auch als kleine Radtour eignet – ideal als Familienausflug mit Kindern! Die ständig wechselnden Landschaftseindrücke sowie einige Sehenswürdigkeiten wie die Einsheimer Kapelle, die Steinbrüche im Naturschutzgebiet Moosklinge oder der Eberbacher Kräutergarten sorgen unterwegs für viel Abwechslung. Den Abschluss könnte ein Bummel durch die historische Altstadt von Eberbach mit dem im Weinbrenner-Stil gebauten Alten Rathaus, vielen schönen Fachwerkhäusern und vier gut erhaltenen Türmen bilden (weitere Informationen siehe Tour 19).

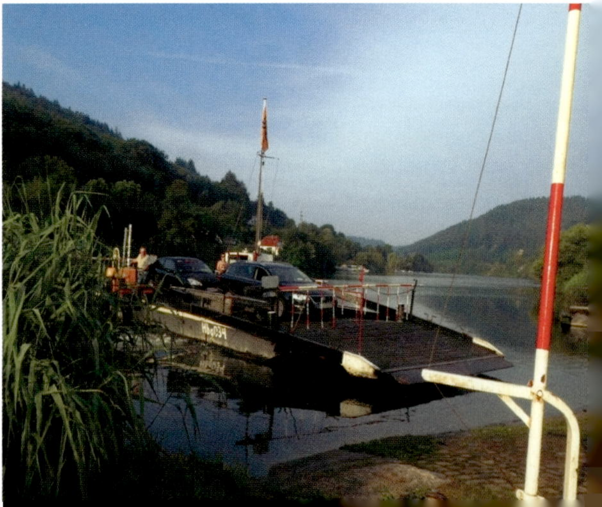

Neckarfähre Neckarhausen.

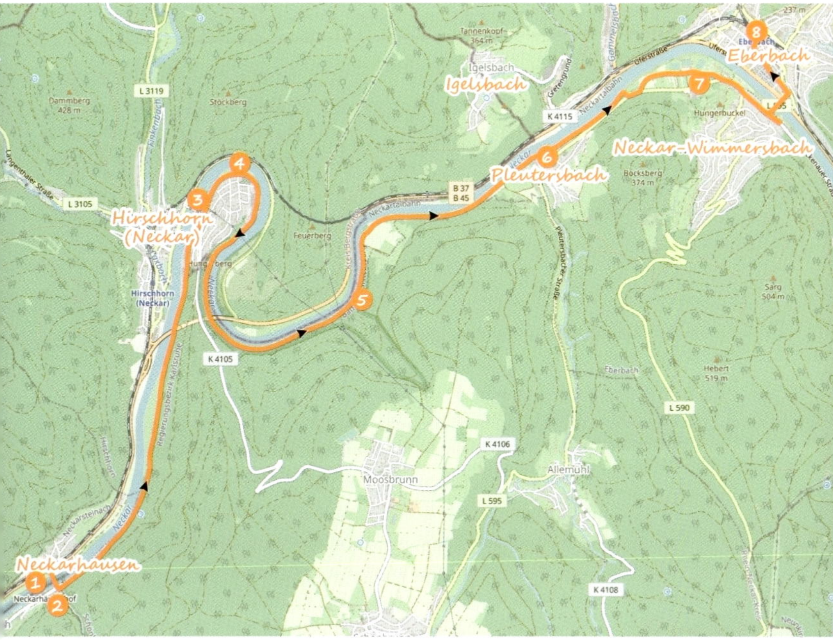

Vom **Bahnhof Neckarhausen** 1 aus gehen wir durch die Straßenunterführung und über einen Treppenabgang hinab zur Fähranlegestelle, machen uns, wenn sich die Fähre auf dem gegenüberliegenden Ufer befindet, durch Zeichen bemerkbar (die Fähre hat keinen bestimmten Fahrplan, sondern fährt nach Bedarf) und lassen uns auf die andere Uferseite zum kleinen Weiler **Neckarhäuserhof** 2 bringen. Nun folgen wir zunächst dem Zeichen gelbes „R" („Eberbach 15 km"), wählen bei der nächsten Verzweigung den linken Weg (Radwegmarkierung) und wandern auf dem gemütlichen Uferweg mit schönen Ausblicken auf das Neckartal immer geradeaus, kreuzen eine Straßenbrücke, überqueren die Landesgrenze zwischen Baden-Württemberg und Hessen und gelangen wenig später nach **Ersheim** 3, einem Ortsteil von Hirschhorn, das sich in herrlicher Lage auf der gegenüberliegenden Neckarseite präsentiert. Wir bleiben weiterhin geradeaus, kreuzen die Neckarbrücke und folgen nun dem Zeichen „H2" am Ortsrand von Ersheim entlang in einem Rechtsbogen der Hirschhorner Neckarschleife folgend zur **Ersheimer Kapelle** 4.

INFOS

Wanderkarte 1:20 000 des Naturparks Neckartal-Odenwald, Blatt 13; Freizeitkarte 1:50 000 des LGL-BW, Blatt 513; Wanderkarte 1:25 000 des LGL-BW, Blätter W202 und W203; Kompass Wanderkartenset 1:50 000, Blatt. 827

www.ffnn.de/die-fähre/fahrplan; www.hirschhorn.de; www.eberbach.de; www.efa-bw.de (Fahrplanauskunft)

Ersheimer Kapelle

Die katholische Friedhofskirche St. Nazarius und Celsus, auch bekannt als Ersheimer Kapelle, ist nicht nur die erste Hirschhorner Pfarrkirche, sondern auch die älteste Kirche des Neckartals. Die Kapelle gehört zum Stadtteil Ersheim, der sich im Gegensatz zum restlichen Hirschhorn auf hessischem Gebiet befindet, und besitzt viele eindrucksvolle Fresken sowie jahrhundertealte Grabmäler. Zwar wird die Kirche erstmalig 1345 urkundlich erwähnt, jedoch wird davon ausgegangen, dass die Kirche schon weitaus länger, ca. seit dem 8. oder 9. Jahrhundert bestand. Die Kapelle wird heute vor allem als Friedhofskirche genutzt. Zudem lebt auf dem Dachstuhl des Gebäudes die größte Fortpflanzungskolonie Hessens der Großen Mausohr, einer der einheimischen Fledermausarten. Zwischen 800 bis 1000 Weibchen sollen dort jedes Jahr im Sommer nisten.

Ab Heidelberg Hbf. mit der S-Bahn bis Neckarhausen; Rückfahrt ab Eberbach mit der S-Bahn.

Wir marschieren weiter auf dem Neckartalweg, bleiben, wenn das Zeichen „H2" rechts abknickt, geradeaus und folgen nun der Markierung „HV" sowie den Radwegzeichen vorbei am Naturschutzgebiet **Moosklinge** 5 mit ehemaligen Sandsteinbrüchen, bald auch wieder mit dem gelben „R" vereint, durch Wald und Wiesen nach **Pleutersbach** 6.

Wenn bei den ersten Häusern das gelbe „R" rechts abzweigt, bleiben wir geradeaus, nehmen das Zeichen gelbes „N" auf und folgen weiter dem Talweg durch Felder und Streuobstwiesen nach **Neckarwimmersbach**. Auf der Höhe des ersten Fußballfeldes liegt rechts vom Weg der sehenswerte **Eberbacher Kräutergarten** 7.

Naturschutzgebiet Moosklinge.

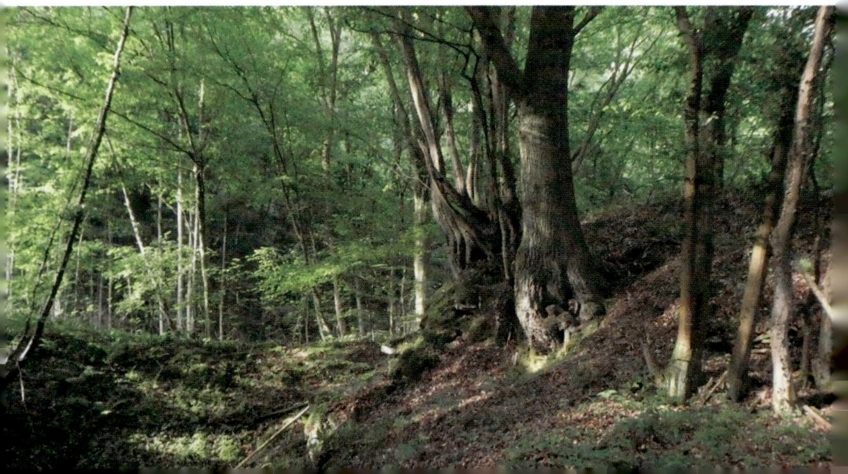

Eberbacher Heilkräutergarten

Der Eberbacher Heilkräutergarten existiert seit 1986 und wurde in einer privaten Initiative, unterstützt durch die Stadt Eberbach, gegründet, um den Besuchern den Wert und die Schönheit der Natur näherzubringen. Dabei werden zehn verschiedene Gruppen von Pflanzen mit Bezug zur Medizin vorgestellt und ihre pharmazeutische Verwendbarkeit näher erläutert.

(Info nach Schild am Garten)

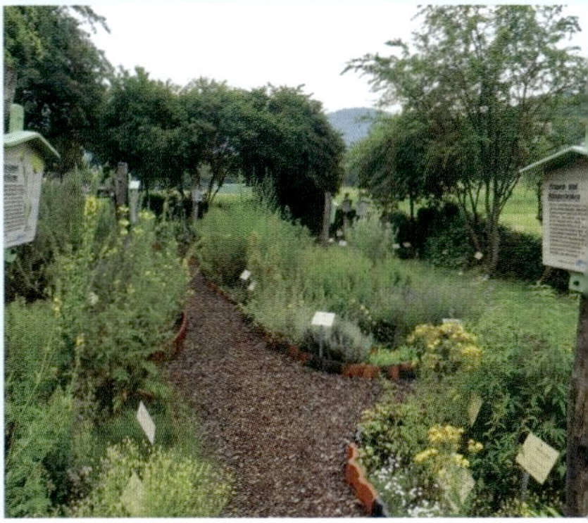

Weiter geht's dem gelben „N" nach geradeaus auf einem Rad- und Fußweg, dann nach einer Rechtsschleife über die Neckarbrücke nach Eberbach (siehe auch Tour 19), links ab in die Brückenstraße, dann immer geradeaus durch die Fußgängerzone auf der Adolf-Knecht- Straße, Oberen Badstraße und Bussemberstraße und schließlich rechts ab auf der Luisenstraße zum **Bahnhof** 8.

Von Neckargerach über Minneburg und Neckarwimmersbach nach Eberbach 31

Drei Brunnen und zwei Burgen

4 ½ Std.

16 km

400 Hm

Von Neckargerach über Guttenbach, Minneburg, Kellersbrunnen, Stolzeneck und Neckarwimmersbach nach Eberbach.

Anspruchsvolle Wanderung mit einigen steilen und holprigen Passagen, die gute Trittsicherheit und festes Schuhwerk erfordern.

Neckartal; Minneburg und Stolzeneck; herrliche Waldpfade; Altstadt von Eberbach

Trattoria Da Luigi in Rockenau; Neckarwimmersbach; Eberbach

Eine Wandertour der Gegensätze: Bequeme breite Forstwege und schmale und holprige, fast alpin angehauchte Waldpfade und Steige wechseln sich auf dieser Wanderung durch die östlichen Ausläufer des kleinen Odenwaldes ab, deshalb sollte man ein gehöriges Maß an Trittsicherheit mitbringen, insbesondere wenn je nach Witterung die Wege, die über weite Strecken dem Neckarsteig (siehe auch Tour 19) folgen, nass und rutschig sind. Für den steilen Anstieg zur Minneburg braucht es ein ordentliches Maß an Kondition, im weiteren Verlauf gibt es nur kürzere steile Abschnitte. Zwei Burgruinen liegen am Wegesrand, für deren Besichtigung man ein wenig Zeit einplanen sollte, ebenso für einen Bummel durch die schmucke Altstadt von Eberbach (siehe auch Tour 19) zum Abschluss der Tour.

Vom **Bahnhof Neckargerach** 1 aus folgen wir dem umgedrehten grünen „T" Richtung Minneburg am Friedhof vorbei hinab zur Neckarbrücke, überschreiten den Fluss und halten uns zweimal rechts und gleich wieder links (Radwegweiser Richtung Neunkirchen). Bei der Tafel „Waldparkplatz Ziegelhütte" verlassen wir das grüne „T", biegen links ab und steigen auf einem unmarkierten Pfad im Zickzack steil bergan. Bald gesellt sich das blaue „N" des **Neckarsteigs** zu uns, ihm folgen wir auf altem Grenzweg hinauf zur **Minneburg** 2.

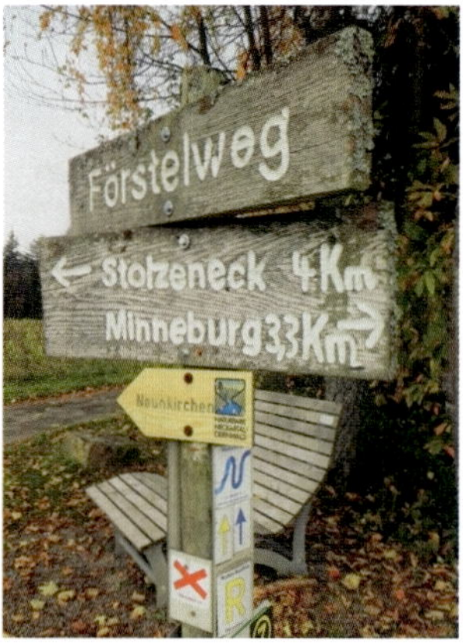

Minneburg

Über der Gemeinde Guttenbach gegenüber von Neckargerach ragt die Ruine einer gewaltigen Höhenburg empor, die sogenannte Minneburg. Über ihre Entstehung ist nichts konkretes bekannt, es wird jedoch davon ausgegangen, dass sie mit der Stauferpfalz in Bad Wimpfen in Verbindung steht. Erstmals schriftlich erwähnt wird sie 1339 als durch Heirat erworbenes Eigentum von Eberhardt Rüdt von Collenberg. Namensgeberin war laut einer Sage Minna von Horneck. Es heißt, das junge Burgfräulein verliebte sich in einen Ritter. Dieser begab sich jedoch auf einen Kreuzzug, weshalb Minna einem anderen versprochen wurde. Kurz vor der Hochzeit floh sie deshalb in eine Höhle, in der sie sieben Jahre verbrachte, bevor ihr geliebter Ritter Edelmut von Ehrenberg heimkehrte. Als er sie fand, war es jedoch zu spät, denn sie lag schon im Sterben. In seiner Trauer versprach er ihr am Totenbett den Bau einer Burg als Gedenkstätte ihrer „Minne", dem mittelhochdeutschen Wort für Liebe.

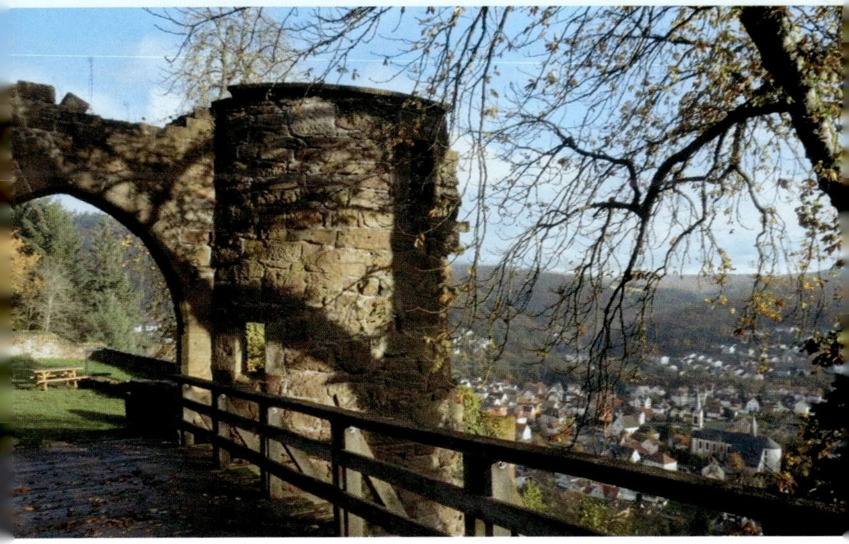

Weiter geht's, nun immer dem blauen „N" des **Neckarsteigs** und dem gelben „R" nach Richtung Eberbach auf gemütlichen Forstwegen durch schönen Buchenwald am Burgbrunnen und **Kellersbrunnen** 3 mit kleiner Schutzhütte vorbei, nun noch etwas bergan zum Waldrand und über eine Wiese, wo sich das rote Andreaskreuz zu uns gesellt. Wir genießen den herrlichen Ausblick auf die Hügel-

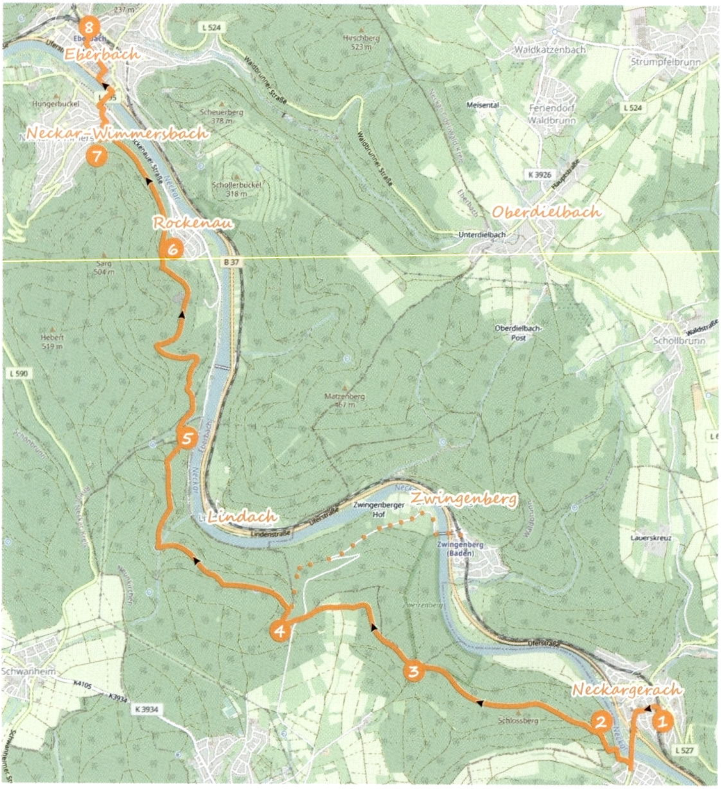

ketten des südlichen Kraichgaus und betreten wenig später wieder den Wald. Nun wandern wir auf verwachsenem Pfad am **Finkenbrunnen** ④ vorbei. Hier zweigt das rote Andreaskreuz scharf rechts ab; wenn wir abkürzen wollen, folgen wir ihm bergab über die Schleuse zum Bahnhof Zwingenberg.

Wenn wir noch weiterwollen, folgen wir dem blauen „N" auf schönem Pfad durch die Finkenschlucht, begleitet vom Murmeln des Finkenbaches, dann ein Stück bergan zur nächsten Kreuzung und geradeaus weiter Richtung Stolzeneck zu einem Pavillon. Der Neckarsteig zweigt hier nach links ab, wir bleiben aber geradeaus auf dem breiten Forstweg, wenig später mit der gelben „4" markiert. Nach 600 m verlassen wir den Forstweg, wählen den rechts abzweigenden mit einem gelben „V" markierten Pfad („Stolzeneck") und gehen bei den nächsten beiden Verzweigungen geradeaus. Inzwischen hat sich das blaue „N“ wieder zu uns gesellt, auf schmalem, schon leicht alpin angehauchtem Pfad geht es weiter, bald überqueren wir den Krösselbach, biegen beim Krössenbachbrunnen rechts ab, wandern am Steilhang entlang und schließlich steil bergab, nun wieder mit dem gelben „R“ vereint, zur **Ruine Stolzeneck** 5 mit einem schönen Rast- und Grillplatz.

Burg Stolzeneck

Die Burgruine Stolzeneck über dem Neckar befindet sich ca. 2 km von Eberbach entfernt. Erbaut wurde die damalige Reichsburg wohl etwa 1200, ihre namentliche Erwähnung ist aber erst im Jahre 1268 verzeichnet. Nachdem sie mehrfach den Besitzer wechselte, ging sie Anfang des 17. Jahrhunderts an die Kurpfalz. Ab diesem Zeitpunkt blieb sie unbewohnt, verfiel und geriet nach und nach in Vergessenheit. Durch die stark bewaldete Umgebung ist die Burg heute kaum zu erkennen. Ein Besuch dieser beeindruckenden Anlage lohnt sich jedoch, vor allem wegen ihrer enormen Schildmauer.

Nun geht's über Treppen hinab zu einem Forstweg, geradeaus weiter auf schmalem Pfad durch eine Talmulde. Bald öffnet sich ein schöner Blick hinab zur Neckarschleuse. Ein paar Meter weiter zweigt der Neckarsteig rechts ab, wir folgen aber dem gelben „R“ geradeaus: etwas bergan zur Winterhalde, dann sanft bergab an einem Buntsandsteinbruch vorbei zum Waldfriedhof von **Rockenau** 6. Wer dort einkehren möchte, erreicht den Ort mit einem kleinen Abstecher nach rechts. Nun folgt, immer dem gelben „R“ nach, ein gemütlicher Bummel auf breitem Forstweg zu den obersten Häusern von **Neckarwimmersbach**. Hier zweigen wir rechts ab 7 und folgen dem roten Dreieck über viele Stufen hinab durch den Ort und über die Neckarbrücke nach **Eberbach**. Gleich nach der Brücke geht es über eine Treppe hinab zur Zwingerstraße, auf ihr 200 m dem roten Dreieck nach, dann rechts auf der Hauptstraße (Fußgängerzone) zur Kirche und links auf der Bahnhofstraße zum **Bahnhof** 8.

INFOS

Wanderkarte 1:20 000 des MeKi-Verlages, Blatt 13; Freizeitkarte 1:50 000 des LGL-BW, Blatt F514; Wanderkarte 1:25 000 des LGL-BW, Blatt W203; Kompass Kartenset 1:50 000, Blatt 827

www.neckargarach.de; www.eberbach.de; www.efa-bw.de (Fahrplanauskunft)

Mit der S-Bahn nach Neckargerach; Rückfahrt ab Eberbach mit der S-Bahn oder dem Regionalzug.

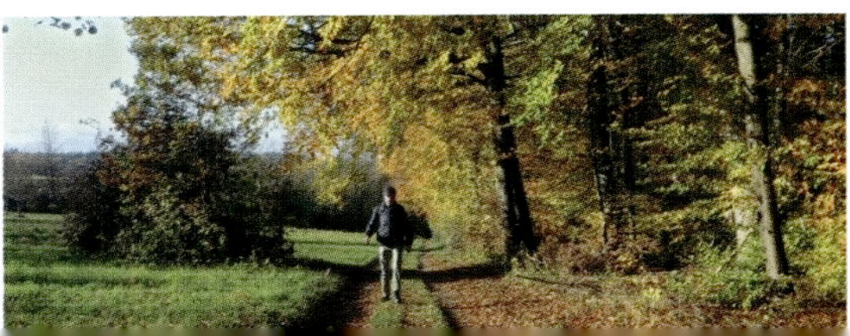

Auf dem Weg zur Ruine Stolzeneck.

Von Gundelsheim über Burg Guttenberg und Zimmerhof nach Bad Wimpfen

32

Eine Burg mit Greifwarte und Holzbibliothek

3 ¾–5 ¼ Std.
13,5–15,5 km
200 Hm

Von Gundelsheim über Burg Guttenberg, Fünfmühlental, Zimmerhof und Fleckinger Mühle nach Bad Wimpfen.

Wenig schwierige Wanderung ohne steile An- oder Abstiege.

Neckartal und Fünfmühlental; Burg Guttenberg; römischer Gutshof; Bad Wimpfen (Altstadt, Kaiserpfalz, blauer und roter Turm)

Burgschenke „Guttenberg" (Mo/Di Ruhetage); Siegelsbacher Mühle

Eine weithin bekannte Sehenswürdigkeit im südlichsten Zipfel des kleinen Odenwaldes ist die Burg Guttenberg mit ihrer Greifvogelwarte und ihrem Burgmuseum, sie beherbergt u.a. eine berühmte Holzbibliothek. Wir erreichen die Burg von Gundelsheim am Neckar, anschließend geht es weiter durch das idyllische Fünfmühlental. Ein lohnender Abstecher führt uns zu einem ehemaligen römischen Gutshof. Unterwegs laden mehrere Gasthäuser wie die Burgschänke Guttenberg, die Siegelsbacher Mühle oder die Fleckinger Mühle ein. Zielort ist entweder Bad Rappenau oder (etwas weiter, aber wesentlich lohnender) das Städtchen Bad Wimpfen mit seiner historischen Altstadt und der mittelalterlichen Burganlage mit der Kaiserpfalz.

Wir gehen beim **Bahnhof Gundelsheim** 1 zum Bahnsteig 2 und nehmen die Markierung rote Raute auf, sie wird uns auf zwei Drittel des Weges begleiten. Wir laufen ein Stück parallel zu den Gleisen zu einem Kreisel, queren ihn geradeaus, laufen über die **Schleusenbrücke**, biegen nach der Brücke links und sofort wieder rechts ab und wandern zu einem schönen Aussichtspunkt 2 am Waldrand mit Blick auf Gundelsheim und Schloss Horneck. Nun geht es nach rechts weiter auf schönem Waldweg, dann auf der Straße hinauf zur **Burg Guttenberg** 3.

Neckarschleuse bei Gundelsheim mit Blick auf Schloss Horneck.

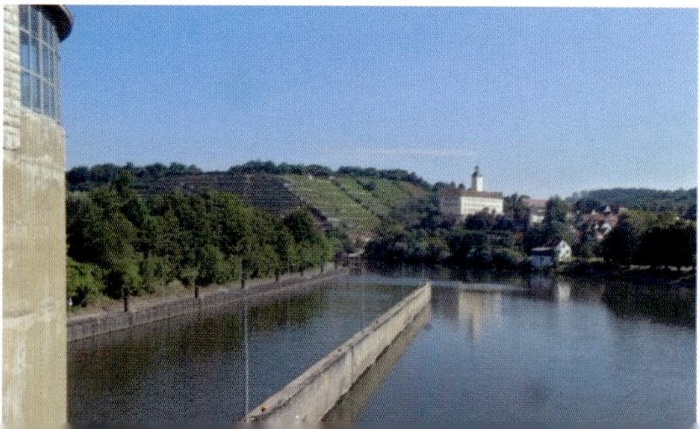

Burg Guttenberg

Gegenüber von Gundelsheim auf einem Bergsporn über dem Neckartal steht die Burg Guttenberg. Das erste Mal urkundlich erwähnt wird sie 1393, doch laut archäologischen Befunden wurde sie schon 100 bis 200 Jahre früher gebaut. Trotz mehrerer Kriege in der Region, überstand die Höhenburg die Jahrhunderte unbeschadet und gehört damit heute zu den letzten unzerstörten Staufer-Burgen in ganz Deutschland. Seit 1449 ist sie im Besitz der Freiherren von Gemmingen, die heute den östlichen Teil der Anlage als Wohnsitz nutzen. Im westlichen Teil befindet sich das Burgmuseum, das mit einer faszinierenden Ausstellung durch das spannende Ritterleben und die lange Geschichte der Burg führt. Zu den interessantesten Exponaten gehört dabei die Guttenberger Holzbibliothek. Auch die Deutsche Greifenwarte hat sich auf der Burg eingerichtet und versetzt täglich ihre Besucher mit ihren Flugshows in Erstaunen. Währenddessen kann man bis zu 80 Vogelarten aus nächster Nähe auf der Anlage beobachten und alles Wissenswerte über die geflügelten Bewohner des Waldes erfahren.

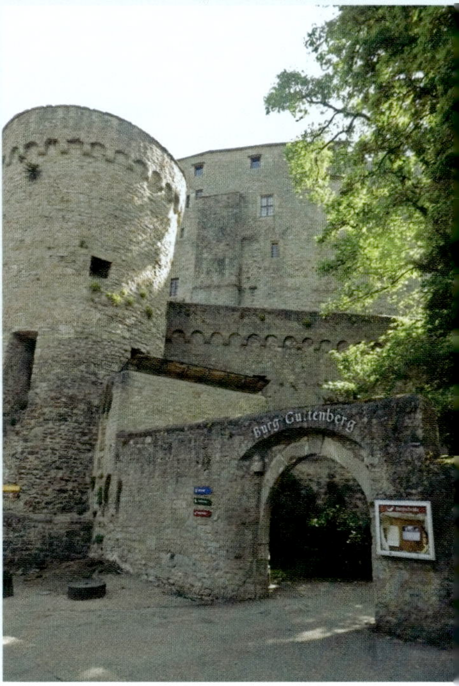

Gegenüber vom Eingang der Burgschänke biegen wir rechts ab und folgen der roten Raute auf mäßig steilem Waldweg bergab ins **Fünfmühlental** (Mühlenschänke 1 km) und auf schönem Talweg, dann rechts über ein Brückchen zur **Siegelsbacher Mühle** 4 (Einkehrmöglichkeit). Wir laufen durch das Anwesen, halten uns dann scharf links („Römerhof 7,9 km") und folgen unserem Zeichen immer in leichtem Auf und Ab durch das idyllische Tal, vorbei an einem Rastplatz mit Eulenbrunnen, der **Sommersmühle** 5 und **Bartsmühle** sowie einer Kläranlage zum nächsten Wegweiser beim **Mühlensee** 6.

Bevor wir weiter unserem Zeichen folgen, sollten wir uns einen kleinen Abstecher (knapp 1 km) nach rechts zum römischen Gutshof – einer Villa Rustica – gönnen: vorbei an der **Kugelmühle**, bei der nächsten Verzweigung rechts zum **Römersee** und am rechten Ufer entlang zur **Villa Rustica** 7.

„Villa Rustica" am Römersee

Die „Villa Rustica" bei Bad Rappenau nahe des Fünfmühlentals ist die Ruine eines römischen Gutshofs, der vor etwa 1800 Jahren genutzt wurde, als Bad Rappenau noch zum römischen Reich gehörte. Die Ruine, die 1971 entdeckt wurde, ist gut erhalten, dennoch musste manches auch restauriert oder ergänzt werden. Die Anlage kann ganzjährig kostenlos besichtigt werden. Dort findet man auch einige Infotafeln, die über den Aufbau und die einzelnen Gebäude informieren.

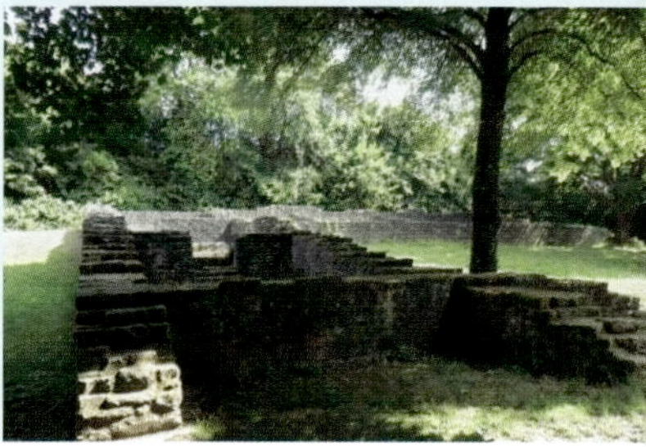

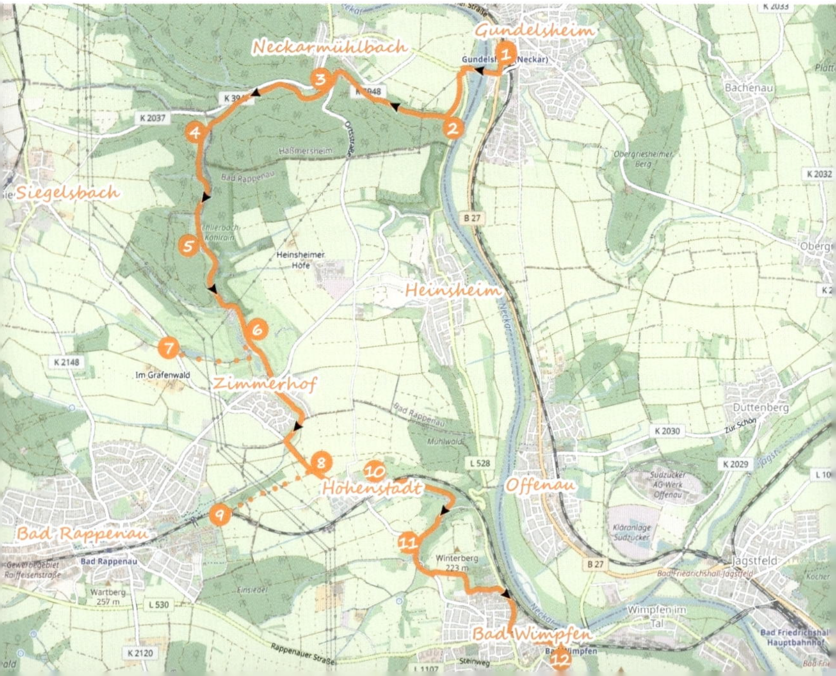

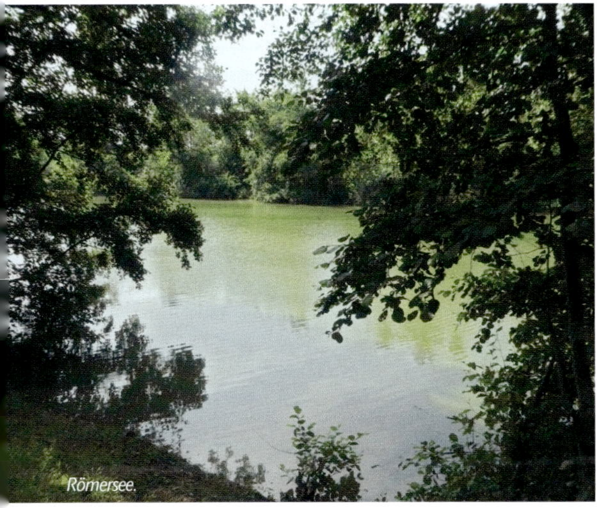

Römersee.

Zurück zum Wegweiser folgen wir der roten Raute Richtung Bad Rappenau auf einer Straße zur nächsten Querstraße beim Ortsteil Zimmerhof. Nun geht es etwas rechts versetzt über die Straße, dann auf schönem Fußweg am Mühlbach entlang bis zu einer Kreisstraße und links ab parallel zur Straße. Nach 250 m biegt die rote Raute rechts ab 8. Wenn wir die kürzere Variante wählen, folgen wir der roten Raute bis zum **Bahnhof Bad Rappenau Kurpark** 9. Haben wir Bad Wimpfen als Ziel auserkoren, bleiben wir geradeaus und folgen nun der Markierung „1" zum Ortsteil Hohenstadt. Wir laufen durch den Ort geradeaus zum Bahnhaltepunkt **Hohenstadt** 10, links auf holprigem Pfad parallel zum Gleis und rechts durch die Bahnunterführung und gleich wieder links bis zu einem Asphaltweg. Wenn wir in der **Fleckinger Mühle** 11 einkehren wollen, erreichen wir sie mit kurzem Abstecher nach rechts. Ansonsten geht es, immer der „1" nach, links weiter zum kleinen Weiler **Erbach**, links 300 m parallel zur Straße, dann links und gleich wieder rechts, nun auch mit dem gelben Dreieck markiert durch schöne Parkanlagen nach **Bad Wimpfen** zur Erich-Sailer-Straße und auf ihr halbrechts Richtung Altstadt. Bei der nächsten Kreuzung schwenken wir links in die Hauptstraße, folgen ihr immer geradeaus bis zum östlichen Ortsrand und erreichen linker Hand nach wenigen Schritten den **Bahnhof** 12.

INFOS

Freizeitkarte 1:50 000 des LGL-BW, Blätter F 514 und F517; Wanderkarte 1:25 000 des LGL-BW, Blatt W211; Kompass Kartenset 1:50 000, Blatt 827; Wanderkarte 1:20 000 des MeKi-Verlags, Blatt 21

www.gundelsheim.de; www.burg-guttenberg.de; www.siegelsbachermuehle.com; www.fleckingermühle.de; www.badwimpfen.de; www.efa-bw.de (Fahrplanauskunft)

Ab Heidelberg Hbf entweder mit S1 nach Mosbach-Neckarelz oder dem Regionalzug nach Bad Friedrichshall und weiter mit der S41 nach Gundelsheim; Rückfahrt ab Bad Rappenau Kurpark oder Bad Wimpfen mit dem Regionalzug nach Heidelberg.

Bad Wimpfen

Das kleine Kurstädtchen Bad Wimpfen, 10 km von Heilbronn entfernt, besitzt eine der malerischsten Stadtbilder in Deutschland und steht durch seine vielen Bau- und Kunstdenkmäler, wie dem Roten Turm, dem Blauen Turm oder auch dem Steinhaus, komplett unter Denkmalschutz. Erstmalig erwähnt wurde die einstige Reichsstadt im Jahr 829, jedoch gab es schon Jahrhunderte zuvor römische Siedlungen und Kastelle in dieser Gegend. Als Besucher gibt es in Bad Wimpfen viel zu sehen und zu erleben. Für eine Reise durch die Geschichte gibt es zum Beispiel regelmäßig interessante Stadtführungen. Zudem finden immer wieder Veranstaltungen statt, wie der Zunftmarkt, der sich dem mittelalterlichen Handwerk widmet. Wer wiederum nach Entspannung sucht, kann sich zu den Kneippbecken im Kurpark begeben oder sich im Solebad auf den Sprudelliegen oder im Dampfbad ausruhen. Empfehlenswert ist auch der Weihnachtsmarkt, einer der ältesten überhaupt. Er findet jedes Jahr an den ersten drei Adventswochenenden statt und lässt die historische Altstadt mit seiner weihnachtlichen Dekoration hell erleuchten.

Stadtszene in Bad Wimpfen.

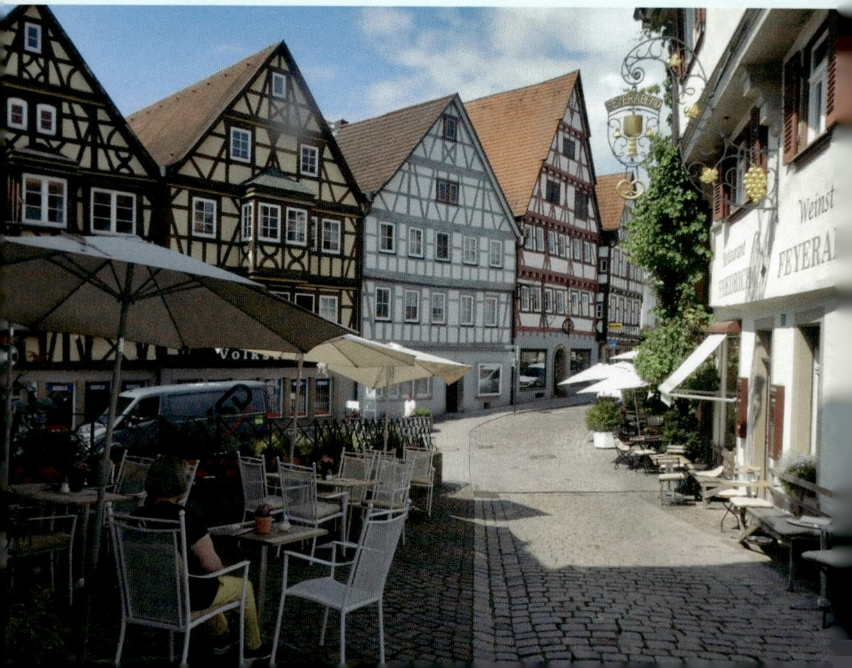

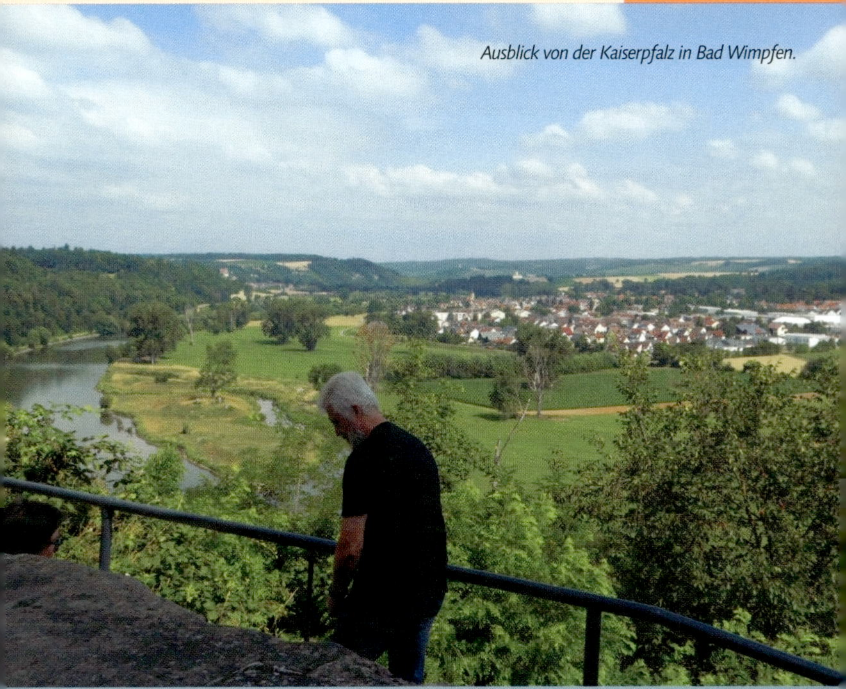

Ausblick von der Kaiserpfalz in Bad Wimpfen.

Register

Die Zahlen geben die Tourennummern an. **Fettdruck**: Infokasten

Impressum / Bildnachweis

Titel:	WANDERN IM SÜDLICHEN UND KLEINEN ODENWALD
Untertitel:	Die 32 schönsten Touren zwischen Heppenheim, Mosbach, Heidelberg und Eberbach
Autor:	Michael Erle
Titelbilder:	Michael Erle
Fotos:	Michael Erle
Kartengrundlagen:	OpenStreetMap
Kartengestaltung:	Charmaine Wagenblaß (vr)
Herstellung:	verlag regionalkultur
Satz:	Melina Lamadé (vr)
Umschlaggestaltung:	Melina Lamadé (vr)
Korrektorat:	Michael Kohler (vr)

Alle Angaben ohne Gewähr.

ISBN 978-3-95505-387-1

Die Deutsche Nationalbibliothek verzeichnet diese Publikation in der Deutschen Nationalbibliografie; detaillierte bibliografische Daten sind im Internet über http://dnb.dnb.de abrufbar.

Dieses Buch ist auf alterungsbeständigem und säurefreiem Papier (TCF nach ISO 9706) gedruckt entsprechend den Frankfurter Forderungen.

verlag regionalkultur
Ubstadt-Weiher · Heidelberg · Speyer · Stuttgart · Basel
Verlag Regionalkultur GmbH & Co. KG
Bahnhofstraße 2 · D-76698 Ubstadt-Weiher
Tel 07251 36703-0 · Fax 07251 36703-29
E-Mail kontakt@verlag-regionalkultur.de · www.verlag-regionalkultur.de